黄斌　吴姗——编

朱小蔓

学术年谱

北京师范大学出版集团
BEIJING NORMAL UNIVERSITY PUBLISHING GROUP
北京师范大学出版社

20 世纪 90 年代初朱小蔓独自北上俄罗斯求学问道时留影

编写说明 ～≫

    一、本年谱内容主要采自报刊、档案、访谈、相关回忆录以及公开发表的论文、报告和著作。

    二、本年谱搜集资料以朱小蔓先生撰写书籍、日记、自述、回忆录及重要生平事件为主，同时采录其他相关著述所记载的事件，包括中小学教师、国际友人撰写的资料及回忆文字。

    三、本年谱主要叙述朱小蔓先生生平重要学术活动及事迹，并注明资料来源、依据及相关的考述。所列活动、事件皆视其与朱小蔓先生及其事业的直接或间接之重要关系而定。

    四、本年谱中所记载的朱小蔓先生的学术活动与事迹，其编年，凡时间确切者，按年、月、日编次；不能确定确切日期的，则编排于相应的年份、月份之下。

    五、本年谱撰写的文字，只记录事实，概述思想和言行，以尽力保存史实真相。

    六、本年谱编写的目的在于尽力表现朱小蔓先生一生的言行思想及其学术事业，因而材料及叙述中对其主要学术作品的思想内容做简要概括，以全面反映朱小蔓先生思想观念、精神历程及学术发展的脉络。

朱小蔓小传

朱小蔓，女，1947年12月11日生，江苏南京人。我国著名教育家、教育学家，博士，中国共产党党员，北京师范大学教育学部教授、博士生导师。曾任中央教育科学研究所（现为中国教育科学研究院）所长兼党委书记、中国教育学会副会长、南京师范大学副校长、联合国教科文组织国际农村教育研究与培训中心主任、中国陶行知研究会会长、中国地方教育史志研究会会长，是我国当代情感教育研究领域的开拓者和实践者、享受国务院政府特殊津贴专家、俄罗斯教育科学院外籍院士。

朱小蔓同志成长于红色革命家庭，父母均做过教师，其思想成长深受父辈影响。新中国成立前，其父母皆为中共在敌占区的党员，父亲朱启銮曾领导南京地下党组织为渡江战役的胜利做出杰出贡献。朱小蔓同志1966年毕业于南京市第九中学，1968年9月积极响应党的号召赴安徽省休宁县万安公社旧市生产队插队。在插队期间，她积极参加生产劳动，利用自己所学为当地乡亲提供各种帮助，深受大家的信任和喜爱，与他们结下了深厚的友情，她视那里为自己的第二故乡。1970年，她考入安徽师范大学中文系，毕业后留校从事教学、行政工作。改革开放后，她奋发图强，立志于学习与探求道德哲学，1985年考入东南大学哲学与科学系，师从王育殊、萧焜焘先生攻读硕士学位。1988年获得哲学硕士学位后进入南京铁道医学院工作。在东南大学求学期间和南京铁道医学院工作期间，她逐步意识到教育对提高国民道德素质和整体素质的重要作用，转而投向教育学理论研究领域。 1989—1992 年在南京师范大学教育系教育基本理论专业师从鲁洁先生攻读博士学位，并获教育学博士学位。她撰写的博士学位论文《情感教育论纲》开拓了中国现代教育理论研究的一个新领域，为她之后对情感教育和道德教育的系统阐述和研究奠定了基础。同年，适逢南京师范大学建校 90 周年，她代表博士生和青年教师做大会发言，引起了很大的反响。 1992—1993 年，她赴莫斯科大学哲学系伦理学教研室做访问学者，师从阿·依·季塔连柯教授专攻道德哲学。 回国后出版了第一部专著《情感教育论纲》，后经几次修改完善，于 2007年、2019 年两次再版，在学界产生重大且深远的影响。

朱小蔓同志先后在安徽师范大学、南京铁道医学院、南京师范大学、中央教育科学研究所、北京师范大学等单位工作。 1994—2002 年在南京师范大学工作期间，她先后担任南京师范大学教育科学研究所所长、教育科学学院院长（1994—1996 年）、南京师范大学副校长（1996—2002 年），兼任南京师范大学国家级重点学科德育研究方向的学科带头人，以及无锡南洋国际学校、镇江崇实女中等中小学校校长、名誉校长。 她组织和领导了我国小学教育本科的试点工作，为我国小学教师本科设置做出了重要贡献。 1999 年，她带领院校科研小组成功申报教育部人文社会科学重点研究基地——南京师范大学道德教育研究所，并兼任该所首任所长（2000—2004 年）。 其间，她一方面带领团队梳理和总结德育研究的历史渊源与理论成果，主编出版《道德教育论丛》多期，一方面倡导学术开放，加强国内外学术交流，广泛联系海内外学术同行加盟研究机构，在较短时间内将道德教育研究所建设成为具有一定国际影响力的德育研究重地，为中国德育理论研究走向世界、推动新德育课程改革起到了重要作用。

2002—2007 年，朱小蔓同志被教育部任命为中央教育科学研究所所长兼党委书记，全国教育科学规划领导小组办公室主任。 在这一时期，她大胆地提出了学术引领的建所策略，不断改革创新，强化学术本位，积极搭建平台，全面拓展资源，开展一系列首创性工作，为加强中央教科所的组织发展和团队建设、凝聚科研力量、净化科研风气、强化所风文化建设、提升科研质量和科研影响力、提高科研人员荣誉感和使命感做出卓有成效的贡献。她强化学风所风建设，明确教科所发展使命，集思广益，总结推出了"求真、笃行、弘道、创新"的八字所训，明确了中央教科所的科研任务与使命；她优化组织机构，提升科研价值和功能，提出"大科研"理念，扩大研究部门的研究领域，强化学科、学段之间的沟通和衔接，打破了过去单一化、局限性的研究格局；她强化学术本位，服务教育决策，定期开展主题化所级学术交流活动，邀请国内外相关专家学者共商共研，为服务国家教育改革发展和解决教育发展中的现实难题提供了智慧贡献；她搭建内外交流平台，提升科研质量，首创全国教科院所联席会议和全国教育科研论坛，协同战线，凝聚共识，合作共赢。她大力开展国际合作，与经济合作与发展组织、联合国教科文组织、欧美日权威教研机构、世界知名大学教育学院等建立合作交流机制；她拓展多方资源，助力教科所全面提升，申请获得教育部直属事业单位社会科学研究系列高级职称评审权，创立博士后工作站和访问学者培养机制，创办《中国德育》杂志，强化产、学、研一体化，加强教育科学出版建设，使得教育科学出版社快速发展成为国内教育出版领域的重量级出版社；她关注教育事业发展，推动教育改革试点探索，积极推动素质教育，开展教育实验，开启了全国义务教育监测工作；她情系教科所员工，尊重每一个人，注意充分调动和发挥每个人的积极性，让每个人都能感受到关心和关注，增强每个人的内在驱动力。

2007年朱小蔓同志进入北京师范大学工作，担任联合国教科文组织国际农村教育研究与培训中心主任、北京师范大学农村教育农村发展研究院常务副院长。2008年，联合国教科文组织国际农村教育研究与培训中心从河北迁入北京师范大学，朱小蔓同志担任第一任中心主任，她用自己的耐心和执着，让农教中心平稳度过了最初的适应期，为农教中心规划了发展蓝图。2011年以来，她担任教育部普通高校人文社科重点研究基地——北京师范大学教师教育研究中心特聘教授，继续深入开展情感教育理论研究和实践革新工作，并开创了教师情感研究领域，植根中国大地推进"教师情感表达与师生关系构建"的实践项目。朱小蔓同志的教师情感研究，对广大教师和教育研究者产生了深远影响。

朱小蔓同志始终关注我国基础教育的发展动态，是我国基础教育课程改革的重要指导专家。2002年起担任教育部初中"思想品德"课程标准研制及修订组组长，主编小学《品德与生活》《品德与社会》教材（浙江教育出版社）以及初中《思想品德》教材（教育科学出版社）。2012年受聘担任教育部统编教材初中《道德与法治》（人民教育出版社）的总主编。

朱小蔓同志的主要学术研究领域为情感教育、道德教育、教师教育及教育哲学等。她先后担任国家督学、全国教育科学规划领导小组成员与德育学科组组长、国家基础教育课程改革委员会德育学科组组长、教育部教师教育专家委员会委员、初等教育教学指导委员会副主任、中国教育学会副会长、中国陶行知研究会会长、中国地方教育史志研究会会长、中国教育战略学会副会长、香港田家炳基金会策划委员会委员、团中央少先队工作委员会委员、少先队学科建设首席专家等职务。1994年以来，她担任硕士生、博士生、博士后指导教师，先后在南京师范大学、中央教育科学研究所、北京师范大学指导过硕士生5人、博士生29人、博士后17人、访问学者30余人。被北京大学、浙江大学、中山大学等高校聘为兼职教授。多年来，为硕士生、博士生开设"教育哲学专题研究""情感教育的理论与实践""德育专题研究""教育研究方法""农村教育专题"等理论课程。她特别善于用对话的方式开展教学活动,将理论知识传授和学术研究方法融为一体,在师生的学习共同体中不断催生新的教育观点和理论。即便在病重期间,朱小蔓同志也不忘时常与学生讨论教育理论,关切教育民生问题。她2001年被江苏省人民政府授予有突出贡献的中青年专家荣誉称号,2004年被俄罗斯教育科学院公开投票选举为外籍院士和主席团成员,2009年9月被评为"新中国60年江苏教育最有影响人物",2017年11月被评为中国"当代教育名家",2019年3月入选改革开放40年"教育人物40名"名单。

作为我国当代情感教育研究的开拓者和实践者,朱小蔓同志长期以来在实践中结合哲学架构与科学意识,用现代科学知识综合考察教育问题,彰显教育中的"情感"维度,在情感教育、道德教育等领域提出了许多带有中国本土特色的原创性理论并付诸实践。她先后主持江苏省人民政府、教育部人文社会科学、全国教育科学规划、全国哲学社会科学规划重点、重大项目20余项,主持中日、中俄国际合作项目多项,主持香港田家炳基金会与北京师范大学的合作研究项目。她发表论文200余篇(包括俄文、英文和日文论文),完成个人专著和主编学术著作30余部,为丰富中国教育学理论贡献了宝贵且具有鲜明个人学术特征的思想。其中,《情感教育论纲》获1994年江苏省哲学社会科学优秀成果二等奖,项目"小学素质教育模式理论——反思与建构"获1997年教育部师范改革项目一等奖,《儿童情感发展与教育》获江苏高等学校人文社会科学优秀成果一等奖,《教育的问题与挑战——思想的回应》获1999—2000年江苏省哲学社会科学优秀成果二等奖、第三届全国高校人文社会科学优秀成果二等奖、第二届中国教育图书二等奖。她主编的中俄合著《20—21世纪之交中俄教育改革比较》获 2011 年第四届全国教育科学研究优秀成果二等奖。她主编的统编教材初中《道德与法治》获 2021 年首届全国优秀教材特等奖。

朱小蔓同志一方面通过邀请专家学者到国内访问交流，引入海内外具有前沿性的教育理论成果，另一方面努力推进中国特色教育理论研究的国际表达和理论共享，其学术观点和理论成果赢得了海内外同行的一致认同和赞誉。她先后应邀在俄罗斯、乌克兰、美国、英国、巴西、瑞典、保加利亚、日本、韩国、泰国、新加坡以及我国港、澳、台等地参加国际学术会议并做学术报告。她与乌克兰教育科学院院士苏霍姆林斯卡娅，日本教育学会会长佐藤学，教育现象学创始人、加拿大阿尔伯塔大学马克斯·范梅南，英国伦敦大学教育学院教授、曾任世界教育哲学学会会长的约翰·怀特，国际顶尖德育期刊《道德教育杂志》主编莫妮卡·泰勒，英国华威大学彼得·朗，美国哥伦比亚大学休恩梅克等世界多个地区和国家的教育学者们就道德价值观与情感教育、道德教育、教师教育、教育哲学等学术领域展开学术交流和对话，所著《与世界著名教育学者对话》一书在国内外教育界产生广泛积极影响。

朱小蔓同志于 2003 年起兼任中国陶行知研究会副会长，2005 年与方明先生同任会长，同年兼任法人代表，后连任第五届、第六届会长。长期以来，朱小蔓同志坚持倡导和带头研究陶行知思想，紧密结合中国教育改革发展的实际，挖掘揭示其当代价值，倡导基层实践，关注陶研典型，强调陶行知思想仍是当今中国教育改革的路向之一。她是陶行知思想现代化的组织者、研究者和传承者。

朱小蔓同志十分重视理论研究的教育生活基础与实践指导价值，数十年来在情感教育、道德教育、教师教育和教育哲学等学科领域取得丰硕的建树，其理论研究成果不仅在海内外受到学界的公认和推崇，更重要的是在我国广大中小学教育实践中产生了深远的影响。她将教育生活视为理论研究的土壤，将中小学校视为教育思想的实验室，将儿童视为生命的主体与成长的主体。她通过课程研究指导、专题学术报告、教师对话沙龙、课堂教学诊断等方式，与一线教师结成了具有教育创新活力的专业共同体。在朱小蔓同志指导下的儿童情感发展与教育、中小学生生命教育、情感文明与教育、苏霍姆林斯基教育思想的应用、小学教师本科化培养模式、卓越教师教育、班主任与德育工作等领域的研究与实践工作对推动当代中国基础教育的改革，提升中小学教育品质起到了巨大的作用。她的教育研究扎根思想与教育研究的对话方法在实践中广为运用，也为中小学参与教育研究的老师们提供了可行的实践模型与操作模式。

在红色家庭文化熏陶下，朱小蔓同志在长期的生活、研究与求索过程中养成了有理想、有担当、有作为的现代中国知识分子的优秀品质。朱小蔓同志的一生，是光明磊落、公而忘私的一生，是勤于思考、成果卓著的一生。她纯真赤诚、与人为善、平易近人、心胸宽广、充满人格魅力，深得朋友、同事、学生的敬仰和爱戴。

代 序
生命中懂我的那个人，走了

　　2020 年 8 月 10 日，我唯一的胞姐朱小蔓在南京撒手人寰。从此我生命中最懂我的人永远离开了我。相隔在大洋彼岸的我，午夜 3 时，突然从睡梦中被外甥女吴姗的电话叫醒，通报她母亲的离世。我一时语塞，陷于静默，只听到外甥女的呜咽，竟找不出一句安慰的话语。

　　连日来，国内新闻媒体，尤其是教育界传媒，不断发送着教育家朱小蔓 73 岁逝世的消息，以及各种怀念文章和照片，包括重新刊载她以往曾经发表过的文字，尊她为中国教育界"情感教育"学术领域的奠基人和开拓者，感念她的厚道为人。微信朋友圈里也接连看到相关信息，我不停地转发，收到无数的慰问，要我节哀顺变，怜惜我的姐弟亲情。其实众人何尝又都能理解，而今我失去的岂止是亲情。她不只是我唯一的胞姐，更是我生命中一辈子的知音。

　　自打孩童时代起，姐姐就是我生活中的重要组成。她比我年长将近十一岁，从来不是我的玩伴，但却影响着我的成长。由于父母工作繁忙，逢年过节，包括我的生日，每次收到作为礼物的图书，都是由她精心选购。每次交到我手中，她都要打开书本，大声念给我听。急切的程度，丝毫不亚于我，仿佛比我还更要热衷于书的内容。

　　至今我还记得有一本中篇小说《雁红岭下》，好几万字，只有几张插图，不是儿童连环画。那时我才刚上小学不久，幸有父亲在我入学之前就已教会我认识了三百个汉字。书中描述一位少先队干部在山洪暴发、铁路中断时组织同学们来到火车站做志愿者，帮助服务滞留的旅客以及接站的亲友，等候着被困列车的脱险抵达。那时的她，正作为一名高中学生干部，真挚地投身于"学雷锋运动"，也组织着身边的同学，到社会上做着各种各样的"好人好事"。

彼此相差十岁多的我们，从此开始"同步"于社会生活，以至于今天的我，都还能清晰记得她的同龄人才能回忆起的历史事件。许多她的同龄人，今日都很惊诧我怎能记得他们也几乎早已忘怀的政治事件和社会要闻，殊不知我的姐姐早已把我"提携"加入到她的同龄社会群体，从此开始关注起成人社会。

1966年初夏，刚满八岁的我，就和姐姐一起经历了席卷全国的政治风暴。完好的家庭也被"阶级斗争"的疾风暴雨一步步打得粉碎，各分东西。父母都被隔离审查，离职长达十几年之久。政治运动之初，我曾醉心于当时的几部"革命样板戏"，《红灯记》《沙家浜》《智取威虎山》和《红色娘子军》。不仅学唱学演，还熟背大段台词，在家中独自一人串演独角戏。姐姐看了大为欣赏，还领我去了她男朋友也是后来的丈夫家里当众表演。众人热情鼓掌，赞誉我的"艺术"才华，只有姐姐知道，我为什么倾心这几部戏剧，因为其中有地下党员的英雄形象，以及乔装打扮、深入敌穴的精彩剧情。这是我们姐弟俩当时共同的精神寄托，坚信曾经长期是中共地下党员的父亲和母亲，也都和剧中人物一样卓越超凡，相信历史终将宣判他们无罪。说来可笑，江青等人当年扶植的所谓八个"样板戏"，竟有一大半具有这样的地下伪装戏份。或许也正由此可见，如果没有当年的地下党，后来的"人民江山"不知何时才能到来。

20世纪70年代初期，姐姐在安徽皖南山区插队落户"接受贫下中农再教育"两年多之后，终于有机会在北京和安徽先行试点恢复大学招生、录取"工农兵学员"时，凭借她在"战天斗地"中顽强努力挣来的当地农民的信任，侥幸获得当时政策中规定保留给"可教育好子女"那可怜的百分之二的配额，进入坐落芜湖的安徽师范大学中文系学习。

在校学习和留校工作期间，她利用学校图书馆的开放，借阅了大量世界文学名著的中译本，并带回南京给我传阅，再次开启了姐弟俩的同步读书，心心相印，和共同得到思想启蒙。我们一起历经了70年代的国家巨变。当高校招生制度再次改革、恢复高考时，又是姐姐及时为我准备了大量复习资料，助我一试成功，成为首届77级大学生。

自从我考入南京师范大学外语系以后，姐弟俩开始"分道扬镳"，并在各自的跑道上交替竞争，轮番出线。我于1982年本科毕业后，她于1985年考入东南大学哲学与科学系攻读硕士，我又于1987年自费来到美国留学做研究生，1989年，我毕业后进入麻省理工学院（MIT）继续深造，她也于同年考入南京师范大学教育系攻读博士学位。前前后后，求学期间，姐姐一直是我的学术知音，尤其是我刚到美国时，姐弟俩通过书信往来，不断传递学术信息和学习心得，特别是1988年当我选修了托克维尔的"论美国的民主"这门课，我们更是畅所欲言地讨论，彼此交流，互为知音。

后来，我留在了美国，包括曾在哈佛大学工作十五年。一路来，姐弟俩在思想上无话不谈、交流默契，正如2014年南京师范大学出版社出版的《朱小蔓与朱小棣跨洋对话——出国留学与教育"立人"》一书中"写在前面的话"里所记，"我们姐弟俩年龄相差近十一岁，虽然各自多有著述，但合作写书，这还是头一回。实在是源于出版社的热情相邀，看重的大约是两人经历、教育和学养的明显不同，以及观点、精神与气质方面的难得一致，刚好相辅相成，完满结合为一个整体"。如今这个整体也就随着她的仙逝而不复存在。

说实话，在她去世前的三个月里，她的大脑功能已极度退化，之前的三个月里也已明显衰弱。我们彼此间的对话交流，已逐渐失去了往日的深度。由于更换手机，我的微信里现在存留着她的最后一段话，还是写于今年4月20日的："小棣，尤其是我的左眼几乎已经不能用了。前天已经出院回到家里，就这样凑合过吧。"当时看得我眼中含泪，心头滴血。想不到，这竟成为她写给我的绝笔。

我们姐弟俩第二次也是最后一次合作写书，是由中国大百科全书出版社2015年出版的《朱启銮画传》。我们特意在书的扉页上写着："谨以此书献给我们的父母。他们既是兴起并完成了红色革命的一代，又是追求民主与反对专制的一代。"正如我姐在该书序言中所记，"历时几个月编撰成形的画传文稿，系以1992年7月出版的《怀念朱启銮同志文集》为主要资料来源"，其中也包含了我姐撰写的悼念父亲的文章。她是以这样的文字开头的：

"怀念是一种相会的形式，哭诉是人的情绪的释放，告慰则是安慰别人也安慰自己。我们每个人的情感都可能一度依赖于它们……"

我们的父亲，逝世于三十年前的1990年8月4日。遗体告别及追悼会举行于8月10日。那一日，望着父亲的遗容，我姐怀着巨大的悲痛，刻骨铭心。或许正是由于记住了这个日子，早已昏迷不醒的她，冥冥中决定要在那日追随父亲而去，父女俩好在天国团聚。如今已是我姐离世后的头七，她女儿正在与我姐的弟子们筹划，要在第五个七天，举行一场小型的追思会。掐指算来，那将是9月13日，刚好正是我母亲十五年前逝世的日子。这样接二连三的巧合，也确实是令人唏嘘。

我曾在父亲诞辰一百周年时写过一篇《百年祭父》，文中的最后一句话是："我很欣慰，我的父亲，他是一个好人。"如今，姐姐朱小蔓也走了。 眼望着连日来全国各地新闻媒体和互联网上铺天盖地的报道以及追思，我有幸又可以再次书写如此相同的话语："我很欣慰，我的姐姐，她是一个好人。"

朱小棣

2020 年 8 月 16 日写于美国

目 录

目 录

1947—1960

红色家传　少小立志

1947 年 出生

12 月

11 日（农历十月二十九），出生于江苏省南京市南台巷 3 号，籍贯安徽歙县。

朱小蔓出生在一个红色家庭，父亲朱启銮和母亲杨坤一都是为共产主义事业奋斗终生的优秀共产党员。中华人民共和国成立前，父母亲皆为中国共产党在敌占区的党员，父亲朱启銮曾在北京参与领导"一二·九"运动，在上海组织难民参加新四军抗日，只身前往南京开辟党的秘密战线，为渡江战役递送军事地图和情报，对渡江战役胜利做出杰出贡献。父亲的言传身教对朱小蔓的一生影响深刻。继承父辈遗志，求真崇善向美，恪尽职守、急公好义、友善同志，也成为朱小蔓的一生写照。

朱启銮同志生平

朱启銮，安徽歙县人，1914 年生，他早年即投身革命，1932 年加入中国共产主义青年团，1935 年加入中国共产党，土地革命时期即毅然投入党的怀抱，长期从事地下工作。曾任天津市南开中学团支部书记，上海光华大学附属中学高中部党支部书记，国立北平大学团支部书记。抗日战争时期，曾任新闻报馆战地记者，上海文化界抗日救亡协会党支部组织委员，上海慈善团体联合救灾会党团书记，上海市青浦县（今青浦区）工委书记，青浦淞沪抗日游击队政委兼政治部主任，南京地下党的工作组副组长。解放战争时期，曾任中共南京工作委员会副书记，南京市委委员。已有史料及文物证明，我国第一本出版的毛泽东选集《毛泽东论文集》，就是由他向赵朴初先生建议，于1937年下半年在上海租界共同创办大众出版社后出版的第一本书，极具特殊历史意义。朱启銮英语纯正，地下工作时期就曾用英语教员作为掩护身份的职业。一生中教过中、小学，担任过基础教育和高等教育的行政管理工作。中华人民共和国成立后，曾任中国人民解放军南京市军事管制委员会副秘书长，南京市人民政府副秘书长兼秘书厅主任，南京市房地局局长，南京农学院及南京林学院首任党组书记，南京无线电工业学校校长、党委书记，南京市委常委、宣传部部长、教育局局长，苏州市委常委、常务副市长，南京航空学院院长、党委副书记，南京市人大常委会副主任、政协副主席等职。1990年8月4日，因病在南京逝世，享年76岁。

杨坤一同志生平

杨坤一，江苏南京人，1920年生，1944年参加革命，1947年4月加入中国共产党，任南京地下党秘密机关工作人员。中华人民共和国成立后在南京邮政子弟学校（现南京市回龙桥小学）任教。1952年，作为"调干生"进入南京师范学院中文系学习，1956年本科毕业后在江苏省高教厅做文秘工作，又调至南京市第九中学任语文教师，担任语文教研组组长。1961年10月任江苏省青年越剧团与南京市越剧团共建党支部副书记，负责省青越团党务工作，1976年底任南京市延安剧场党支部书记，1978年1月任梅园新村纪念馆副馆长。2005年9月13日，因病在北京逝世，享年85岁。

朱小蔓父亲朱启銮与母亲杨坤一，摄于 20 世纪 40—50 年代初

童年时期朱小蔓与家人合影，第一排左二为朱小蔓，第二排左一
为母亲杨坤一，左二为父亲朱启銮，其余为三叔一家

1954 年　7 岁

9 月

就读于南京市御道街小学。

小学期间，加入中国少年儿童先锋队，先后担任少先队中队长、大队长，成为南京市小红花艺术团首批成员。

我小学二年级加入南京市小红花艺术团，是第一批小红花团员。入团后，参加小歌剧表演，在《割草》中扮演妹妹角色。三年级开始独唱，用民族唱法唱民族歌。我的缺点是胆小害羞，但愿意助人，愿意与同学分享，这些老师都写在学习报告单里。那时候，对学校学习缺乏兴趣，喜欢自己在家阅读，有些懒学。主要是因为我床底下书箱里的书太迷人。

童年时期的朱小蔓

（选自朱小蔓：《与朱小棣的录音访谈》，2017 年 8 月 7 日整理完成）

小蔓，我们是南京市御道街小学的学友。你可曾记得，那年你是御小的少先队大队长，一次全校大队会出队旗时，你是旗手，两个护旗手中一人是我。你英姿挺拔，走在前面，我们两个护旗手紧跟在你身后。

（选自巴健全在朱小蔓线上悼唁平台的留言，2020 年 8 月 12 日）

1960 年　13 岁

3 月

因父母工作调动，转学就读于南京市和平路小学。

7 月

小学毕业。

1960 年六一儿童节，因父母工作太忙，由保姆王永葆
带朱小蔓与胞弟朱小棣到照相馆拍照

9 月

就读于南京市第九中学初中。

南京市第九中学坐落于长江路碑亭巷 51 号，1925 年马相伯先生在南京创办"震旦大学南京预科学校"，1946 年美国耶稣会接管该校，取名为弘光中学。1951 年南京市人民政府收回，更名为南京市第九中学。南京市第九中学校风是"严、实、稳"三字。20 世纪 60 年代初，南京市第九中学是江苏省重点中学，是当时南京市最好的学校之一。

（根据南京市第九中学官网资料整理）

1960 年 9 月我步入了自己的中学时代。之后初中、高中以及后来爆发"文化大革命"，废除高考、停课"闹革命"，及至 1968 年我将南京户口迁移到安徽休宁县万安公社插队，其间整整 8 年青春时光都是在南京九中度过的。母校创建于 1925 年，是上海震旦大学在南京设的预科。校园里至今保存有一幢民国时期的小楼。那时我们不知道，地处长江路东段路口的一部分校园的旁边竟是清代"江宁织造"遗址，几年前一座

青年时期的朱小蔓

典雅而现代的"江宁织造府"博物馆拔地而起，使这块地段又成为一道十分惹眼的历史人文景观。

入学时的南京九中，从校长到教师大多接受过民国时期的教育，有的还在民国政府做过文职人员，也有少量解放初期共产党培养的大

学"调干生"。给我们上课的，包括班主任，多为中老年教师。一两年后才开始调来有中共地下党员背景的较为年轻的校长、党支部书记，并且，陆续分配来一批1958年前后进大学、有共青团员身份，关心政治也颇有才华的年轻教师。我当时报考这所学校，是因为学校离家不算远，步行半个多小时可以走到，后来有了自行车，十来分钟可以骑到学校了。

我的初中阶段正遇上"三年严重困难时期"，城市家庭也难得吃到肉蛋荤食，蔬菜基本上是什么"飞机包菜"（即长得极为粗糙、叶子大、颜色青紫色，其实包不起来的所谓"包菜"）。听同学说他家附近有几棵槐树，母亲让他兄妹几个去摘槐树花，回来和面粉擀面皮儿吃。那段日子每天上午最后一节课，同学们常常饥肠咕噜，盼望下课心切。有几个男生竟发现当太阳光照到教室窗子的某一块玻璃时，下课铃就快响了，于是提前收拾好书包。铃声一响，随着一阵哄叫、拔腿一溜烟地冲出了教室。因为缺乏营养，我们全家人的脸、双脚，甚至小腿都浮肿起来。我个子长得早，初一时就已经身高1.6米了。由于营养供给跟不上身体的成长速度，患上了心肌炎，体育课的不少项目不能参加。比如游泳课不能去，一辈子都是"旱鸭子"。当时为了支援近郊农民养猪，要求学生每天打猪草，捞水浮莲，早上上学时提着网线兜，在校门口过秤、记录后上交。那时我们还去郊区人民公社帮助秋收。初中生虽有班主任老师带着，但许多事儿都是由班委会领导同学们做的。比如来去都用板车，拉着大家的行李，步行过去；在乡下住进老乡让出来或公社空着的简陋房子里，有的甚至住在老乡腾出来、打扫干净的猪圈里；晚上睡在垫着一层稻草的地铺上，夜里用粪桶当尿盆；干的是些除草、收庄稼、积肥等活。当时的我们觉得自己已经是个初中生，不太要班主任操心，可以像大人一样独立做许多事儿了。

与苏联小朋友通信，是那个物质匮乏年代里很快乐的一件事。老师把来自苏联的信件拿来分发给我们。在两年不到的时间里，我好像交过两三个小朋友，她们分别叫娜达莎、丽达什么的，有的来自大城市，有的是小城市甚至是农村的孩子。我们互相交换照片、明信片、邮票、小纪念品，比如用白桦树皮、枫叶做成的书签等。从照片上看，娜达莎是一个大眼睛、皮肤黝黑，扎着长辫子的小姑娘。每逢收到来信，同学们会把信件和照片、小礼物拿出来欣赏、逗乐。有男生会说些谁的朋友长得漂亮、神气，想不想将来娶她、嫁给他之类的话来开开玩笑。当年每个年级共有六个班，其中三个班学俄语、三个班学英语。无论是否学俄语，都用信件结交苏联小朋友。我们因为是俄语班，班主任要求我们试着自己用俄语写信，不会写的词自己先查俄语词典凑凑巴巴地写，俄语老师有空时会帮我们看一看。尽管每次写得吃力费劲，但我们做得一股子劲，每回接到对方来信特别兴奋、总要开心好几天。

初中生还是有点调皮，爱给同学起绰号，拿同学开玩笑，甚至对老师也是如此。初一时的班主任兼教地理课的刘默然老师面孔黑黑的，个子瘦小、鼻梁高挺、眼窝深陷，说起话来时不时有个下意识地揪领子的小动作，课后同学就模仿他，常引起一阵哄闹嬉笑。痛心的是"文化大革命"开始不久，这位当年被顽皮学生"搞笑"的老师竟因所谓的"历史问题"，不堪忍受造反派的批斗和屈辱而在马路上撞车自杀了。初中同班学友多年后询问、议论起这桩悲剧事件时无不痛惜嗟叹！那个年龄的我们分男女界线，课桌多有所谓"三八线"，井水不犯河水。记得我后排课桌的男孩有一次用两根绳子把我的辫子拴在他的课桌腿上，害我站起来一个大趔趄。还是这个淘气的男同学，有一回竟从我背后把爸妈给我买的白底红点新衬衣背部的红点全都用墨汁涂成了黑点。我没去向老师告状，但又气又心疼，自己哭了一场。好在回家后爸妈没说什么，事情就那么过去了。那时男女生间会拿小说和电影中的角色来开玩笑。当时正流行长篇小说《林海雪原》，于是有同学叫某个男生"少剑波"、某个女生"小白鸽"，给配上对儿，本来完全没影儿的事儿，弄得被玩笑者彼此倒不自在起来。

毛主席号召向雷锋同志学习是1963年3月，那是我们念初中的最后一个学期了，但参加公益劳动、助人为乐的活动更多了。在这之前，我们的课余已经有不少参与社会服务的活动，我印象最深的一次是到福利院帮助照顾孤寡老人。那次我是帮一位老年妇女擦身、洗头，给她捉头上的虱子。虽然是平生第一次经历这样的事情，内心充满的倒不是怕脏、厌恶，更多的是同情和怜悯，是小心翼翼地做好这件事的认真劲儿。

对于少先队组织，我有着特别的依恋。红领巾、鼓号队，尤其那鼓点的铿锵节奏，总让人有一股向往理想、追求上进，热血沸腾的感觉。那时少先队队员退队年龄是15周岁，我因为生日小，早了几个月上小学，进入初三时15岁未满，还不到退队年龄，便依旧戴着红领巾进课堂，直到眼瞅着全班其他同学都不再佩戴时，才恋恋不舍地摘下了红领巾。当年的少先队组织除了设有辅导员制度外，还有一个"大朋友班"的制度，高一(一)班对应着初一(一)班，成为我们的大朋友班，而且有指定的大朋友与我们交往，参与我们班级一些活动。比如公益劳动、球赛、期末的班级联欢会什么的。有的大朋友来得勤，很受初中学生的喜欢，也有的不怎么来，也就没留下什么印象。那时还有个"一帮一""一对红"活动，记得我的"对子"是位皮肤微黑、黑眼珠挺大、头发乌黑、辫子粗长的姓沈的女孩儿，她一直不肯让我去她家，我却执意要去，拗不过，有一天她还是领我去了。她家住的房子狭小、简陋，她当时显得有些尴尬。其实，这完全不妨碍我们的交往，我俩一起做作业，说自己喜欢的趣闻，没有任何的隔阂。当时班里同学的家长干什么职业的都有，但同学之间都是善意友好地对待，并不在乎家庭的阶层与贫富，而且也不过问、不大知道，似乎那些事儿与同学伙伴之间的交往没什么关系。那个年代我们对政治很关心，如国内发生什么大事，为了六十一个阶级兄弟的长篇报道、南师附小斯霞老师的"童心母爱"等，都是融进我们青春少年精神血液中的养料。诸如古巴领袖卡斯特罗发动对抗美国的革命，格瓦拉进入巴西最贫困的地区发动民众、播散革命的种子等，则被我们视为敢于斗争、不怕吃苦、甘于奉献的英雄。那时觉得社会主义革命、援助亚非拉受苦的民众、解放全人类的思想是理所当然的，是有社会主义思想觉悟的表现。我们在学校里接受的主要是讲求朴实、助人、坚韧、奉献等思想教育，支持反帝反殖民主义的民族解放运动。今天看来，似乎有些简单化、比较抽象、受了时代浪潮的裹挟，甚至其中某些"左"的东西或许正是"文化大革命"初期我们热烈响应毛主席号召、积极投身红卫兵运动的思想萌芽与情感基础。但由于它们的价值倡导方向与国家及当时社会的主流风尚基本一致，我对这种正面教育、单一的思维方式也没有什么怀疑，就是在这样一种时代的社会氛围中自然地长大了。

那时的课堂学习并不紧张，没觉得有什么负担。教师的教学似乎也没有今天那么多教学法。每个教师上课各有特点所长，有的几乎是"满堂灌"，但因为讲得精彩，也能攫住我们的心。有的老师提问多，有的老师课堂训练多些。记得历史课陈丛天老师知识渊博、教课特棒，同学们很佩服他。我不喜欢记忆，而且记忆力不强，历史课学得并不好，但这位老教师头上那几根稀疏的白发在摇头晃脑时飘动起来的样子倒是至今不忘。化学课盛翠英老师正中年，常穿一件青黄色英国格子呢西服，后来同时又做我们的班主任。还是因为不喜欢记背，我对学化学不大感兴趣，学得也不怎么样。但盛老师常常让我们用画图来表达化学知识，我倒是很喜欢，不仅画表格，连烧瓶、试管、漏斗什么的都画得十分用心，工工整整地画了两本练习簿，赢得老师数次表扬，后来也就不太厌烦化学了。对语文课印象深的有学习高尔基的《海燕》一文，那不仅因文章本身优美而有气势，也是因为老师让我站起来朗读，还让我去参加什么比赛，为此，我还主动去找当时学校里新来的为数不多的几位在新中国接受高等教育的共青团员大学生之一——陈平老师做过辅导。对古文教学印象最深的是学《曹刿论战》，记住了文中"一鼓作气，再而衰，三而竭"的指挥谋略。还有杜甫的《茅屋为秋风所破歌》，老师让我们反复吟诵，其中"布衾多年冷似铁""雨脚如麻未断绝"，在我们日后只要陷入困难生活时就很容易被自然地联想起来；记得我们还分组轮流大声朗读过"安得广厦千万间，大庇天下寒士俱欢颜，风雨不动安如山！"，那忧深的平民情怀、强烈的思想性比起小学时学的哪一首杜诗都要更能打动我。俄语课印象最深的是普希金的《渔夫和金鱼》，还有一些俄罗斯寓言故事。当然，很遗憾的是当年基本学的是哑巴俄语，教材政治内容偏多，反映革命斗争时期和新中国成立后英雄人物的故事多，具有日常生活场景的内容很少；无论是课本本身还是课堂口语练习都远远不够，如此，我们在生活中也就很难用得上。对于数学中的平面几何，由于老师教得好，思维清晰、推理严密，而且特别有本事引发学生对于添加辅助线来解题的兴趣和好奇心，我特别喜欢这门课。与许多同学一样，我不仅能很好地完成老师布置的作业，还主动积极地去做大量习题。那时用的都是从新华书店买来的由国外翻译过来的习题集，几乎没见过什么国内名校甚至教师自编的、用于提升考试成绩的教辅材料。习题集上的题目与平时考试及升学考试没什么关系，习题也完全不是学校和老师要求我们做的，但同学们发自内心地情愿做。我也是做得极其专注、兴致盎然，好像并不为什么，就为每解出一道题时那种快乐无比的自豪感。前年，我从《中华读书报》上读到福克纳 1949 年获诺贝尔奖时的演讲，他说自己"也不仅是为了荣誉，为了利润，而是想从人类精神的材料中创造出某种过去未曾有过的东西"。我们虽不是伟大科学家的材料,也没想到能创造出什么来,多年后同学聚会谈起当年这个课外嗜好时,大家不约而同地说,那纯粹是因为做那些难题挑战自己的毅力和能力是个很好玩的事儿,精神上有极大的满足感。那年头的家庭作业一般不会做到晚上,下午很快就完成了,更没有家长过问我们的学习,尤其是检查作业什么的。课余时间完全是属于自己的,从没有被逼着做作业,或为了排名对付考试的经历。父母亲忙于他们的工作,从来不管我们的学习,也从不问考试分数、排名第几什么的。从小学到高中毕业我感受到的只是父母对我的慈爱与信任。

当时的初中生是有时间课外阅读的。我自己和周围同学们大多读过长篇小说《三家巷》《红岩》《林海雪原》《青春之歌》《家》《春》《秋》等,中篇小说有高玉宝的《半夜鸡叫》等,国外作品长篇的有法捷耶夫的《青年近卫军》、高尔基自传体三部曲(《童年》《在人间》《我的大学》)、奥斯特洛夫斯基的《钢铁是怎样炼成的》,中篇有捷克作家伏契克的《绞刑下的报告》等,短篇小说有契诃夫的《小公务员之死》《万尼亚舅舅》等。英雄主义、理想主义、浪漫主义是文学作品镌刻在我们身上的主要精神印记。此外还读了一些写上海民族资本家、写国民党人物的故事,如《上海的早晨》等,增加了我们思想的复杂性,也留下一些疑惑不解。1959年新中国成立十周年时,全国上映过多部国产新故事片,如《林家铺子》《青春之歌》《林则徐》《五朵金花》《回民支队》《早春二月》等,都是可以载入新中国电影史册的。我和同学们都是既看了电影,又回来找小说读。那个阶段我正处于青春时期,对理想、对英雄,对友谊、对爱情,对善恶是非、对美都抱有纯真而朦胧的憧憬,这些书籍、影片以及父母给我订阅的《少年文艺》杂志、《中国少年报》等都是陪伴我初中时期成长、影响我价值观形成的重要来源。

1963年初中毕业,我接着报考本校高中。我们班上部分同学主动去考中等师范和中技校。那时的南京有一批中技校办得很好，在全国都有名气。这类学校的考分与南京市几所最强的高中录取分数线基本持平，有的还稍高一些。比如南京无线电工业学校，蜚声中外，常在外国元首访问中国时，中国领导人亲自陪同参观该校；那一般是学习成绩好，但家境较为贫困的同学最理想的求学之地。我所记得的班里的女同学杨辉银、陶宗玲考取了当时最好的中技校，很让同学们羡慕。

现在都说初中生难教，初中校难办，一是因为学习成绩在那个阶段特别容易出现分化，二是青春期的逆反心理容易造成师生关系、亲子关系、同伴关系的紧张。但我的初中生活，我所在的南京九中初中当年并没有给我留下这种明显的负面记忆，这究竟是囿于个人生活圈及其交往的限制，没有在这方面有更多发现呢？还是当年的时代文化、社会风尚，南京九中端正的校风使得它们并不那么凸显呢？现在动辄出现的青春期逆反心理问题究竟是完全真实的现象，还是接受心理学某些理论的影响或者因独生子女、同辈影响和时风舆论而将其过分夸大呢？所谓初中生难教是不是还存在着初中课程，尤其是数理课程在难度设置上有所偏差呢？是否还存在着初中学校在资源配置上相对较为薄弱，部分初中校长在办学思想、校园文化建设上有工作欠缺，以及教师在师生互动，应答学生情感需求方面有着能力上的不足呢？我没做过深究，所以想不清楚。

（选自朱小蔓：《我的初中生活（1960—1963）》，2016 年 12 月）

1961—1966

青树翠蔓　芳华闪耀

1963年　16岁

6月

加入中国共产主义青年团。

9月

就读于南京市第九中学高中部，在校期间担任团支部书记、校团委宣传委员等职务。

记得20世纪60年代初，我被分配到南京市第九中学语文组任教。由于我的兴趣爱好，考取了江苏省广播电台的业余广播剧团，当时有些节目的播放，在师生中形成了一些影响。有一天傍晚，我办公室走进来了一位小女生，她怯生生地走到我面前，细声细气地对我说："陈老师，我想请您辅导我朗诵。"我仔细端详了她，是一位温文尔雅的美丽小姑娘。"你好！"我笑着说。她带来了一篇高尔基的《海燕》，我就让她给我读了一遍，当即纠正了几处字音与语气。之后，她每天放学后总来办公室找我，训练就这样开始了！有时我们到空教室里练……一直练习到了大礼堂，甚至上了舞台，她从柔软的声音，逐渐有了朗诵中的共鸣，她从平平的声调发展到昂扬的激情，从呆板的读音发展到有了朗诵的感觉；她从对作品的领悟到感情的注入，有了很大的飞跃！

有一次练习中，她没控制住感情而泪流满面，我很认真地对她说："朗诵不只是为了感动自己，而是应该去感动广大的听众！"她的朗诵越来越好，准备参加全市的中学生朗诵比赛。我对这位女学生也充满信心，朗诵不仅加深了她对作品的理解，而且也影响了她人生观的建立。她说她的一生要像海燕一样，在艰难困苦中一次次冲向暴风与海浪，要像革命者一样树立起不畏凶险的革命精神！

我们师生之间因而结成了友谊！后来，我带知青队伍去了农场，她还时不时写信给我，告诉我她在全市朗诵比赛中得奖了！

（选自陈平：《海燕依旧在翱翔》，2020 年 9 月 10 日）

附：陈平，曾任教于南京市第九中学，担任语文老师、大队辅导员与班主任。后调职文化局梅园新村周恩来纪念馆资料室，任南京市文物局副局长至退休，是南京市第九中学校友会终身荣誉会长。

20 世纪 60 年代中期，朱小蔓拍摄于南京市第九中学

1966 年　19 岁

高三，报考清华大学无线电系，已完成政审和备考，但因"文化大革命"当年高考取消，大学梦破灭。

6 月

高中毕业。

我和小蔓在高中同学中算是接触较多的人。她的学号是 36，我是 39，小蔓和我是邻座。记得高一第一节俄语课，老师徐国瑶用外语说了一大通话，可我由于是邻校考入南京九中，听力很差，老师的叙述我基本不懂，只听出几个单词。课后，我问小蔓，她居然全部都听明白了，我心里佩服不已，心想："到底是南京九中的高才生。"从此，我暗下决心，一定要提高听力！努力了一学期，终于赶了上来，其间小蔓没少鼓励我。

从高一开始，小蔓就是校团委宣传委员，我是班级团支部宣传委员，所以我俩工作交集比较多，也是好朋友。那时我住校，小蔓走读，我俩学习上的交流不断。小蔓文科突出，作文常是班里范文，我常拿来阅读，对老师圈点的句子及评语也认真品味，从中获益。因此，我与小蔓有比一般同学更深的思想交流，一直持续到"文化大革命"。"文化大革命"时期，有一天我在街上看到打倒朱伯伯的大标语，说朱伯伯是大叛徒，我忍不住去找小蔓。我俩在教务办公楼的围栏石板上坐了下来，我的第一句话就是："小蔓，我相信朱伯伯是好人！"小蔓当时眼圈就红了，她说："丁业梅，现在我周围的人都在教育我要和父亲划清界限。"尤其让她心寒的是，一些"文化大革命"前期、中期跟她关系亲密、走得十分亲近，曾受朱伯伯和朱伯母热情招待过的人，对她说你要划清界限，因为你父亲有红色外衣，有欺骗性，你对你父亲感情深，所以你更要深刻反省……我之所以说相信朱伯伯是好人是有依据的，朱伯伯除了和蔼可亲外，还有一件事情的处理让我佩服不已。高二的一个学期，我们班下农村劳动，发预防乙脑（蚊虫叮咬传染）的药，全班一人一片，共有四十多片。班卫生员王力群负责发药，当时王力群与小蔓不在一个住处，两人见面很高兴，于是一边说话一边吃药，不知不觉小蔓已经将全班的药吃了快一半了。王力群吓坏了，立即报告老师，送小蔓去医院。事后校方要追查此事，但当时身为教育局局长的朱伯伯再三阻止，一再说药是小蔓自己吃的，不怪他人，更不怪学校，这才避免了一场风波。我不能想象像朱伯伯这样一位处处为他人着想、处处维护他人的人会是坏人。那一天，我和小蔓聊了很久，我告诉她我们班上不少同学因为出身不好，受歧视，但是你从来都善待大家，我们都相信你和你爸爸一样都是善良的好人。小蔓说和你聊聊心里舒服多了。这就是我和小蔓一次比较深刻的情感交流。小蔓一生人格高尚、事业有成，这和朱伯伯的表率与教育是密不可分的。

（选自丁业梅：《忆小蔓》，2021 年 6 月 1 日）

1968 年，高中同学合影，第三排左二为朱小蔓

1967—1972

逆境成长　坚卓挺拔

1968 年　21 岁

10 月

响应"知识青年上山下乡"号召，赴安徽省休宁县万安公社插队，落户于旧市生产一队的潘娇仂家。

1968 年到 1970 年的农村插队生活，除了吃苦锻炼、磨砺意志外，对我来说，最重要的是两点：一是自己的知识才干发挥出来，在为农民服务中获得极大的成就感、重要感、有力感体验，这既是对我在"文化大革命"中父母关押挨整所带来的受挫、压抑、消沉的反向的抵消作用，也是对我中小学时代一直担任学生干部的自尊、自信、热情服务与助人习惯品质的延伸；二是农民对我这个南京大城市知青特别珍惜厚爱，他们对我的关注、照顾、欣赏不仅是困难中的温暖，而且是人生低潮时期的另一个高潮。那时我觉得我的知识、能力、人品都可以得到认同。农村生活是我家庭受到冲击时另一种形式的精神补偿、精神支撑。对知识的热爱与信念、对生活的热爱与信念，对人世间淳朴情感的信赖、眷念，对纯真的怀念，对美好感觉的信奉，如善良、爱、呵护、温暖、忠诚、侠义、正义等的深刻体验、眷念，我觉得是我保持天性、性格、人格没有被扭曲的重要源泉。有人说，如果没有这种赤子之心，人的更高的精神性、神性就无处附着。

（选自朱小蔓：《学术人生访谈》插队时期片段，2013 年 4 月 1 日）

直把万安作故乡

（一）

1966 年我在南京九中高中毕业，当时填报的志愿是清华大学无线电系，高考复习和政审都已完成，我们坐等统考。但一场突如其来的"文化大革命"打破了我和我的同学们的大学梦。1968 年秋，带着两年多滞留中学参与"文化大革命"运动的身心疲惫和创伤，我到安徽休宁万安——一个当时叫作"旧市"的生产队做了插队知青。这段难忘的生活，让我深深眷念，并随岁月历久弥新，它成了我一生中割舍不掉的宝贵财富。

我本不知中国版图上有个休宁万安，只因为当时父母被关押在南京、苏州城等地，或秘密或公开场合轮回批斗，我不愿与同学一起在江苏境内插队，想要远走他乡。父母将我托付给我表姐的婆家——一个从未谋面的万安农村妇女潘娇仂。

1968 年 9 月，我只身去往休宁万安旧市生产队那个陌生的地方先行联系。从南京中华门乘火车到芜湖，转乘 8 小时长途汽车到达位于休宁中学对面的万安汽车站。沿途，我看到从没见过的青黛色房舍，一路向南，远处是层叠的山，直到满眼是山。

虽然父母正在"受审"，但万安乡亲朴实、善良，毫无芥蒂地愿意接纳我。我遂返宁办好一切手续，把户口从南京城迁至了万安。初冬时节，伫立在寒风中的我，拖着 300 来斤重的行李，除了生活用品，行囊里装有雷锋、王杰、杨水才等模范人物事迹读物，有幻想着为农村建水电站用的《机械制图》《电工常识》，有准备为农民医治小病小伤的《赤脚医生手册》、针灸针和小药箱，还有一把寂寞时陪伴我的月琴。我想，那大概是我一辈子要待的地方。

万安分上、中、下街，我插队在下街末端的旧市生产队一队，队长潘高富。前几年回万安，在村口的人群中我找见了这位长方脸、大眼睛，当年目光炯炯，总是大着嗓门招呼社员下地干活的老队长。旧市生产二队队长刘来福，虽不是我的队长，但那时两个小队常在一起做农活、一起算工分。刘队长白天重活干在先，晚上结算时对社员宽厚大度，话不多、一副笑眯眯的样子让人特有安全感。

万安的乡亲淳朴、率性、热爱生活。那个年代物资匮乏，但万安的农民即便身着满是补丁的衣衫，无论老少都还清清爽爽。挨着一泓新安水，勤劳的妇女愿意下溪浣洗。古城岩下，水蓝桥边，棒槌声声。46年了，那声响仿佛还在耳际回荡。房东门前的那口老井，井水清澈，是附近农民的生活用水。男女成人往来汲水做饭，也有的用它洗衣浆衫和冲凉。乡村小朋友，万安的方言叫"囝"，那些男囝女囝活泼顽皮。每天清晨，七八个十二三岁的囝囝一溜排地骑在牛背上，扬着柳树条，冲着我用方言亲昵地唤着"南京佬""南京佬"。这些孩子小我七八岁，至今还记得他们的名字：顺英、囝仂、喜仂、宝仂。每次从南京回去，我会给他们带些糖块、手帕什么的，他们都将我当作大姐姐。

万安人质朴灵巧，善良智慧，房东潘娇仂就很典型。她是个老共产党员，曾做过多年大队妇女干部；打理家事公事，精明得体、有条不紊。最近看了休宁人聂圣哲编剧、黄梅戏艺术家韩再芬主演的《徽州往事》，那人物做派和文化气息立马让我联想到潘娇仂和许多万安人的行事为人。

当年的万安没有电灯，一到晚上，特别是农闲时节，乡亲们喜欢聚到潘娇仂家的堂屋煤油灯下。大爷、大婶，关心时事的中年男人、没钱娶亲的小伙子们，大家谈天说地，"说鳖"的内容居然可以从南斯拉夫总统铁托到阿尔巴尼亚劳动党第一书记霍查、柬埔寨西哈努克亲王和莫尼克公主。乡亲们向我问询天下大事和城里人的生活琐细，听我和房东女儿唱歌、读报、弹月琴，好不热闹。时常也有人来要求包扎伤口，或因牙疼、头疼、肩背疼要求针灸。那真是一个让我忘掉劳累、忘掉忧伤，为知识的力量、为可贵的情义、为自己的存在价值而振奋和自豪的"温馨小屋"。农民对我这个来自大城市的知识青年特别喜爱、珍惜，我觉得自己的知识、能力、人品可以得到农民的认同，在全新的环境中找到了与他人、与社会的联结方式。农村小屋的欢乐是我在家庭亲情受到摧残、人生暗淡时期极为难得的精神补偿。生活像万花筒，在任何时候都是多样的。小屋里与农人在一起的快乐无间、有力有用的真切感受奇妙地将我人生中的低潮引向一个新的高潮。

（二）

当农民、下地干活与念中学时偶尔下乡学农毕竟不是一回事儿。21 岁的我做一天评 5 分工，妇女 8 分，成年男劳力一天 10 分工，放牛娃 3 分。我一年干下来得到 36 元钱的年终分红，还见不到钱，拿到的是菜油之类的实物。所有的农活除拉牛耕田外，我几乎都干过，"双抢"是最累的季节。早上 4 点端着秧盆下田，天黑透才回来。插二季稻秧和割早稻同时进行，割稻割到晌午头，火辣辣的太阳下要赶活，补丁缀补丁的衬衣能拧出水来，头上的汗从草帽檐往下滴。渴了没水喝，只能趴到田沟里喝带泥的水。还有一个难挨的是挑担，一副担子百十斤重。不仅挑肥下田，还要挑石块做水利。肩膀磨肿了磨破了，脚也走不动了，就盼着早点收工。农民也会偷懒，他们自有"磨洋工"的办法，如用一个独腿的秧凳往田里一插，坐在水田上"说鳖"聊天。小组长舒观旺一走，乡亲们就会东家长西家短地"说鳖"，开些玩笑。也有长者用方言说，不要讲了，"南京佬"在呢，人家还是黄花大闺女。其实我都听懂了，因为语言"天赋"还不错，下乡没两个月，就学会了万安方言，能跟旧市的老乡们说一样本地方言了。

一次掼着个秧盆赤脚走在滑溜溜的田埂上，一不留神就摔了个四脚朝天。村民们不但没笑我，还一再安慰。乡亲们争着带些东西到田头给我吃，一块锅巴，一个团子，一把花生。直到今天，我还能感受到乡亲们在那困苦岁月的不易与真情。

徽州人很重视过年。乡亲们这家杀猪那家杀猪会相互送猪血，房东常用鸡蛋换一块豆腐，这样我家午餐就多了美味的猪血豆腐。那里地少人多，冬季农闲，年轻劳力上山砍柴，知青和回乡青年再找几个村里年轻农民，组成毛泽东思想文艺宣传队。唱歌跳舞演样板戏，一群年轻人凑一块，吹拉弹唱、各种角色都齐了。旧市村有个四进深的方家大院，晚上是生产队算工分的地方，农闲时就是我们的排练场。文艺积极分子里有贫下中农子女，也有所谓的地富"反坏子女"；有休宁本地的知青，也有南京、蚌埠、汉口等地的外来知青。汉口知青方世荣投靠他四婆来到万安旧市插队，不久弟弟方世明受父母指派来看望哥哥。看到哥哥与大家相处融洽，宣传队很热火，竟开心地留下来，成了演出队员、一住几个月。那年头是要讲阶级斗争的。旧市二队地主子女胡氏姐妹，大商户人家后人方文凤、方大文不时会被揪去挂牌批斗。可现在想来挺有意思：这些家庭成分不好的人在旧市生产队并不受歧视，批斗完了，大家照旧相处、依然平等相待。1969和1970年两个春节，我回南京探望关押中的父母。知道我要回家探监，邻居程银兰，玩得好的方淑明和丈夫金观寿，美娟和她的木匠丈夫，演出队的胡来好、叶道文、方大文，还有一批小姐妹王囡宝、赵绿英等纷纷拿来他们自家过年准备的年糕、粽子、芝麻糖、炒米糖等一大堆东西，加上年终分红的一点菜油，集起来不下六七十斤，用扁担挑回南京。当我带着乡亲们的年货赶到父亲被关押的地点，目睹的是父亲双手被反绑着用绳子连着其他被关押者的双手，一群"黑帮"被圈着在"牛棚"外"放风"，顿时，我的眼泪夺眶而出，大声哭喊着："爸爸我来看您了，农村老乡给您带了好多好吃的东西！"去母亲那儿，同样是只能在监管下相隔几十米遥望、对视，同样是哭喊着，留下从万安捎回的年货。它们是淳朴农民的心意，也是我向父母传递下乡平安的讯息。

（三）

徽州人重视文化，尊重读书人。有什么用得上文化人的事都会找知青。那时万安上、中、下街，直到涨山铺，延伸到古城岩下、水蓝桥边的桑园，老乡们几乎都知道旧市生产队有个知青"南京佬"。我永远感恩万安乡亲，他们给了我安宁，给了我自尊，不但没有伤害我，还竭力保护我、关照我、很在乎我。一个20出头的年轻人，从大城市跑到农村去，自然遇到很多困难，很艰苦，但依那个年代的价值观和思维方式，我真把它看作是锻炼和磨砺意志，而且更重要的是自己的知识才干能够发挥，在为乡亲服务中获得了极大的满足感、重要感，恢复了生活的信心。这既是对我在"文化大革命"中父母关押挨整所带来的受挫、压抑、消沉的反向抵消作用，也是对我中小学时代一直担任学生干部的自尊、自信，乐于助人习惯品质的延续。

毗邻旧市的是古城岩下的桑园生产队，它与旧市生产队不隶属同一个大队，但我对那里的熟悉情感并不亚于旧市。在那里，让我见识了什么叫"山洪暴发"。那次洪水，百年一遇。1969年7月的一天，因为下雨不上工，我们去找插队在桑元的合肥知青聊天。谁知山洪说来就来，说着话忽地水就过膝了，不一会儿满屋家具全都漂起来了，吓人的场面让我们手足无措。是队干部李明忠，妇女主任施十斤迅速把我们带到一个安全的高地，眼见人们纷纷爬上房顶、攀着大树，队干部汪冬九现场指挥若定；又眼见第二天家家户户洗晒家具衣物的景象，从此学会了"易涨易落山溪水"的俚语方言。李明忠是我十分敬重的农民大哥。后来，他和我被两个大队分别选为学习毛泽东思想积极分子，参加"积代会"，并且从万安公社、休宁县城、屯溪专署一路开到安徽省城合肥。他是土生土长的农民、劳模，为人豪爽、侠义，长我六七岁，在当地老老少少中间皆有口碑。而我却是一个父母双亲被打倒的

"黑帮"子女。虽说自己干活卖力，也为乡亲做了些力所能及的事，但在那个年代给我这个荣誉是要冒政治风险的。

20世纪60年代的万安虽然贫穷，但从街口通往邻近生产队的道路多为青石板路，民居多为"徽式"造型，即便是茅草屋顶，也与其他房舍一样建在石板路两旁、排列挺整齐。工间休息时人们可以从田埂上光脚一溜烟地跑到万安街上买点小零小碎。那两年父母被关押，完全失去自由，外界唯一能给我写信的就是我的男朋友、后来的爱人——吴志明。他在我下乡前应征入伍，与他的"两地书"对我来说是那个特殊时期最重要的情感期盼和精神支柱。邮政所位于万安中街，离旧市只有里把路。通常邮班一天两趟，我经常光着大脚丫从田里径直跑到邮局取信。至今我还清晰地记得那个长宽型脸，一米七左右个头的所长老吴的模样。他是我的福星、恩人，有信没信，看他表情便知。

到了1970年，不断有招工信息传来。今天陶瓷厂、火柴厂，明天砖瓦厂、电缆厂，周边的知青们纷纷去了工厂，留下的知青不多了。队里关心地问我要不要去做工人，我毫不犹豫地用万安方言回应：我不去！问我为什么？"我要上大学。不能上大学，就永远跟你们在一起。"接着又有招播音员、文化馆员、文工团员什么的，都一概没去。再后来公社通知我，县里五七大学，也就是休宁原农校招生，我急忙发电报给父亲，接到回电"可以"后便立即报了名。直到9月底的一天，我正和社员一起耘田，突然公社秘书小陈骑着脚踏车拿着招生表格找到田边，问我芜湖的安徽工农大学愿不愿意去。真是喜从天降的消息！后来才知道这是国家在"文化大革命"期间第一批试招工农兵大学生，全县仅有两个名额。当时入选者之一是位66届初中生，被县里资格审查认为是不够格上大学，于是全县到处找优秀的高中毕业生。由于我是66届高中毕业生，参加过四级"积代会"，便被紧急递补填表了。可过政审关时又差点被刷掉，因为我的父母都是"走资派""特务"什么的，还没"解放"，所幸遇到好人——刚刚"解放"的万安公社书记、"三八"式南下干部阎喜来一锤定音，理由是："走资派"多的是，我也曾经是呢！一时间万安上下都传着"小蔓要上大学了"，乡亲们舍不得我离开又无不为我高兴，忙着帮我收拾行装，一群乡亲把我送到万安汽车站，李明忠派他弟弟李明玲直把我送到屯溪转车。

汽车向芜湖方向驶去，万安渐渐地离我远了，老乡离我远了，我们之间还会思念、我们的心灵还会相遇吗？进入安徽师范大学求学、工作八年后的1978年10月，我的户口随工作变动重又迁回南京。1988年我们夫妇带着女儿回到阔别已久的万安。远近乡亲奔走相告："南京佬"回来了！魂牵梦绕，那是盛大的节日：相拥而泣、旧貌新颜，真善美的心灵终于再次相遇。

21世纪以来，我有机会多次回到万安，旧市、涨山铺、桑园、水蓝桥，方言乡音、情深意长；万安老街修葺重现，踏着那熟悉的石板路，在房东潘娇伢老房旧址前留个影，寻觅中街老吴的邮局，到吴尔宽私塾馆探寻当年不知道的陶行知的故事……

40多年过去了，万安插队经历须臾不忘。看不够啊，万安的秀丽、厚重，思不尽啊，万安人的聪慧、深情。

（选自朱小蔓：《直把万安作故乡》，2015年9月重访万安所作）

1970 年　23 岁

10 月

就读安徽师范大学中文系,成为首届工农兵大学生。

1970 年到 1978 年在安徽师范大学的生活,也是极其丰富的一段人生。虽然因为是"文化大革命"后期,时代的整体氛围是"左"的思潮在不时干扰我们的正常精神生活,但是当时安徽师范大学中文系教师力量强大,几乎是 80 位教师围绕着第一届工农兵学员 50 人。我们和大师级教授、中青年学者才俊亲密接触,虽然正规开课六个月,但通过大量学工学农学军等社会实践活动,包括与老师一起创作、排演歌剧、话剧,我学到大量正规课程之外的知识。同时,因为工农兵学员文化程度参差不齐,我得到了做小老师的锻炼,以及自信心、责任意识的强化。

我 1973 年毕业留校在中文系做助教,跟着系里的教师一起追随张涤华先生编写现代汉语词典。后来被调至大学团委工作,直到担任团委副书记,后又调至大学党委负责宣传部门。

作为大学文学专业的学生,我们是不合格的,因为不断搞运动开课很少,但毕竟读了不少文学作品,包括学习文学史、文学评论,对我的文学鉴赏力、审美情感是有影响的。担任党团工作的同时,我一直兼教大学生品德课程,那时主要有教师职业道德、人生修养等。

（选自朱小蔓:《学术人生访谈》安徽师范大学时期片段,

2013 年 4 月 1 日）

那时因为只有一届学生，教师多，开课时是多位教师共同完成一门课。比如印象最深的是外国文学课，宋惠仙老师讲苏俄文学。我只是在儿时读过高尔基等人的作品，如《童年》《青年近卫军》《铁流》等，而托尔斯泰的大部头作品没机会读，包括陀思妥耶夫斯基等的也是如此，经过老师的分析，我们的理解就完全不一样了。有赵令德老师讲《红与黑》《巴黎圣母院》《悲惨世界》《简·爱》等，还有孙慧芬老师也给我们讲欧洲文学作品。这门课程叫"外国名著名篇选讲"。因为我们这届学制太短，只有两年，政治运动和劳动又占了很多时间。加之"文化大革命"时期，根本没有现成的教材，甚至讲义也没有现成的，只有靠教师自己决定取舍了。任何生活磨砺对后来的人生都有价值，没有白走的路，也没有白做的事。关键是当事人在其中是不是一个自己生命的主体。对于我而言，任何一个生活和工作平台都可以是一个以小见大的思想发生、发展的实验室。后来我的40余年的生活，当我这么想时，我对行政工作的消耗性就不再感到那么难受了，甚至有时会觉得是个机会——改变现实周遭世界的机会。任何时候都可以是生长的开始，其实人体即是这样，身体中总有在衰亡的，也还会有新生的，无非是谁战胜谁。我现在处在自我生命的威胁时期，更会常常回想既往那些值得回味、留念的事。这也是在给自己的生命补充能量呢！人的生命任何时候都可能有新的契机出现，有机会重新自我再建。

（选自朱小蔓：《接受安徽师范大学文学院访谈》，

2017 年 7 月 20 日）

1973—1984

懿德树人　脱颖而出

1973 年　26 岁

1 月

大学毕业，留校任教，在安徽师范大学中文系任助教，为教授现代汉语语音课备课。

同年

调至安徽师范大学团委，任副书记，兼授"教师伦理""大学生品德修养"等课程。

1973 年 1 月 18 日，共青团安徽师范大学第三届委员会合影，第二排左四为朱小蔓

小蔓同志：

你好！首先我要说，数十年未见了，尽管你在学术上已经有了许多顶尖的头衔，我还称你同志，并以普通的老方式给你写信，不介意吧？

今年上半年，在母校建校90周年之际，校报编辑部派出采访小组专程赴京采访你，可见母校对你的器重。此间，我看了他们在《安徽师大报》上发表的《赭山脚下最美的青春底色》的长篇报道，使我激动不已，勾起了对你的许多美好回忆。

70年代初，中美关系解冻，唐德刚教授回校访问，学校召开座谈会欢迎他，你作为学生代表与会。你发言讲的得体，举止端庄，不卑不亢，甚受唐先生的好评。他不断插言点赞，并不断嘱咐随行助手多拍照片，回去展览以展示新中国大学生的风采。

再就是你毕业后已经留中文系作教学工作，是我一再举荐把你调至校团委任职。随之不久，我奉命去南陵县带领下放知青一年。此间，你常常给我寄材料，通报学校共青团工作情况，我很高兴。我回校后被安排到党委办公室，你被校党委调至宣传部负责。可见党委对你的重用，同事们对你的欢迎，你在安师大前景甚佳。尽管如此，党委书记魏心一还是忍痛割爱，同意你调回南京工作，让你合家团聚。

你离校后，沙流辉老书记要我从应届毕业生中挑选几位像朱小蔓那样的人。由此可见，小蔓同志，你的人格魅力在安师大是何等深入人心！

80年代初，我又回到安师大团委工作，你任南京铁道医学院团委书记。此时，团中央学校工作会议在南京召开，你我都有幸出席了这次会议。那次大会代表学校发言者仅有三位，恰巧有你也有我。其间，全体代表去你的铁医参观学习，听你做进一步介绍。代表中有人问你是怎么把团的工作做得这样活跃？你当即回答："我的这一套都是从我的母校安徽师范大学带来的。"我听在耳里，乐在心里，至今未忘。

此间还有一件事使我至今心怀愧疚。一次，我古稀之龄老母从全椒老家来安师大看我并小住，因老家农忙，她急于返里。此时，我因工作又难以分身，曾冒险将她老人家送上火车经南京赴滁时，是打电话给你，拜托你接站并将她老人家送上赴滁州的火车再由亲戚接站护送。这件事虽已过去几十年，但今日回首，深感余心有愧：一是对不起高龄老母；二是对不起你，南京站人山人海，这么重要大事怎么能轻易劳驾于你呢，而你精心从之，万无一失。

90年代后期，你已升任南京师范大学副校长，母校举行建校70周年校庆大会，你应邀亲临与会并作大会发言，表示要在两个兄弟院校之间架一座桥梁，合作办学，共同提高，共同前进。校领导和母校师生听之激动，倍感亲切。散会后，我刚与你对话时，中文系两位女老师一人拉着你一只手，把你拉走了。从那时至今又20多年过去了，你一步步在高升，工作到了首都，学术职称上到你同行的顶尖。作为你曾经的同事，我倍感欣慰！

小蔓同志，上面所说都是几十年前的往事，可我记忆如初。我1995年退休，校党委要我参加校关工委工作，担任常务副主任。在我主持校关工委日常工作的十年间，我们学校关工委从省教育厅、省教育部，直到中国关工委都是先进集体。省厅关工委、省关工委还给我"突出贡献奖"的鼓励……

小蔓同志：你是母校的骄傲。时至今日，凡是认识你或是知道你的人，对你为人处世做学问的品格，无不交口称赞。可岁月无情，如今凡认识你的人多数已至耄耋，你人到中年如日中天，对党和国家已经做出了杰出贡献。坚信你在未来的日子里，一定会百尺竿头，更进一步。

祝你身体健康，家庭幸福！

> 你的老同事袁起河
> 写于 2018 年国庆节

2019 年 8 月 26 日中午，袁起河先生接到朱小蔓先生的回电，手记如下：

朱小蔓同志说："你给我的信现在（才）收到。我去年回到南京治病。信阅后我甚喜。你是我毕业后政治上的引路人。至今，几十年过去了，你还把许多小事记在心上，母校这样器重我，我很感激。拜托择机转达我对老师、同事和母校的深深谢意。"

我说："你为母校争光了，好人一生平安，祝你早日康复，家庭幸福。"

附：袁起河先生曾任安徽师范大学群工组长、团委书记、党委宣传部部长、党办主任、校党委副书记等职。

（选自安徽师范大学青年通讯社：《两个老团干的相互牵挂与嘱托》，
2021 年 5 月 27 日）

1974 年　27 岁

7 月

1 日，加入中国共产党，介绍人崔瑞荃、周家安。

8 月

1 日，与吴志明在南京结婚，两人系南京市第九中学同学。

1974 年 8 月 1 日，朱小蔓与丈夫吴志明的结婚照

1976 年　29 岁

3 月

3 日，女儿吴姗出生。

1976 年，初为人母

同年

任安徽师范大学党委宣传组组长。

20 世纪 70 年代末，朱小蔓与丈夫吴志明、女儿吴姗合影

1978 年　31 岁

10 月

　　调至南京铁道医学院，任团委书记。其间，对在校大学生的品行教育是她负责的主要工作之一。

20 世纪 70 年代末，朱小蔓在共青团南京铁道医学院代表大会发言

1980 年 33 岁

任南京铁道医学院党委宣传部副部长。

朱小蔓与南京铁道医学院同事合影，上左图右一、上右图左二、下图
第一排左四为朱小蔓

1984 年　37 岁

任南京铁道医学院马列教研室副主任、思想品德教研室副主任。

在南京铁道医学院工作期间,兼授"中共党史""中国革命史""大学生品德修养""时事政治"等课程。

1978 年我回到南京,任南京铁道医学院团委书记,后来又任马列主义教研室副主任,党委宣传部副部长,从那时一直到考上研究生,未间断教学,包括"中共党史""中国革命史""大学生品德修养""时事政治"等。那时讲授公共课至少是两三百学生的阶梯教室,我每上一次课差不多要花去一个月的晚上时间去做准备。我的课是受欢迎的,我每次上课都很兴奋,充满激情,我觉得自己是沉醉在自己所讲的东西里的,我相信自己用心收集的丰富资料以及所阐明的思想观点能够吸引学生,我总能从教学中获得成就感。

(选自朱小蔓:《学术人生访谈》,2013 年 4 月 1 日)

1985—1992

———— ◦⌒◦ ————

问学大师　跨国深造

1985 年　38 岁

9 月

考取南京工学院(现东南大学)哲学与科学系自然辩证法专业研究生，师从我国著名伦理学家王育殊教授和哲学家萧焜焘教授，攻读硕士学位。其间，任班党支部书记。

1984 年，根据萧焜焘先生要求，王育殊教授开始在科技哲学硕士点下招收科技伦理学方向的研究生，仅 85 级、86 级两届就招了 20 多位，我与朱小蔓教授(中央教科所前所长、俄罗斯教育科学院院士)等就是 85 级的研究生。到世纪之交退休前，王育殊先生到底培养了多少位研究生，我没有做过统计，印象中大概应当有 30 多位吧。先生桃李满天下，尤其为江苏伦理学的发展培养了许多优秀的师资和学术骨干。1988 年，先生组织团队，主编了全国第一本《科学伦理学》，随后发表、组织了大批的学术成果。东南大学的伦理学科就是在这样的积淀基础上发展起来的。

对早期东南大学伦理学专业的研究生来说，不少人都认为自己有两位导师。一位是王育殊教授，是直接的导师；另一位是萧焜焘教授。以萧先生为导师，一个原因是那时的伦理学是挂靠在萧先生的科技哲学点下，另一个原因是萧先生讲授西方哲学、精神现象学，给大家以深刻的学术影响。我们一些"老弟子"们经常将两位先生做比较，对王育殊教授的深刻影响的认识则往往随着人生经历的丰富而不断加深。

萧先生睿智灼人，才势夺人，不怒自威，在他面前，常让人有一种"高山仰止"之感，所以萧先生虽然内心情感极为丰富，对学生也至为怜爱，但弟子们在他面前丝毫不敢放越，坦率地说，直到萧先生去世，那时我虽然已经做了多年的系主任，但在他面前仍怀着敬畏甚至几许畏惧。王先生则不同。即使是刚来的新生，他总是而且始终是慈眉善目地微笑着交谈，谈学术问题也总是拉家常式的，仿佛不是在指导和教导，而是在磋商，让我们感到毫无拘束之感，甚至有时还有点放肆。两位先生，萧先生恰似中国的烈酒茅台，启封满屋香，让人如痴如醉；王先生好比英格兰威士忌，幽香沁脾，如果一饮而尽，则不得其味，需小口品呷始生回肠之醉。用一句中国古代哲学家的话不恰当地表述，萧先生是恭敬之威，王先生是道德之威。

（选自樊和平：《仁心处世，玄德育殊——悼念导师王育殊教授》，见《东南大学报》2015 年 5 月 10 日第 7 版）

萧先生的课把我引进了神圣、博大、奇妙无比的哲学殿堂。萧先生讲哲学，最大的特点是，从不给我们开出哲学概念的定义，而是讲引人入胜的历史，讲历史中的人物，讲人物提出某个哲学概念的种种轶事，包括生活经历、认知经历、认识方式及风格特征。这种展开了的、过程性的、生成性的呈现方式，使一个个哲学概念生动、跳跃起来，概念之间的联系、区别及变迁的线索逐渐清晰起来。我们终于悟出：没有僵化、一成不变的哲学概念，只有永不停息、奔流发展的客观历史。同一个哲学概念也因历史、因时代、因人而衍生出丰富的内涵。于是，我们懂得了历史是客观的、伟大的、不容篡改的，而人更是伟大的、主体性的，人用创造的头脑在思维中创造概念，揭示、阐释概念的新内涵，从而把握和引领着时代的方向。对于感性直观思维、知性分析思维和辩证理性思维，萧先生最推崇辩证理性思维。他认为这是有巨大而深沉的历史感做思维背景的人所特有的理性能力。这三个思维阶段是对立的、相互否定的，但又是不可分割、内在联系、循环往复、螺旋上升、缺一不可的。他讲任何一段历史发展与人类哲学思维运动，都可以用感性、知性和理性三个环节的思维圆圈运动阐释得生动、贴近、趣味和意味无穷。他从亚里士多德经黑格尔、费尔巴哈到马克思的思想内容上的巨大变迁与思维方式的惊人一致，带出了现代西方哲学之前的整个西方哲学史。

萧先生对学生要求很严很严，他的哲学课不仅用启迪式、熏陶式、教化式，同时也用训练式。仅"费尔巴哈论"这门课，他通过辅导教师苑金龙开出并要求我们做了30道问答题，每篇少至三五百字，多至一千字。现在回想起来，那是一个艰苦的、扎实的训练过程。我做了整整一本，迄今仍完好地保留着。最令人难忘的是萧先生的哲学考试，他常用抽签口试的方式，由教授组成答辩委员会主持这种口试（我于1992—1993年期间在莫斯科大学访学时目睹的哲学考试正是这种方式）。年轻的大学生们会在那天穿戴得漂漂亮亮、整整齐齐，神色庄重地进入口试考场。我们这届的考试也很别致。先生允许我们带任何书籍和笔记，随即在黑板上写了五道题，然后由我们去发挥答题，交卷时间不限。考试从上午8点开始，记得有人11点左右离开考场，我大约12点半离开。据说，有的同学买了吃的东西来，答题到下午2点。这种考试方法大概也不是现在什么"教考分离""试题库"、一律化的考试所能接受的。

记得在我们快毕业的时候（1987年）的一次课上，他拿出自己写的一篇研究斯宾诺莎哲学-伦理学思想的论文《死的默念与生的沉思》，他讲得十分动情，他推崇斯宾诺莎那种深沉的、理智的、渗透生死的大情感。后来，在他与我的个别交谈中，他兴致极高地告诉我，准备在退休后好好研究斯宾诺莎的《伦理学》。我一直从他的思想中感受到作为道德哲学的伦理学与作为社会规范体系的伦理学之不同。我的硕士论文选定道德情感作为研究课题，选择道德情感作为研究道德的突破口，主要是受到导师王育殊先生平实而通融的伦理与生活的关系、伦理与美的关系的思想系统的熏陶。但我对理智型道德情感概念，对情感发生中情致、情愫、情操三个环节的相互关系的阐述则直接受到萧先生的启发。后来，我到南京师范大学著名的教育学专家鲁洁教授门下攻读博士学位时，我仍然念念不忘和执着于情感教育的研究。博士论文《情感教育论纲》的第六章"情感教育的内在过程"是我自认为，也是被鲁先生称为最有创造性的一部分。那里面提出的命题、概念、范畴以及构建起来的理论假设，其思想渊源正是来自萧先生阐发的亚里士多德、斯宾诺莎、黑格尔和马克思的道德哲学思想。

（选自朱小蔓：《哲学家与教育家》，1999 年 8 月 20 日，

见南京大学出版社 2000 年出版的

《碧海苍穹——哲人萧焜焘》）

1986 年　39 岁

受苏联伦理学家阿·依·季塔连科的思想启发，朱小蔓大胆提出
"在人类伦理和个体道德的精神大厦中，情感是最深沉、稳定和核心的
特质"的理论命题。

20 世纪 80 年代中后期，一家三口游览黄山

1987 年　40 岁

　　因甲状腺疑似恶性肿瘤，手术拿掉三分之一甲状旁腺，术后未休息。

1988 年　41 岁

2 月

　　1 日，完成南京工学院（现东南大学）哲学与科学系自然辩证法专业学习，并通过毕业论文答辩，硕士论文题目为《道德情感简论》，获得研究生毕业证书。

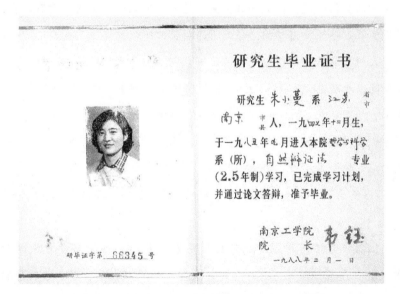

1988 年 2 月 1 日，朱小蔓南京工学院研究生毕业证书

3 月

　　30 日，从南京工学院（现东南大学）毕业，获哲学硕士学位。

1985年，我与她（朱小蔓）一起考取东南大学（南京工学院）哲学与科学系研究生。我是班长，她任党支部书记。我俩搭档十分默契。全班同学尊师重教，发奋读书，团结友爱，学用结合。系里的老师后来说，85级的学风班风，之后再也没有过。小蔓的风度风采，给人们留下不可磨灭的印象。她出身世家，名门闺秀，可是谦虚谨慎，朴实无华，为人诚挚，待人谦和，毫无优越感和"大小姐"脾气。同学们几十年来一直亲切称呼她"小蔓大姐"。小蔓的爱人吴志明是一位军事教官，是我的同事和朋友。我们入学时，吴志明奉命参战去了南疆。朱小蔓在课堂读书报国，吴志明在战场作战卫国。中秋夜联欢会，一曲《十五的月亮》，唱出小蔓的心声，唱得大家热泪盈眶。小蔓大姐关心着每一位同学的生活和进步。有一位男同学是应届毕业生考来的，没有工资，家境贫寒，冬天没有棉裤，每天下课后就回宿舍把棉被盖在腿上看书。小蔓大姐知晓后，立刻送来毛衣毛裤，使同学免受冻寒之苦。小蔓心胸开阔，乐观豁达。1986年，她身患甲状腺肿瘤，自己到医院诊断、手术、治疗，几乎没有误课，待大家知道时，她已经出院回来上课了。同学们关心地问她，她淡然一笑，轻松而诙谐地说："没事，好了。一条刀疤，像一条项链，好看吧？"

　　（选自王东生在朱小蔓线上吊唁平台的留言，2020年8月12日）

　　（我）研究情感教育，是偶然也不是偶然。我1972年年底大学毕业，1973年开始边做行政工作边教大学生的思品、人生修养、教师职业道德等课程。出于好奇和工作需要，我1984年在南京东南大学——过去的南京工学院，先旁听并继而跟随王育殊、萧焜焘两位先生学习伦理学课程。1984年开始读翻译过来的苏联伦理学教学委员会主任季塔连科教授的《马克思主义伦理学》。1986年，当我在准备硕士论文选题时，又看到了季塔连科教授发表在《哲学译丛》上的另一篇文章，其中，他把人的情感提到非常高的位置，说情感是人类整个道德大厦的基石。这使我很受震撼。我当时作为一所大学的团委书记、德育教研室副主任，参与组织实施对全校大学生的思想品德教育工作。我一直在思考，究竟该如何看待越来越系列化和知识化的思品课程，如何看待以科学的名义对人的思想品德与德育工作进行量化评价？怎样才能开启人性中与生俱来的向善的东西，从人性的根上长出品德的禾苗来？孟子讲的恻隐之心、羞恶之心，正是人性中最早的情感表现。如果这些东西能较早地被呵护和唤醒，得到支持性的条件，它就会发芽生长，开花结果。我认为这是道德教育的根——说到底，道德教育是一个把人的美好人性唤醒、发育和培育的工作。人性之初的东西不能保证一辈子。每个孩子生下来都差不多，之所以后来变得不一样，差别也许可以在这里得到一些回答。

我在1984年读《马克思主义伦理学》时，并没有太多的感觉。后来做硕士论文时发现季塔连科教授的另一篇文章，真是如获至宝。其中的一个主要原因就是自己长期以来工作中遇到的问题在理论上找到了解释的依据。所以说，很多知识是需要线索来激发的。只有在实践中深深感受到的东西，即经验变成了自己情感上的思虑、挣扎，或者有情感上的某种需求的时候，然后读到一种可以解释这种经验的理论，你才会真正地懂这个理论。尤其是那些解释人的现象的知识，如果伴随着你自己的经验、情感、矛盾和需求，你才会觉得那些知识与你的经验特别能联结。因此，硕士论文我选择道德情感简论，做了三年。毕业以后，我回到原来的岗位——南京铁道医学院，在政教处做处长，还是负责学生工作，兼教大学生的品德课。但是一年后，我决心离开这个岗位，继续求学，1989年考取了南京师范大学鲁洁教授的博士生。由于硕士阶段的道德情感简论意犹未尽，还有很多搜集的资料没有用上，入学没两个月我就跟鲁老师说，想把情感这个问题继续做下去。而且，我从哲学专业转换到教育学，就会有一片新的天地。这个想法得到鲁老师的支持。

（选自王平：《寓德于情，以爱育人——专访情感教育研究的开拓与实践者朱小蔓教授》，见《教师教育研究》2014年第3期）

10 月

在《江苏高教》1988年第5期发表《对改善思想政治教育的若干思考》，文章提出："如何使高校的思想政治教育与改革开放的形势，与高校培养人才的需要相适应？担负这一工作的干部、教师在具体的方式方法上已做了不少的改革和探索，但思想政治教育始终没有从根本上突破，这一方面要从极其复杂的社会原因中加以考察，另一方面，则应该从思想政治教育工作本身进行探究。粗粗想来，似有以下几点：突破狭隘化的理解、摒弃教条化的工作方式、越出单一化的思想樊笼、改造'权力化'的职业心态。"

同年

任南京铁道医学院政教处副处长（主持工作）。

同年

参加王育殊教授主编的全国第一本《科学伦理学》的编写工作。

1989 年　42 岁

9 月

考取南京师范大学教育系教育基本理论专业研究生，师从著名教育学家鲁洁先生攻读博士学位，学习道德教育哲学。其间，刻苦学习，品学兼优，两次获朱敬文奖学金。

1989—1993 年读博期间，朱小蔓两次获朱敬文奖学金

鲁洁先生生平

鲁洁，1930 年 4 月出生于四川阆中县（今阆中市），当代中国著名教育家、教育理论家，南京师范大学资深教授、博士生导师。鲁洁先生长期致力于教育基本理论、德育学等方面的研究，她站在时代的高度，立足于中国的发展，提出了许多原创性的、有中国特色的教育理论，形成了独特的学术观点和学术体系。合作编写的《教育学》（人民教育出版社 1985 年版）获全国高校优秀教材一等奖；主编的《教育社会

学》(人民教育出版社 1990 年版)获全国第三届普通高校优秀教材一等奖，与王逢贤共同主编的《德育新论》获教育部人文社会科学优秀成果一等奖。主持第八次课程改革小学"品德与生活""品德与社会"课程标准的研制，任国家统编教材小学"道德与法治"教材总主编。领衔的"小学德育课程改革与实践研究"项目获国家级教学成果一等奖。

（选自南京师范大学官网：《沉痛悼念著名教育家鲁洁先生》，

2020 年 12 月 25 日）

　　我的教育学博士导师鲁洁先生 80 华诞即将来临。所有热爱和尊敬她的人都在诚挚地祝愿她健康长寿、永葆学术青春。对于她这样一位视学术思考为生命中最大乐趣的人，祝贺她寿辰的最好方式无疑是激发人们重温她的作品，走进她的学术生活，更深入一些地研究她的思想。这无论从有助于一位老教育家分享做教育的快乐、幸福，还是从传承、发展其学术思想，对中青年学者、后辈晚生示范治学与做人来说，都相当地有意义。在当代中国教育学者中，她的学术成就是很高的，尤其长于对教育问题写出单篇的系统而精粹的哲学论文；其思想的高度，文辞的大气、犀利，极为突出，思维方式也相当有个性，有个人风格。

　　道德教育哲学是她治教育学的核心和灵魂，以道德之"眼"看教育、思教育是鲁氏教育学派的明显标识。她问道，人—人心—人的善心，世间还有什么比这些更有魅力？几十年的实践证明，这一信念的力量真是无比强大！她是一个超越了自我、脱离了低级趣味的纯正的人。在我的心目中，这样的人正是一个最幸福的人。

　　她建构的是有"人"的和"为人"的德育，是以人的生活为坚实基础的德育。她一直在关注对西方现代化的反思，她不迷信过度物质化、占有式的西方现代化，同时却高度重视西方现代人本主义的新发展，敏感于它们区别于近代人本主义的新特征。她完全不满足于传统的道德概念，她试图冲破规范论的道德解释论，冲破知识论的道德解释论，冲破工具论的道德解释论以及现存论的道德解释论。纵观她对一系列重大问题的思考，分析其中若干重要命题的关联，显然，她已相当完整地构筑起道德教育哲学的理论大厦，也相当深刻地回应了中国社会转型中道德教育面临的种种现实问题。

教学对她来说完全不是一项生活之外的外加任务。老、中、青学者之间的代际交流断不可少，它是研究视野的需要，也是道德交往的需要。人文学科更需要有师徒间近距离的、经常性的、个人化的接触和交流。这几年她在中小学收集到的生活素材有几大口袋。她深信，德育的真理一定深藏在生活中，她决意要从里边发掘、提炼出有价值的德育理论来。作为老一代知识分子的优秀代表，她从未把知识、理性与生活对立起来，更未漠视生活、傲视生活。

先生于我有恩，恩似大海般宽阔，情似小溪般绵长。

现在我也 63 岁，开始进入老年，可望"解甲归田"，专事于心爱的专业工作了。回想起 20 世纪 80 年代，有人预言，21 世纪人类最重要的学科当是生物学和教育学。当时我被这一预言极大鼓舞起来的学术热情和信念，今天依然强劲奔放。我深信，从情感入手研究人的道德品行乃至人格的发育与健全，恰是生物学与教育学学科交接联袂的地带，希望自己还有专注的心境和健康的体力，在这一领域里用哲学思考和人文方法的实证再做一些有益的工作。此外，学习导师，用道德之"眼"看教育、思教育，我愿意继续用人文哲学的思维、感受与话语方式总结自己 37 年教学、研究与行政服务之经验得失、职业感悟，揭示其中的道德意义。我希望这也可以成为我对老师补交的另一份道德教育哲学作业。

春天来了，万物复苏，万象更新。纪念我敬爱的导师 80 寿辰的时刻到了。借此向先生贺寿之际，学生鼓起勇气、怀抱愧疚之心，祈求先生原谅，原谅我自主选择力不足，没有在专业研究的道路上走得更好，辜负了她的苦心提携和期望。

望余生补过更新，仍能追随先生治学为人之大道，顺己本性，扬己所长，尽己所能也。

然，受自身天赋、基本功及专注能力之所限，吾自知永远无法抵达先生之学术成就与境界矣。

（选自朱小蔓：《跟随鲁洁先生学习道德教育哲学》，

见《南京师大学报（社会科学版）》2010 年第 2 期）

1989 年，中国当代心理学大师高觉敷先生在家中指导鲁洁先生的弟子们，左二为朱小蔓，左五为鲁洁先生，右二为高觉敷先生

高觉敷先生生平

高觉敷，浙江温州人，1896 年生，原名卓，字觉敷，以字行。著名心理学家、教育家。1916 年，考入北京高等师范学校英文部。1918 年，被选送到香港大学教育系学习，1923 年毕业并获文学学士学位。1957 年被错划为"右派"，1959 年，"摘帽"后任南京师范大学教授及心理学史研究室主任等。1993 年 2 月 15 日，因病在南京逝世，享年 97 岁。高觉敷长期从事心理学教育和心理学的研究，尤专心于心理学史的研究，被称为中国当代心理学大师。

（根据相关资料整理）

1990 年　43 岁

8 月

4 日，父亲朱启銮于南京去世。

12 月

在《群言》1990 年第 12 期发表悼念父亲朱启銮的文章《伴随他于弥留之际》，其中有以下文字："我怀着极其沉痛的心情给你们写这封信，向你们报告：《群言》杂志最忠实的老读者——我的父亲朱启銮因病于1990 年 8 月 4 日去世。第 7 期《群言》杂志是他离开人世前最后一次读

父亲朱启銮重病期间，全家合影。 左起分别为父亲朱启銮、朱小蔓、母亲杨坤一、女儿吴姗、丈夫吴志明

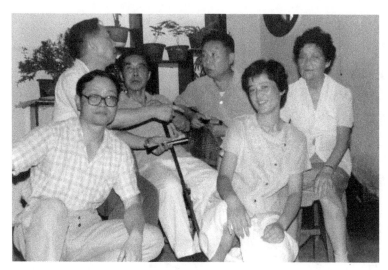

父亲朱启銮重病期间，两位叔叔周克（原名朱启统，左二）与诸敏
（原名朱启聪，右三）来南京探望时的家人合影

的杂志。尽管那时他已实际上读不进任何东西了，但他那戴上老花镜
看无比钟爱的《群言》，眷恋人生的形象，永远也不能令我忘怀。"

父亲去世后，朱小蔓与母亲杨坤一在原南京无线电工业学校朱启銮雕
像前合影，塑像由赵朴初先生题词

20 世纪 80 年代中后期— 90 年代初，朱小蔓探望父亲半个多世纪的老友赵朴初先生与夫人时的留影

1991 年　44 岁

3 月

在《道德与文明》1991 年第 1 期发表《道德情感简论》，文中提出："道德情感是一个动态的复合结构，内含三个不可分割的运动过程。大脑、神经系统的活动过程是结构的物质本体，社会道德生活的实践过程是结构的整体，个性心理基质的建构过程是结构的导体。"

同月

在《高等师范教育研究》1991 年第 1 期发表《德育的非理性视角》。文章认为德育过程具有非逻辑、非因果甚至德育工作者难以控制的一面，这种观点可以克服仅用理性的思维框架考察德育所造成的某些局限。

1992 年 45 岁

6 月

在《高等师范教育研究》1992 年第 3 期发表《H. 加登纳的智能结构新说与西方理智主义教育框架的动摇》，文章指出：加登纳的"人格智能理论对于纠正传统的理智至上的智能观，全面发现和发展人的才能，重视人格与道德教育，以实现教育的全面效益，可以说是一个有突破性进展的理论，很有可能成为医治世界性教育痼疾，开辟人类教育新前景的理论先声之一"。

7 月

1 日，完成南京师范大学教育系教育基本理论专业学习，并通过毕业论文答辩，获研究生文凭与教育学博士学位，博士论文题目为

1992 年，朱小蔓博士论文答辩现场照

《情感教育论纲》，答辩主席黄济，答辩委员王育殊、王逢贤、刁培萼、鲁洁等。

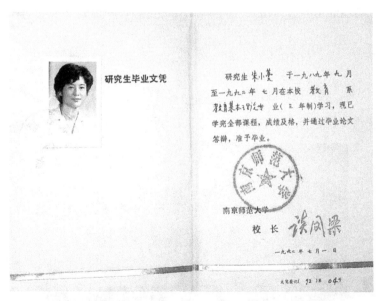

研究生毕业文凭

研究生朱小蔓 于一九八九年九月至一九九二年七月在本校 教育 系教育基本理论专业（三年制）学习，现已学完全部课程，成绩及格，并通过毕业论文答辩，准予毕业。

南京师范大学

校长 谈凤梁

一九九二年七月一日

1992 年 7 月 1 日，朱小蔓南京师范大学研究生毕业文凭

9 月

10 日，南京师范大学建校 90 周年庆祝大会在五台山体育馆隆重召开，朱小蔓代表博士生和青年教师做了精彩的大会发言，多次引起全场的热烈掌声。

同年

"小学情感教育暨素质教育研讨会"在江苏江阴实验小学召开。在这次会议上，朱小蔓提出，情感和智力一样都是人的重要智能。情感教育是关怀并指向人的整体素质的教育，明确把儿童情感教育与人的素质的完善结合起来。她把自己参与的南京琅琊路小学的"小主人教育实验"、无锡师范附小的"乐学教育实验"、无锡五爱小学的"和谐教育实验"、江阴实验小学的"审美教育实验"、南通师范二附小的"情境教学实验"等，统称为"情感性素质教育模式"。

同年

赴莫斯科大学哲学系伦理学教研室做访问学者，师从苏联伦理学教学委员会主任、莫斯科大学哲学系伦理学教研室主任、世界伦理学会主席阿·依·季塔连科教授，专攻道德哲学。

1992 年，我负笈莫斯科，那是我平生第一次走出国门。由于不是享受公派出国待遇，是鲁洁教授用自己的课题费 1700 元资助我乘国际列车往返。从北京经过了五天六夜长途劳顿的我，不仅大出意外地在车站有受季塔连科教授委派的两位希腊与土耳其研究生接站，更让我吃惊的是，他这位大教授竟亲自带着鲜花、提着一盒大蛋糕端坐等在我将生活的宿舍里迎接我。因为是"博士"，他们给了我相当于"教授"

1992—1993 年，朱小蔓俄罗斯访学期间旧照

月薪的基本工资部分。我在俄的那段时间，俄罗斯开始实行经济"休克"疗法，物价急剧飞涨、物质匮乏，靠卖东西换取生活基本用品的妇女、老人充斥着地铁进出口、街边和体育场。在刚去莫斯科的前两个月，物价不算高，我不需要自己贴钱便可以满足生活开支，靠的正是这份"工资"。季塔连科教授亲自安排我的学习计划，包括指导阅读文献、参加研讨课、补习俄语以及可以用电话预约与他见面交流等。

特别幸运的是，季塔连科教授1991年起担任了世界伦理学会主席，在我访学期间，由莫斯科大学伦理学教研室组织召开了一次伦理学国际会议。导师给予我在分会场发言的机会。会前会后，他对我的报告《以情感发展为特征的中国学校道德教育模式》，给予了极大的肯定，数次在教研室会议上表扬我，后来还将这篇论文编入《关于人的权利的伦理学》俄文版专著。这一切给了我莫大的鼓舞和学术自信。

（选自朱小蔓：《永恒的道德 无尽的思念：写在俄罗斯

著名伦理学家季塔连科教授20周年忌辰》，

见《教育研究》2013年第5期）

我与小蔓是高中同学，1963—1966年在南京九中读书，1968年我下乡到苏北，听说她回安徽老家了。后来二十余年，我们再没见过面，但偶尔有她的消息，知道她在安徽上学了，知道她到南京某大学干宣传工作了，后又听说她考上了博士，师从南京师范大学著名教育家鲁洁。巧的是，我的太太当时就在鲁洁身边工作，也是她的博士生。

1992年夏，我与一个同事到莫斯科出差，公务完毕准备回国，这时听说朱小蔓在莫斯科大学研学。他乡遇故知，这是人生四喜之一。可我们下午就要回北京了，怎么"遇"呢？到莫斯科"北京饭店"！我们在北京饭店见面，自然非常亲切，拉着双手不停地互问，半天才落座。

当时，北京饭店是莫斯科最好的中餐馆，但菜品实在不敢恭维，有一个点心引起了我们的注意，那是一碗汤圆。看着它，我们同时都想到了另一个场景：那是在小蔓家中，我和另外几个同学规规矩矩坐在餐桌旁，朱妈妈端上来一碗碗汤圆，那汤圆的馅是生猪油、糖、桂花等揉捏、压制而成的，吃起来甜而不"齁"（南京话，过分的意思），油而不腻，糯而不沾，入口香味四溢，那滋味现在想起来还流口水。这又是一个话题涟漪，我们叽里呱啦说了半天。

时间已到 14：00，我们的飞机 17：30 起飞，要分手了。小蔓送我们到地铁站，这时的话大多是嘱咐，她祝我们一路平安，我希望她多保重，一个人在这么远的地方不容易……突然，小蔓肚子痛得站不起来。这下我可慌了，是食物中毒？可刚才我们一道吃饭，我和我同事一点事都没有啊。赶快送医院吧！正好，路边有一个警察，我们立刻把他拉过来，请他帮忙。警察立刻奔警察亭打电话，一会儿救护车来了，下来俩大汉，用担架把小蔓抬了上去，我们要赶飞机，不能跟着去医院，警察也把我们挡住，不让上车。救护车拉着警笛迅速离开了。我们告别警察，下楼梯奔地铁，回头看看，警察还向我们招手，好可爱的警察！

事后得知，小蔓当时身上没带任何证件，也没带钱，俄罗斯全覆盖医疗制度承担了所有的治疗费用。四天后，小蔓平安出院了。

（选自邓林荃：《朱小蔓轶事两则》，2021 年 5 月 22 日）

1993—2001

情感教育　开山立说

1993 年　46 岁

6 月

在《上海教育科研》1993 年第 3 期发表《重视对情感能力的培养》，文中指出："人的情感既是瞬息万变的，又是相对稳定的；既是内隐独特的，又可能外显泛化；既作为内在感受由个人独享，又作为外部表现与他人分享。当它处理人与外部环境，人与他人关系以及人自身的活动时，表现为一种功能状态，其中，人的感受、思维判断与行动之间没有明确可辨的界线，似乎迅速有机地结合在一起。我们对这种外化的，有外在功能体现的方面称其为情感能力。根据情绪心理学的研究和教育操作实际中对受教育对象的观察与把握，我们可以初步提出以下一些需要加以开掘和培养的情感能力：情绪辨认能力、移情能力、情感调控能力、体验理解能力、自我愿望能力。"

1993 年 10 月，朱小蔓的专著《情感教育论纲》（初版）由南京出版社出版

10 月

《情感教育论纲》由南京出版社出版。情感作为人的发展的主要领域之一被纳入了教育理论研究的核心范

畴，情感教育成为辐射教育活动全域、全程的理论问题与实践问题。

需要说明，本书不是探讨如何以情感作为教育手段去推动教学和教育活动，而是论述为什么和如何把情感作为人的发展的重要领域之一，而对其施以教育的力量。所谓情感教育，就是关注人的情感层面如何在教育的影响下不断产生新质、走向新的高度，也是关注作为人的生命机制之一的情绪机制，如何与生理机制、思维机制一道协调发挥作用，以达到最佳的功能状态。在传统教育中，或者把情感教育等同于审美教育，或者把它等同于德育，结果都不能涵盖情感教育的全部内涵。情感与人的生存发展的关系是多方面的，人的情绪机制参与人的对象化活动的一切领域和全部过程。当我们把活动概念作为全部教育理论的逻辑起点时，情感教育显然是一个辐射教育活动全域、全程的理论问题与实践问题。我必须强调的是，我们并不追求某种情感教育的实体性存在，即它既不与德、智、体、美、劳诸育的某育相对应，也不是五育之外的单独一育，而是作为教育意识、教育思想渗透于诸育之中，发挥黏合剂的作用，使原有分割的诸育实现功能性的统一。所以，研究情感教育也就是研究人的情感与人的生存发展的道德关系、认知关系、审美关系、价值关系如何取得最佳状态。从本质上说，情感教育论属于教育哲学范围，因为教育哲学坚持对教育的理想世界作基本统一性的追求，它从真、善、美相统一的高度来研究教育思维与教育存在的关系。

（选自朱小蔓：《情感教育论纲》导言，1993 年 月）

12 月

在《江苏商业管理干部学院学报》1993 年第 4 期发表《情感与教学活动》。

同年

任南京师范大学教育科学研究所所长。

1994 年　47 岁

5 月

在《江苏高教》1994 年第 3 期发表《创建情感师范教育》。文章指出："情感师范教育，考察我国各级各类学校教育的现状，有必要将他国教育运行中某些共同的规律性问题作为借鉴，引进情感师范教育这一概念，根据我国教育的实际加以运用，在我国师范教育体系中建立起有我们自己特色的情感师范教育。"

同月

在《上海教育科研》1994 年第 5 期发表《论情感在个体道德形成中的特殊价值》。

7 月

30 日，著作《情感教育论纲》获江苏省第四次哲学社会科学优秀成果评奖二等奖。

8 月

在《上海教育科研》1994 年第 8 期发表《论德育过程是人的情感交往过程》，文章指出："教育性交往在理论和实践上归结为两个主要领域——情感领域和认知领域。我们认为，德育过程中的教育性交往主要表现在情感领域，以人与人的情感交往为基本的交往方式。德育过

江苏省哲学社会科学优秀成果

获奖证书

(副本)

苏社科奖第 049047号

朱小蔓 同志：

经江苏省哲学社会科学优秀成果评奖委员会评定，您的
著作《 情感教育论纲 》
在江苏省第四次哲学社会科学优秀成果评奖中获 二等 奖，
特发此证。

江苏省人民政府

一九九四年七月三十日

1994年7月，《情感教育论纲》的获奖证书（二等奖）

程中的情感交往具有以下三个层面的效应特征：生理-心理层面，它以
受教育者获得安全感为基本标志；社会-文化层面，它以受教育者获得
共通感为基本标志；精神-价值层面，它以受教育者获得道德崇敬感与
自我的道德尊严感为基本标志。"

20世纪90年代初，朱小蔓与丈夫吴志明、女儿吴姗合影

9 月

晋升教授。

同月

招收首届硕士研究生。两名硕士研究生为朱曦、丁锦宏。

10 月

在《教育研究》1994 年第 10 期发表《当代情感教育的基本特征》，文章指出："当代情感教育是现实性与超越性的统一，当代情感教育是适应性与主体性的统一，当代情感教育是人文科学性和自然科学性的统一。"

11 月

在《高等师范教育研究》1994 年第 6 期发表《人的情感发展与教育》。

12 月

5 日，南京师范大学召开校级重点学科专家评审会，德育原理通过评审成为 12 个校级重点学科之一，朱小蔓为德育原理学科的学术带头人。

同年

被聘为德育原理学科、教育学原理学科下教育基本理论方向硕士研究生指导教师。

校级重点学科情况

序号	重点学科、实验室名称	学术带头人	所属系别
1	国际共产主义运动(含中国革命史)	徐耀新 王跃	经济法政学院
2	中国古典文献学	吴金华 韩陈其	中文系
3	政治经济学	蒋伏心	经济法政学院
4	教育技术学	张增荣	新闻与传播学院
5	新闻学	郦光让	新闻与传播学院
6	运筹学与控制论	刘一平	数学系
7	天体物理	黄克谅 须重明	物理系
8	应用化学	周志华 史保川	化学系
9	地图学与遥感	倪绍祥	地理系
10	德育原理	朱小蔓	教科所、教育系
11	工艺美术学	屠曙光	美术系
12	计算机应用	陈冠清 张明	计算机科学系

1994年，朱小蔓被评为南京师范大学德育原理学科学术带头人
（南京师范大学档案馆资料照片）

同年

应中共江苏省委领导亲笔信邀请，担任新建的民办无锡南洋国际
学校(12年制)校长，从办学理念、课程设计、招生、培养模式、教师
招聘、人事制度设计等方面全程参与，在一段时期内该校获得很高的
社会声誉。

同年

主持日本文部省项目"中日社会变迁与学校教育模式研究"，获
立项。

20 世纪 90 年代中后期，朱小蔓与丈夫吴志明、女儿吴姗的合影

1995 年　48 岁

4 月

在"高举爱国主义旗帜——学习《爱国主义教育实施纲要》"座谈会上的发言《爱国主义教育要重视人的情感基础》在《教育研究》1995 年第 4 期发表。

7 月

在《教育研究》1995 年第 7 期"关于教育实验发展若干问题的思考"专题中发表《教育实验科学性的本质》。

8 月

在《上海教育科研》1995 年 4 月刊发表《理论德育学的建构——试谈德育研究的哲学型、科学型与工程学型》，文章指出："德育学科，由于其特殊的学科性质和特殊的学科功能，它的基本理论不是单一的理论层次、单一的理论样式，而是按不同的理论等级，由不同的理论样式构成的理论统一体，可以把它们区分为哲学型、科学型以及工程学型。"

9 月

16 日，参加师范教育改革成果与特色展示工作会议。

29 日，全国人大常委会副委员长、民盟中央主席费孝通在江苏省人大常委会副主任高德正陪同下到南京师范大学视察，朱小蔓同志向费老做工作报告，进行了座谈。

同月

招收易晓明为硕士研究生。

11 月

23 日，论文《人的情感发展与教育》获江苏省高教学会第三次高教科研优秀成果二等奖。

29 日，校科学技术协会第二次代表大会在南山专家楼举行。大会由吴鼎福教授主持，省科协等单位领导，各院系、部门的代表共 170 余人参加了大会。大会选举产生校科协第二届委员会，朱小蔓当选副主席。

同年

担任华藏奖学金评审委员会委员、"文科基地"建设指导委员会委员等职务。

1996 年　49 岁

3 月

28 日，经过江苏省学位委员会组织有关专家评议，成为南京师范大学教育学学科教育学原理专业的博士生导师。

△ 经江苏省学位委员会组织有关专家评议，同意我校新增 6 位博士生导师。他们分别是朱小蔓、吴康宁、杨鑫辉、倪绍祥、单祥年、余嘉元。

1996 年 3 月 28 日，朱小蔓成为教育学原理专业的博士生导师（南京师范大学档案馆资料照片）

4 月

邀请英国华威大学教授、欧洲情感教育的主要领导者之一彼得·朗(Peter L. F. Lang)参加由南京师范大学举办的"情感教育学术研讨会"，彼得·朗教授介绍欧洲情感教育共同体的研究与英国的情感教育研究现状。朱小蔓陪同彼得·朗教授赴南京琅琊路小学、无锡师范附小和五爱小学、丹阳师范附小等开展情感教育实验的学校进行考察。其间，朱小蔓与彼得·朗教授多次进行学术交流。

最早知道彼得·朗这位英国学者，是 1995 年看到《华东师范大学学报(教育科学版)》上刊载他写的《国际情感教育透视》一文的翻译稿，当时的心情是惊异、兴奋，是知音之感，是相识恨晚。

那一段时期是我从莫斯科大学访学回来后，跃跃欲试、摩拳擦掌，想在情感教育的学术领域大干一番的时期。

我终于联系上他，邀请他到中国、到南京访问。1996 年 4 月，他的第一次中国之行还真让我们费了不少心。抵达前的一段时期，我们不断接到他的来信，询问许多让我们好笑的问题。当时，他对陌生的中国还是有很多误解的。

（选自朱小蔓：《他变成了一位特别喜欢带中国学生的英国老师——彼得·朗教授印象记》，见《与世界知名教育学者对话（第一辑）》，2014 年 8 月）

5 月

1 日至 3 日，主持的江苏省"八五"滚动项目"小学素质教育模式理论"课题会议在淮阴师范附小召开，面向淮阴区 800 名教师做学术报告，有来自日本福冈大学的学者及朱曦、丁锦宏等研究生参与讨论。

6 月

南京师范大学教育科学学院成立，任首任院长。

8 月

26 日，出席原教育系教授罗炳之先生诞辰 100 周年纪念会。

29 日，中共江苏省教育工委书记陈万年同志出席南京师范大学党委扩大会议，宣布中共江苏省委关于调整南京师范大学领导班子的通知，宣布朱小蔓任南京师范大学副校长，兼任教育科学学院院长。此后，她主管学校教学工作，领导开发本科生文化素质教育课程，领导师范生课程体系调整改革。这些工作后来获得教育部高度评价。

同月

作为第一作者与朱曦合作在《教育科学》1996 年第 3 期发表《试论当代素质教育实践的主题及其特征》。

9 月

招收刘次林为首届博士研究生。

同月

作为第一作者与朱曦合作在《上海教育科研》1996 年第 9 期发表《关于建构素质教育模式的哲学思考》。

同月

作为第一作者与朱曦合作在《教育研究》1996 年第 9 期发表《中国传统的情感性道德教育及其模式》一文，论文对我国传统的情感性德育的价值取向、德育内容和德育机制做了较为系统的探讨。

12 月

11 日至 13 日，参加在江苏南通召开的由中央教育科学研究所、江苏省教委、江苏省南通市教委主办的全国"情境教学—情境教育"学术研讨会。

同年

担任教育学一级学科及国家级重点学科德育研究方向学科带头人，兼任南京师范大学重点学科建设领导小组副组长、第四届学位评定委员会副主任兼委员、第五届教学委员会主任、无锡教院南师办学点管理委员会副主任、外语教育广播电台管理委员会主任、"211 工程"领导小组成员、联合办学工作指导委员会主任等职务。

同年

主持的"九五"全国教育科学规划重点课题"青少年儿童道德情感教育的理论与实践研究"、教育部师范司"九五"项目"小学素质教育模式理论研究"获得立项。

1997 年　50 岁

2 月

在《教育理论与实践》1997 年第 1 期发表《班主任与班主任工作——一种值得重视和挖掘的教育资源》，文中提出："对于我们这样一个穷国办大教育来说，除了教育观念和教育管理要力求先进外，重要的是教育资源的合理配置，教育资源中最为核心的还是教育人力资源即师资队伍的问题。"

5 月

18 日至 20 日，经江苏省学位委员会全委会讨论通过，朱小蔓成为省学位委员会学科评议组专家。

6 月

3 日，指导朱曦完成硕士学位论文《论教育的人文精神》，并通过论文答辩。答辩委员会主席蒋兆年，委员王育殊、刁培萼、杨启亮、徐柏林。指导丁锦宏完成硕士学位论文《情感性道德教育模式探索》，并通过论文答辩。答辩委员会主席王育殊，委员班华、高兆民、梅仲荪、高谦民。

1997 年 6 月，朱小蔓对朱曦的硕士学位申请推
荐意见及对朱曦、丁锦宏的论文答辩意见

1997年6月，朱小蔓与弟子朱曦在答辩会上合影

1997年6月，朱小蔓与首届研究生朱曦（左一）、丁锦宏（右一）毕业合影

一、求学结缘先生和她的情感教育

我记得不大清楚的一件事，仿佛注定了我这一生要与先生和她的情感教育联系在一起。大概是1993年，我还在江苏省镇江师范学校任

教，偶尔从《扬子晚报》上看到一则豆腐块大小的报道消息，大意是我国首部情感教育学术专著正式出版，作者是南京师范大学教育系的朱小蔓博士。因为我是1984年毕业于南京师范大学教育系的，应该没有听说过朱小蔓这个学者的名字，心里有点好奇，这么一个洋气的名字一定是位留洋博士，从这一刻起先生的名字和情感教育这个学术命题开始深深地吸引了我。1994年，得到人事政策的允许，工作十年后终于能有考研究生的机会了。当时经大学同窗缪建东副系主任的引荐，我幸运地成了朱老师小蔓先生的开门弟子，锦宏也成了我的同年级师弟，彼时的我年已三十有五矣。

回味求学往事，每每幸福感油然而生。一个人的一生从小学到大学能遇见自己爱的老师是幸运的，这样的老师必定是人生中的重要他者。应该说我在小学、中学和大学都有遇见。可能是因为工作以后重回学校读书的遇见，朱老师小蔓先生于我的成长和人生更具有特殊意义吧。记得我和锦宏入学后第一次与老师见面的时候正值晚饭时分，老师请我俩在师大后门的一家小面店吃了一碗面馄饨，我放了好多辣油，先生似乎有点惊讶。席间，先生教导我们的第一个训诫就是嘱咐我们要团结好，学习好。我和锦宏互相看了一眼，我说："老师，我们俩很团结啊。"老师微笑着看了我们一眼。

1994年，先生由教育科学研究所所长转而任教育科学学院首任院长，不久又升任南京师范大学副校长。这样，我们的课就经常在朱副校长的办公室上了。除了上课，我和锦宏、次林、晓明等同学几乎每隔一两天必定要去校办和老师见一面。如果有三天时间先生没有见到我们，第三天的时候她一定会用BP机呼我们，真是一日不见如隔三秋，这样的师生感情令当时许多旁门研究生同学美慕。也正因为是这样，先生的"教育哲学""情感教育概论"等课吸引了越来越多的旁听者。因为那时候外出讲学和教育指导的事情不多，先生可以在公务忙完之后与我们进行学术聊天和对话，每次对话都会跟我们分享一下她最近读过的书，甚至摘出许多至理名言念给我们听，说到激动处竟有手舞足蹈的冲动，先生之于学术研究就是凝结着这样的热情和执念。这也可能是后来先生喜欢进行对话的一个原因吧，这样的习惯差不多延续到我们毕业，对话教学也成了先生的一种独特的教研方式。

先生的道德哲学思想和情感教育理论为我们在今后研学的道路上继续求索打下了坚实的理论基础，也通过她的学术思想和学术品格铸就了我们教育人生的核心价值观。

二、论文凝结先生和她的教育精神

研二的时候都要做开题报告，我不知道写什么主题，茫然没有头绪。先生也没有给我明确的题目，只是见面就谈论她对情感教育研究的心得，压根儿不提我的论题。有一次，无意中先生提到学界的前辈们要建立具有南京师范大学学术传统的人文教育学派。我忽然觉得自师从先生以来，一直有个思而不明的问题，那就是教育本质究竟是什么。这个问题从我大一上鲁洁先生的"教育学"起就成了一道未完成的作业。什么是教育，一直困扰着我，幸而，先生讲授的黑格尔精神现象学理论和情感教育理论给了我方法论的抓手和理论支撑，于是我选定了《论教育的人文精神》作为论文选题。做一篇三万字以上的硕士论文对我来说好费力，那时刚刚学会用电脑输入，很有新鲜感。令我没有想到的是，因为电脑业务很不熟练，花了近三个月时间爬行一样用键盘敲出来的两万多文字，不知什么原因在电脑硬盘里消失了。这时距论文答辩还有一个月不到的时间，同宿舍的学友早已将论文打印好，天天睡大觉，我真是像热锅上的蚂蚁。好在先生给予了最大的宽容，不断地逐字逐句地帮我修改，不厌其烦地与我讨论观点并为我提供了许多宝贵的资料。我不得不挑灯夜战，论文总算敷衍成篇。老师看了后欣慰地说了一句："嗯，你的后记写得不错。"

答辩的导师组，还有先生的导师东南大学的伦理学家王育殊先生，《学海》的主编蒋兆年先生，上海教育科学院的梅仲荪先生，镇江师范学校的校长徐柏林先生（我原来工作单位的领导），以及我院的习培荜先生和杨启亮先生。从答辩组的专家聘请，可以看出先生的学术宽容度和多元化的开放视野。

当时我的专业是定位在教育哲学方向，因为教科院的前辈习培荜先生年事已高，先生的公务又很繁忙，无暇顾及本科生的教学，教育基本理论教学的后续教师较为缺乏，先生建议留我在校。因为人事关系问题，毕业留校是一件很费周折的事，学校还专门发了人才商调函仍然没有解决问题，主要是原人事主管单位也决然不放，让我回原地任职。先生为我的事也是伤透了脑筋。后来我的原单位专门邀请先生去做了一场学术报告，对方最终被先生的学术魅力和教育理念所感动，这样我才得以继续留在先生身边一边工作一边继续追随先生学习。

由于我和锦宏在读研期间参加过顾明远先生主编的《世界教育大事典》中国古代教育事件部分的编纂工作，对中国古代教育思想有一定的了解和认识。论文完成答辩后，先生交代我一个任务，梳理一下中国传统的情感教育思想。在整理的过程中，我发现先生关于中国传统情感教育思想的视角和评价具有独到的眼光，让我对中国传统的教育思想有了新的认识。这是我跟随先生学习和研讨共同完成的第一篇论文，后来发表在《教育研究》期刊。

三、实践提升我们的阅历和学识水平

先生一贯将教育生活视为理论研究的土壤，将中小学校视为教育思想的实验室，始终将儿童视为教育的生命主体与成长主体。她通过课程研究指导、专题学术报告、教师对话沙龙、课堂教学诊断等方式，与一线教师形成了具有教育创新活动的专业共同体。同时，也让我们在读书期间获得了许多宝贵的进入学校，进入课堂，深入与一线教师接触的机会。

我记得有一次随先生去南通，参加李吉林老师情境教育研讨会。当时李老师多次向先生请教由情境教学如何转换到情境教育，她似乎遇到了理论上的瓶颈，希望先生的情感教育理论能帮助她解决这一难题。一路上四个多小时的时间，先生带领我们几个学生几乎从上车讨论到下车，一直围绕转换这个话题在讨论。我们一个个都困得哈欠连连，唯有先生一直处在思维的活跃状态，启发引导我们深入探讨话题。没曾想到，到了宾馆吃好晚饭后，先生又召集我们去她的房间开会继续讨论。后来，只要是跟着先生外出开会，大家都知道晚上开上课会是肯定的，难怪她总是自称"我是一个教育的痴迷者"。

作为我国素质教育较早的宣传者和推动者，也为了广泛推动情感教育的实践，先生邀请了南京、镇江、南通、无锡、丹阳等多地的小学参加素质教育模式的实验工作，她多次带领研究生赴各地小学听课，做学术报告，开展主题活动等。通过多年的实践和积累，各实验学校形成了丰富的研究成果，最后形成了专著出版。"小学素质教育模式理论——反思与建构"项目于 1997 年获教育部师范司基础教育改革优秀成果一等奖。由南京出版社出版的"情感教育系列丛书"也获得江苏省"五个一工程奖"。

1996 年起，先生负责着手筹划建设南京师范大学附属实验学校，这是南京师范大学真正意义上的属于自己的附属学校，我也参加了论证小组的工作。先生提出要依托南京师范大学的学术资源和专业优势，通过德智体美劳的全面教育形成办学特色，并且学校的办学理念要面向国际开放，办成真正具有实验性质的新型中学，她为南京师范大学第一所附属实验学校的筹划和设计付出了大量的心血。

四、科研展现学术和她的人格魅力

刚留校不久，学校和学院就迎来了一件大事。教育部要建立一百所人文社科重点研究基地，这不仅奠定申报学科在全国的领头地位，而且将大大改善学校人文学科研究的条件。当时学校成立了包括先生在内的由两位校级领导和一批校内专家组成的专门小组，向教育部申报道德教育研究所。鲁洁先生和班华先生等老一辈学者为南京师范大学的道德教育研究奠定了深厚的学术基础，也在海内外形成了较大的学术影响，这些先决条件为南京师范大学申报道德教育重点研究基地提供了根本的保证。在基地项目申报中，学校决定由先生作为学术领衔人，并决定鲁洁先生为名誉所长，先生兼任所长，我担任建所时期的办公室主任，也是申报工作的秘书。

申报工作是非常艰难的，我们申报了两次才成功通过。也正是在那段时间，先生对人文社科基地的建设规划和道德教育研究的理论方向、专家队伍建设、国内外交流等方面做出了重要的部署，奠定了今后发展的格局。因为申报的条件非常苛刻，表格中的数据不仅需要有证据，还不允许一个标点符号有错。先生也是亲力亲为，除了处理学校公务就是和我们小组一起逐字逐句地讨论申报的内容。最后的通稿工作由我来完成，还要打印装订，我便将门里的师弟师妹们一起召集起来帮忙，他们一有空就来研究所办公室或者学校科技处一起做材料。最后一个晚上，我和博士生杨一鸣整整一个晚上没有合眼，将材料如期打印完毕并装订成册。我们估算了一下，一稿一稿的修改，先后一共打印了近四万张 A4 纸。吃好早饭后，我还有三节教育哲学课，然后晚上与其他老师一起坐飞机去北京送材料。终于批下来了，现场坐镇的先生和申报组的老师们都特别高兴。我和副所长杨韶刚老师在北京师范大学京师楼抱头大哭，先生也满含热泪，其实当时我们压力是非常大的。

建所的过程同样也不简单，好在学校给予了很大的支持政策和条件。先生对建所提出的要求又很高，包括专家工作室喝咖啡的地方都提出了具体要求。首先是要联系国内外的德育研究专家和理论工作者，争取让他们都能成为南京师范大学道德教育研究所的兼职专家或短期驻所专家，再则还要对研究所进行装修和设备的安装，这个工作量很大。

设计所徽和宣传栏、安装地板、买家具、装设备，没日没夜，也没有双休日，还要和装修的、卖设备的人讨价还价，样样都要亲自动手。有一天是星期六的早上，我去办公室检查装修的电器。办公室的电话响了，我拎起电话听到先生的声音。我就问："老师，你怎么知我在办公室的啊？"言下之意是希望她表扬我一下，不料对方传来一句话："星期六你不在办公室，那在哪啊？"……我到现在也还没想清楚，为什么星期六我一定要待在办公室？

2000年1月，先生带我出了一次远门，应李荣安教授之邀去香港教育学院公民教育研究中心做公民道德教育的比较研究。其实，那个时候她已经面临着要去中央教育科学研究所任所长之职。先生主持教育部重点人文社科研究基地南京师范大学德育研究所工作期间，一方面通过引进海内外具有前沿意义的教育理论成果与专家学者到国内访问交流，另一方面努力推进中国特色教育理论研究的国际表达和理论共享，其学术观点和理论成果赢得了海内外同行的一致认同和赞誉。

先生到了中央教科所后，也将一股学术风气带到了那里。央所建立了博士后流动站，还建立了访问学者制度，我们去那里开会和学习的机会也变得多了起来。我的第一届研究生张志欣和王秀云同学还专门去中央教科所做了为期约一个月的访学，在那里两位研究生的收获是非常多的，这也得益于先生的着意安排。奖掖后学，立达惠人历来是先生的待人之道。

2007年6月，先生的学术专著《情感教育论纲》由人民出版社再度出版发行。同年11月在北京召开了情感教育国际论坛暨《情感教育论纲》再版座谈会。我作为学生也有幸受邀参加此次会议，记得到会的有学界前辈黄济先生、陶西平先生，还有东南大学的学者樊和平教授，以及英国情感教育专家彼得·朗教授和加拿大学者马克斯·范梅南教授等。先生开创的情感教育研究新领域受到了国内外同行极高的认同与赞誉。

2012 年 9 月，适逢南京师范大学 110 周年校庆。先生也应邀参加此次盛会，缘于我与先生的师生关系，学校指定我作为先生的具体联络与接待人。我记得先生那天一到校园就一路遇到原来的同事和故交，一路欢声笑语，一路的握手和拥抱。我早就准备好了单反相机，抓拍了许多感人的场面。先生自去北京任职虽然离开南京师范大学许多年，但是从各级领导到一些校工见到先生无不流露着久别重逢的喜悦。朱小蔓，就是这样一个充满人文情怀、人格魅力和教育诗意的名字。我坚信有许多人也像我一样，因为这个名字而更加理解教育的精神内涵。

"天若有情天亦老"，先生的后期几乎一边与病魔做斗争，一边以惊人的毅力探究学术，著书撰文，不断完善自己的教育学术思想，追寻教育理想的光辉。2020 年 8 月 10 日下午 3 时，庚子年六月二十一日申时，先生停止了思想，竟与我们永别。噩耗传来，学界震惊，我们无不怀着无比悲痛的心情承受这突如其来的打击。时至今日，我的眼前还不时晃动着先生生前的一幅幅画面，挥之不去的是一生的师生情缘和无限的追思。

爱真理是一种学术信仰的追求，爱老师是一种人生信仰的态度。我爱真理，我更爱吾师。

（选自朱曦：《饮流怀源追师魂 化作春泥更护花——

缅怀恩师朱小蔓先生》，2020 年 8 月 21 日）

7 月

在《江苏高教》1997 年第 4 期发表《素质教育之我见》,文中提及:
"从古希腊的自由人教育,到近代卢梭为代表的自然人教育,再到现代
社会的公民人教育,一直到当代的完美人格教育。总之,素质教育的
具体内容、目标,不同时代的不同思想家有不同的回答。然而其最根
本的东西,如寻求先天质实、后天环境与教育的统一,寻求人如何在
社会生活中自我成长为真正的人,则是永恒的、一致的。"

9 月

招收杨一鸣、王生为博士研究生,招收王靖为硕士研究生。

10 月

13 日至 14 日,在镇江师范学校主持召开国家教委师范司重点项
目"各级各类师范院校师范生素养培养规格的理论及其实践模式的研
究"开题报告会,省教委师资处杨九俊处长、镇江市教委主任王瑞出席
并讲话,来自南京师范大学、南京特殊师范学校、盐城师专、南通师
专、海门师范学校、连云港师范学校、海州师范学校、南京市晓庄师
范学校、南京师范大学附属幼儿师范学校、镇江师范学校等单位的代
表参加了开题报告会。

同月

参加在南京举办的华人教育国际学术会议,并做大会发言。

同年

兼任南京师范大学学位评定委员会副主任。

同年

作为全国师范院校领导代表在新中国第一次全口径本科教学工作会议上做大会发言。

同年

受教育部委托，与上海市教委副主任张民生、上海师范大学校长杨德广组成"小学教育本科专业建设"项目组，领导团队研究在大学设置本科小学教育专业，全面设计开设学科及课程体系、招生方式与培养模式，由南京师范大学与南京市晓庄师范学校合作率先招收全国第一批本科培养的小学教师，一改新中国成立后中国小学教师全部由中等师范学校培养的局面。

同年

主持项目《小学素质教育模式理论》获教育部师范改革项目一等奖。

同年

主持教育部师范司"九五"委托项目"小学教育本科专业建设研究"、江苏省教育科学"九五"规划项目"中学生情感素质教育的理论与实践"获立项。

同年

根据政策，不再担任民办无锡南洋国际学校校长，改任该校名誉校长。

1998 年　51 岁

1 月

在《江苏高教》1998 年第 1 期发表《论师范精神及其现代师范教育的专业化特征》，文章指出："纵观历史上人类对教师专业及其精神追求的大致历程，我们不难发现：人类追求的师范精神正是一种理想化、人道化的教育精神，概括起来说这种精神就是教育的人文精神。"

同月

在《上海高教研究》1998 年第 1 期发表《未来教师的形象期待》，文章指出："我们希望未来的教师是学者型、行动者型、完全人格型、研究型的教师。……师范教育改革要在以下三者的关系上着重加以考虑。即师范教育结构中作为高等教育性质的学科专业，作为师范性质的教育专业，以及作为通识文化基础的素质教育之间究竟是什么关系，怎么在认识上把握和实际中操作？实现学科专业和教育专业融为一体的关键何在？在这个问题上，认识和实践能推进一点，可能就是我们未来的出路所在。"

3 月

13 日，在南京师范大学主持召开素质教育模式研究项目小组会，由朱曦报告无锡南洋国际学校项目、仪征（南化）附属中学等学校执行项目情况，并讨论素质教育模式研究项目的结题事宜。

24 日，参加在武汉华中理工大学举办的"第一次全国普通高等学校教学工作会议"。

4 月

6 日，再次召开小组研讨会，组织朱曦等研究生讨论高中教师培养规格与模式的问卷制作问题。

同月

在《江苏教育学院学报（社会科学版）》1998 年第 2 期发表《学校教育模式探索、建构及其综合理论的研究———一种适合于中小学校长培训的科研方式之形成和概括》。

5 月

指导易晓明完成硕士学位论文《论秩序感的教育价值及其教育建构》，并通过论文答辩。答辩委员会委员王育殊、班华、刘晓东、赵志毅等。

7 月

作为第二作者与研究生易晓明合作在《教育研究》1998 年第 7 期发表《初论秩序感的教育价值及其教育建构》。

8 月

与梅仲荪合著《儿童情感发展与教育》，由江苏教育出版社出版。

1998 年 8 月，朱小蔓与梅仲荪合著的《儿童情感发展与教育》由江苏教育出版社出版

同月

赴美国波士顿参加第二十届世界哲学大会，主题为"哲学、教育与人类"。有来自世界 80 多个国家和地区的 1400 多名哲学家参会。朱小蔓与哈佛大学杜维明教授、俄罗斯及其他国家学者进行学术交流，与彼时在哈佛大学工作的胞弟朱小棣相聚，并参加朱小棣新书 *Thirty Years in a Red House*（《红屋三十年》）的签售与演讲会。

9 月

3 日，在南京师范大学幼教楼主持研讨会，讨论教育学科标志成果建设问题，陈凌孚、鲁洁、班华、杨韶刚、吴康宁、屠美茹、叶浩生、陈敬朴、郭本禹、朱曦等学者和研究生一起参与讨论。

7 日，参加南京师范大学"211 工程"中期检查会议。

11 日，出席在南京师范大学南山专家楼会议室召开的南京师范大学"211 工程"中期检查预备会。

21 日，出席在南京师范大学举行的"全国本专科小学教育专业建设研讨会",并发表讲话。

22 日,经江苏省教委批准,南京师范大学晓庄学院正式成立,朱小蔓作为南京师范大学校方领导出席在晓庄学院举行的挂牌仪式。

同月

招收吴安春为博士研究生。

10 月

12 日,赴南京市六合一中主持"中学生情感性素质教育理论与实践"项目研讨会,来自六合一中、南京市 39 中学、中华中学、南京师范大学二附中、伏东中学、宜兴民主路小学等学校的代表,以及朱曦、乔建中、易晓明、王生等研究生团队成员一起参与讨论。

11 月

11 日至 13 日,出席第四届全国中青年成人教育工作者理论研讨会。

27 日,参加在镇江丹阳师范附属小学举办的"情感课程"项目论证会,并讲话。

12 月

7 日,参加南京师范大学"211 工程"项目验收材料上报工作会议。

同月

出席南京师范大学教育管理研究生课程班结业仪式,其间在该班与朱曦合作共同讲授"教育哲学"课程。

同年

专著《儿童情感发展与教育》获江苏高等学校人文社会科学优秀成果一等奖。

同年

兼任南京师范大学师培中心主任、校招生工作领导小组副组长、校《随园文库》编委会副主任委员、校出版资助金管理委员会副主任委员、校现代教育技术工作领导小组组长、校小学教育专业专家组组长等职务。

同年

主持的江苏省政府"九五"项目"各级各类师范生素质教育途径及评价研究"及教育部人事司委托的项目"中小学德育专题研究"获立项。

1999 年　52 岁

1 月

8 日，出席南京师范大学教育实习改革试点工作会议。

22 日，兼任南京师范大学基础教育研究中心主任（社团法定代表人）。

26 日，在南京师范大学组织讨论《教育的问题与挑战——思想的回应》书稿的结构与提纲，南京师范大学出版社总编李晏墅与编辑部主任戴联荣，以及朱曦、易晓明、吴安春、王靖等研究生参加讨论。

28 日，主持的"小学素质教育模式的理论与实践研究"获 1998 年度全国师范院校基础教育改革实验研究项目优秀成果一等奖。

同月

在《课程·教材·教法》1999 年第 1 期发表《情境教育与人的情感性素质》，文章指出："作为素质结构的心理形式是恒定的，一般持认知、意志、情感三分的说法，我们赞同以认知、情感两分的说法，认为所谓意志不过是认知与情感相互作用的体现，因而把人的素质结构在心理形式上分为认知层面和情感层面，并依次把反映一定思想内容的人的认知发展水平和情感发展水平分别称为认知性素质和情感性素质，认定人的素质一定要由认知性素质和情感性素质共同体现。"

2 月

主编的"独生子女素质教育"丛书由南京出版社出版。

1999 年 2 月，朱小蔓主编的"独生子女素质教育"丛书由南京出版社出版，之后该丛书获江苏省政府"五个一工程奖"

同月

在《中国成人教育》1999 年第 2 期发表《知识经济时代·教育观念更新·成人教学改革》，文中论及："人只有终身学习、终身受教育才能适应不断进化着的社会。这一观念已成为人们的共识，并成为 20 世纪末世界各国所共同追求的教育改革理念及目标。终身教育思想与成人教育的关系及其内在联系，决定着成人教育的实践与理论发展对学习化社会的特殊价值，它不可阻挡地将会从教育理论的边缘移向中心。"

3 月

9 日，出席联合国教科文组织国际农村教育研究与培训中心(UNESCO INRULED)举办的高级研讨班，并做学术报告。

同月

在《深圳教育学院学报(综合版)》1999 年第 1 期发表《谈和谐教育》。

4 月

6 日，国务院授予政府特殊津贴，以表彰朱小蔓为发展我国教育事业做出的突出贡献。

10日，出席南京师范大学第二十三次学生代表大会。

25日，与回国省亲的弟弟朱小棣一起为母亲杨坤一庆祝八十大寿。

1999年4月25日，朱小蔓与胞弟朱小棣一同为母亲
杨坤一庆祝八十大寿

6月

指导刘次林完成博士学位论文《幸福教育论》，并通过论文答辩。
答辩委员会主席金一鸣，委员班华、鲁洁、王逢贤、杨启亮等。

9月

招收刘惊铎、刘慧为博士研究生。

12月

3日，赴无锡南洋国际学校研讨课题，对现有研究成果进行整理，
落实各子课题的完成进度，构思总课题的结题报告。

15日，主持南京师范大学道德教育研究所工作会议，对建所方案

和重大项目的申报方案进行修订，名誉所长鲁洁教授做会议小结。

同月

主编的《小学素质教育实践：模式构建与理论反思》由南京师范大学出版社出版。

1999 年 12 月，朱小蔓主编的《小学素质教育实践：模式构建与理论反思》由南京师范大学出版社出版

同年

南京师范大学校领导班子决定以朱小蔓作为带头人申请教育部人文社会科学重点研究基地——道德教育研究所。

同年

兼任南京师范大学校务委员会委员、校本科教学工作评估领导小组组长、校第五届教学委员会主任、校联合办学指导委员会主任、校稳定工作领导小组成员、1999 年江苏省普通高校招收保送生综合能力测试试卷评阅工作领导小组组长、联合国教科文组织国际农村教育研究与培训中心(南京基地)建设领导小组组长等职务。

2000 年　53 岁

1 月

6 日，在南京师范大学田家炳南楼会议室主持道德教育研究所重大课题论证会，要求分工负责，按统一规格完成论证任务。

14 日，在南京师范大学田家炳南楼会议室主持道德教育研究所筹备工作及基础申报工作准备会议。会议先由鲁洁教授阐述品德心理研究的设想与计划，以及重大项目的研究方案，并初步提名外聘美国的弗朗西斯教授、英国的彼得·朗教授、加拿大的博伊德教授、中国香港的刘国强教授和李荣安教授为德育所研究员，外聘钱焕琦教授、杨启亮教授、檀传宝教授、戚万学教授等为兼职研究员。

同月

在《南通师范学院学报(哲学社会科学版)》2000 年第 1 期发表《传统美德教育的现代视野与具体研究方法》。

2 月

18 日，主持道德教育研究所重大科研项目对外招标会议。

3 月

作为第二作者与王靖合作在《教育科学》2000 年第 1 期发表《网络教育中学生与教师的发展》。

同月

在《中小学图书情报世界》2000 年第 3 期发表《开掘真善美的富矿》。

同月

在《教育理论与实践》2000 年第 3 期发表《创新教育的哲学思考》。

4 月

在《教育研究》2000 年第 4 期发表《育德是教育的灵魂 动情是德育的关键》，文章指出："缺乏情感性是现行德育的机能性缺陷，现行德育并没有把情感作为其核心目标。而道德的深层本质应该是发于情、出于自愿的行为。"

6 月

南京师范大学道德教育研究所成功获批为教育部人文社会科学重点研究基地。朱小蔓出席南京师范大学道德教育研究所揭牌典礼，并发表讲话。作为该所创所所长，她一方面带领团队梳理和总结了德育研究的历史渊源与理论成果，并主编出版多期《道德教育论丛》；另一

2000 年 6 月，朱小蔓出席南京师范大学道德教育研究所揭牌典礼并讲话

方面，加强国内外学术交流，广泛联系海内外学术同行加盟研究机构，在较短时间内将道德教育研究所建设成为具有一定国际影响力的德育研究重地。

同月

为加强设在中国的联合国教科文组织国际农村教育研究与培训中心的力量，教育部决定在南京师范大学增设该机构基地。朱小蔓担任该中心建设领导小组组长。该基地主要任务是培训非洲从事农村教育的官员，建设中国农村教育学，培养中国和非洲农村教育硕士研究生及建立农村教育考察基地等。

8 月

《教育的问题与挑战——思想的回应》由南京师范大学出版社出版，该书是朱小蔓以对话方式完成的一部学术著作。该书获第二届中国教育图书二等奖、1999—2000 年江苏省哲学社会科学优秀成果二等奖、第三届全国高校人文社会科学优秀成果二等奖。

2000 年 8 月，专著《教育的问题与挑战——思想的回应》由南京师范大学出版社出版

9 月

招收丁锦宏、高伟为博士研究生，招收杨曦为硕士研究生。

同月

作为第二作者与吴安春合作在《徐州师范大学学报》2000 年第 3 期发表《教育与经济关系的时代转换及其现实意义》。

10 月

25 日至 27 日，出席并主持由江苏省教育厅与南京师范大学共同主办的"基础教育改革与教师教育国际学术会议"。

2000 年 10 月 25 日，朱小蔓主持基础教育改革与教师教育国际学术会议

同年

南京师范大学成为教育部中国第八次课程改革研究基地，朱小蔓担任首任主任。

同年

担任教育部初中"思想品德"课程标准组组长。

同年

担任南京师范大学发展委员会副主任、校学生违纪审理工作领导小组副组长、校涉外办学审核领导小组副组长等职务。

同年

主持的教育部人文社会科学重点研究基地重大项目"现代化转型时期中国道德教育基本理论研究"、江苏省政府"九五"重大项目"各级各类学校深入推进素质教育的理论与实践研究"获立项。

2001 年　54 岁

1 月

31 日至 2 月 3 日，应香港教育学院李荣安教授邀请，访问香港教育学院公民教育研究中心，并担任公民道德教育研究项目的特聘专家。

2 月

作为第一作者与乔建中、吴蓉合作在《南京师大学报（社会科学版）》2001 年第 1 期发表《应届考生考前心理状况与紧张原因的调查研究》。

同月

在《南通师范学院学报（哲学社会科学版）》2001 年第 1 期发表《谈谈"教师专业化成长"》，文章指出："教师的专业化成长的内涵包含观念、知识、伦理与心理人格等三个系统方面的内容，其总体价值取向可归结为教育的人文精神和教师的人文精神。"

3 月

22 日，在《光明日报》第 B02 版发表《一种个性化的教育哲学表达方式——读朱永新教授的〈我的教育理想〉》，文章指出："从传统的教育哲学角度看，人们可能不会把《我的教育理想》当作一种教育哲学著作来读，但我从内心承认，它本质上是一部教育哲学，或者说是一部富有情感和理性魅力的个人教育哲学。"

同月

参加在南京师范大学举办的"21 世纪学校德育发展路向"专题研讨会，提交的论文《"发展性"德育及其情感机制》获田家炳基金会一等奖。

同月

作为第二作者与杨一鸣合作在《高等教育研究》2001 年第 2 期发表《论现代高等教育的品质提升》。

同月

在《南京林业大学学报（人文社会科学版）》2001 年第 1 期发表《情感是人类精神生命中的主体力量》，文章指出："确信一个人对某种价值认同、遵循乃至形成人格，虽然需要以一定的认知为条件，但根本上是一个人情感变化、发展，包括内在情感品质与外在情感能力提升和增长的过程。"

4 月

9 日至 10 日，赴苏州考察苏苑实小，商讨联合办学事宜。

同月

参加由《师范教育》杂志社和南京师范大学道德教育研究所在南京师范大学共同举办的"以德治国——构建有中国特色的社会主义道德体系"座谈会，并发表讲话，提出学校道德教育过于偏重给学生灌输道德知识与道德准则，认为对学生进行道德知识的传授就是培养学生道德理性的工作。

同月

陪同教育部社政司领导考察南京师范大学道德教育研究所基地建设。

5 月

在南京师范大学道德教育研究所组织召开"多元社会中的道德教育"国际研讨会，并做主题发言。会议邀请部分国外道德教育知名学者参会，《道德教育杂志》主编莫妮卡·泰勒（Monica Jean Taylor）在会上做《价值观教育与教育中的价值观》的报告。

同月

在《江苏教育》2001 年第 9 期发表《体验教育：共青团、少先队最适宜的教育模式》。

2001 年 5 月，"多元社会中的道德教育"国际研讨会参会代表合影，前排左一为朱小蔓，左二为莫妮卡·泰勒

6 月

在《中国教育学刊》2001 年第 3 期发表《关于教师创造性的再认识》。

同月

作为第二作者与杨一鸣合作在《江苏高教》2001 年第 2 期发表《新知识观与现代大学的功能转型》。

8 月

20 日，为母校南京市第九中学 75 周年校庆题词："钟灵毓秀，英杰荟萃"。

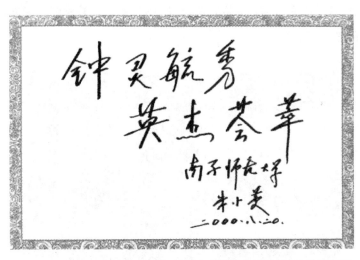

2000 年 8 月 20 日，朱小蔓为母校南京市第九中学 75 周年校庆题词

9 月

13 日，参加以"多学科间对话"为主题的学术沙龙，并发表观点。

同月

招收侯晶晶、李业才为博士研究生，招收刘正伟为首届博士后研究人员。

同月

作为第二作者与刘慧合作在《教育研究》2001年第9期发表《多元社会中学校道德教育：关注学生个体的生命世界》。

同月

作为专家参加东北师范大学"211工程"建设项目验收评审。

同月

主持的江苏省社会科学基金重点项目"面向21世纪的素质教育和创新人才培养"获立项。

10月

主持召开道德教育研究所教育部第一批重大项目中期进展汇报，听取相关单位关于项目进展情况的汇报。

同月

作为第一作者与梅仲荪在《思想·理论·教育》2001年第10期发表《道德情感教育初论》。

12月

28日，被江苏省人民政府授予有突出贡献的中青年专家荣誉称号。

同月

著作《教育的问题与挑战——思想的回应》获 1999—2000 年度江苏省哲学社会科学优秀成果二等奖。

同月

主持召开南京师范大学道德教育研究所发展建设咨询会。

同年

著作《教育的问题与挑战——思想的回应》获第二届中国教育图书二等奖。

2002—2007

独当一面　兼容鼎新

2002 年　55 岁

1 月

出席江苏省海门师范学校举办的教育部人文社会科学重点研究基地南京师范大学道德教育研究所实验基地的揭牌仪式，并讲话。

同月

由教育部人事司组织编撰、朱小蔓负责编写的《中小学德育专题》由南京师范大学出版社出版，该书为教育部组织中小学校长、教师培训采用的教材。

2002 年 1 月，朱小蔓编写的《中小学德育专题》由南京师范大学出版社出版

同月

作为第一作者与笪佐领在《课程·教材·教法》2002 年第 1 期发表《走综合发展之路 培养自主成长型教师》。

2 月

作为第一作者与杨一鸣合作在《南京师大学报（社会科学版）》2002 年第 1 期发表《走向自我成长型教师培养的高师素质教育》。

3 月

28 日，主持的全国教育科学"十五"规划 2001 年度重点课题"社会转型时期道德学习的研究"获立项。

同月

全国重点研究基地主任会议在南京召开，朱小蔓参加会议，并陪同教育部社政司司长黄百炼考察南京师范大学道德教育研究所。

同月

英国伦敦大学教授、大不列颠教育哲学学会名誉副会长、《教育哲学杂志》编委约翰·怀特（John White）赴南京师范大学道德教育研究所讲学，朱小蔓接待怀特夫妇并陪同访问道德教育研究所。主持在南京师范大学田家炳教育书院大楼的学术会议厅举行的"怀特教授欢迎仪式暨学术报告会"，报告结束后，与会者进行了点评和讨论，道德教育研究所访问学者、台湾教育哲学教授黄藿发表现场感受，将怀特教授的访问比作如 20 世纪 20 年代杜威访华一样的重要历史事件。

2002 年 3 月，朱小蔓与怀特夫妇在南京师范大学道德教育研究所合影

5月

28日，指导刘惊铎完成博士学位论文《道德体验论》、指导刘慧完成博士学位论文《生命道德教育论——基于新生物学范式》、指导王生完成博士学位论文《校长决策研究——从一所中学的发展透视校长决策》，并通过论文答辩。答辩委员会主席王逢贤，委员鲁洁、班华、高兆明、张武升等。

2002年5月28日，朱小蔓与弟子刘惊铎、刘慧、王生答辩合影

本论文选取的研究角度是从学校案例来看校长的决策，意图通过学校真实的发展历程抽象出比较系统的有关校长决策的思想，从而以一种归纳式的研究方法将校长管理的实践活动与理论思考结合起来。其主要内容涉及校长决策的依据与原则、校长决策的过程与影响因素、校长决策与教育理念、学校发展规划与校长决策、师资队伍建设中的校长决策、校本管理实务中的校长决策以及校长决策的发展趋势。正如王生自己所说的那样，本论文将他对校长工作的种种期望、理想、设计以及自己的思想、观念、看法、追求等统统包含了进去，是他对长期从事校长工作的思想积淀所进行的汇统、梳理与反思。我想，读者果能从这篇论文里看到王生的教育理念和校长理想，体会到他的办学思想和经验，那么，他的中学校长生涯就是快乐的，他的博士论文

研究就是值得的。

（选自朱小蔓：《校长决策研究》序，2000 年 1 月）

　　大学毕业我留校工作，主要做学生辅导员、团总支书记、德育课教师。当时个人发展处于迷茫状态，我看到鲁洁先生于 1996 年发表的《教育的适应与超越》一文时，有一种莫名的希望，于是将我引到了南京师范大学成为鲁洁先生的访问学者。与鲁洁先生第一次见面时，她问我怎样看待德育实效性问题，对德育研究的兴趣在哪里，我说是德育中的情感，想研究由情感来提升德育实效的问题。鲁先生听后就说："那你去找朱小蔓吧，她研究情感德育，我把她的电话给你。"这是我第一次听到导师的名字。

　　第一次拨通朱老师电话时，她的标准普通话让我感到非常亲切，仿佛回到了家乡，这是朱老师第一次令我情之感动。周二晚上是"教育哲学"课，我第一次见到朱老师。她是如此漂亮，虽然她授课的内容我听得不太懂，但在听课的过程中，我从她身上看到了许多难得一见的美——高贵的女性之美、高深的才学之美、优雅的气质之美，她成了我心目中的偶像。更令我感动的是，朱老师作为南京师范大学的副校长，不仅白天上班、晚上上课，还利用课间休息时边吃盒饭边和我们谈话，竟还有这样的校长和教授啊！更令我难忘的是，晚上 9 点半下课后，朱老师是骑着自行车回家的，望着她骑车的背影，我心生满满的敬意。对于三十几岁的女性来说，什么样的人才能成为心中偶像？那就是唤醒了内心深处的向往——新的生活状态、生命样态。当心中的偶像还没有出现时，自己并不清楚内心的想要，也不知该向何处去；当偶像出现时，自己的内心豁然开朗。可能当时并不清楚这就是自己内心的偶像，但自己总是在想她是怎样的，怎样才能"走向"她，她身上有什么在吸引你，她激发了你内在的什么东西……朱老师之于我就是这样的！她是我见到的最美的女性，她兼具才情和美貌，有大情怀、善做大事，心中总是装着别人、顾及他人的感受。

对于朱老师的情之向往，将我引入了博士学习之旅。之前认为读博离我很远，几乎没有想过要报考教育学的博士。正是有了朱老师，才有了我人生追求的新目标。记得考博报名时，朱老师说："有很多人报考，要不你再报一个其他学校或其他老师吧！"我当时非常坚决地说："朱老师，我只想跟您学，做您的学生，我已经做好了五年准备。"非常幸运，当年我就考上了。能成为朱老师的学生真是幸运，更觉感恩。

我时常会想起入学后和朱老师第一次见面的情景。报到后，师姐吴安春带我和师兄刘惊铎去见导师，一走进办公室，满脸洋溢着灿烂笑容的导师敞开双臂走向我们。我们很激动，又有些紧张，将走在南师校园中拾来的一朵粉色小花送给她，她接过后深深地闻了闻。这一过程好似儿童交往，这一情景是那么美妙，永远都不会忘记。第一次见面时导师给予我们的指导，至今影响着我的研究以及我对我的学生的指导。她说："博士研究应该是未来学术研究的起点。"这句话深深地烙印在我的心里。她说："做研究应有三个向度，一是哲学层面，二是科学层面，三是教育现实。"这成为我后来开展研究工作的三个重要原则。

真正触动我去研究生命的契机是对朱老师的爱。导师工作太拼命了，一直用意志力控制身体。我们入学不久，她就病了，剧烈呕吐，还查不到原因。住院期间，她还坚持给学生讲课、辅导论文。她那种状态让我们又心疼又担心，也引发了我对生命体的思考与研究，尤其关注如何解决肉体与精神的难题。之后，导师推荐我看埃德加·莫兰的《迷失的范式：人性研究》。她去台湾访问，带回华特士的《生命教育》(影印版)送给我阅读。正是在导师的指导、陪伴下，我走上了从关爱"生命体"到提出"生命论的教育"，再到"生命道德教育"的研究之路。

是导师的精神鼓舞着我，是导师的治学态度鞭策着我，也是导师的教育情怀陶养着我，让我沿着生命教育这条路一直走下来，直至今天，还有未来。由衷感谢导师！爱您，我亲爱的导师！

（选自刘慧：《我的生命偶像：我与朱小蔓导师的生命故事》，
2021 年 6 月 4 日）

1998 年秋的一天，我从西安来到南京，不为别的，就是想登门拜见朱老师。当先生问明来意后很爽快地答应了我的请求，来到先生家中，见到先生，我十分激动，表达我想"拜师问道"的热切想法，并呈上我近五年来的研究成果。先生边听边看边问，最后她说："你做的'生态体验德育''体验模式'的研究是很有价值的，要坚持，坚守。我也很高兴你能'加盟'，因为你的研究与我的情感教育、情感体验有很多的交集，我也希望你能够进一步深入、系统地'开掘'！"先生恳切的谈话和鼓励，一下子成了我茫茫夜航的指路明灯，让我未来的学术生涯有了明确的方向。同时，先生平易近人的人格魅力深深打动了我，决定拜师先生门下。当我看到先生鼓励的目光，更加坚定了自己的想法：拜师！当时，先生还关心地询问了我的工作和生活的一些相关情况，让我心里感到暖暖的。

还记得，博士论文开题时，我的选题是"生态体验论"，开题没有过，我的心理压力特别大。这时，先生宽慰我，并和我深入讨论、分析，最后建议我说："从人类思想史和东西方文化比较的角度，可以把底盘降低一点，把'生态体验论'改为'道德体验论'，并在技术处理上可以把'生态体验'的一些核心范畴和命题，压缩为一节，保留在论文里，未来再做进一步的深化研究，对开题报告也要做出更加简明的阐述，删除抽象的内容，以便让答辩委员老师都能够听得明白。"在先生的高维指导下，第二次答辩顺利通过。至今特别感念先生的大智慧。

南京师范大学

聘请博士学位论文评阅人、答辩委员会送审表

姓名	刘惊铎	学科专业	教育学原理	届别	2002
论文题目		等级体验论			

指导教师推荐意见：

(手写推荐意见，内容略)

签名：朱小蔓

姓 名	单 位	职 称
王逢贤（评阅）	东北师大教科院	教授

2002年5月，朱小蔓对刘惊铎博士学位论文的送审推荐意见

在我的心里，先生是一位世外高人，无论是看待学术问题还是人世间事，总是充满大智慧，哲思泉涌，让人有前瞻性、通透感。先生情感细腻、阳光，充满人文关怀，总是让人心存感激，心生敬意。师生情义无价，万千言语难表其一，谨赋此诗以志敬意。

浩然宇宙星河灿，情感行星耀万般。德育洋流卷巨澜，央所擘画开新篇。

一生高洁清如许，深情育德爱无边。原创学术播海外，满目桃李霞满天。

（选自刘惊铎：《大爱无疆 真情至简：我与朱小蔓先生的难忘事》，
2021年5月29日）

同月

接待香港教育学院"港宁交流计划"代表团，举行座谈会，并发言。

同月

作为第二作者与吴安春合作在《上海教育科研》2002 年第 5 期发表《对创造性教师的研究》。

6 月

22 日，主持召开"建构中小学德育模式的方法论"新招标课题的审定。

同月

作为第二作者与吴安春合作在《现代教育论丛》2002 年第 3 期发表《"生存论"的教师创造之浅析》。

7 月

3 日，调任中央教育科学研究所所长兼党委书记、全国教育科学规划领导小组办公室主任。宣布会上，教育部人事司副司长李志军宣读教育部任命决定。教育部副部长王湛到会并讲话，鼓励中央教育科学研究所要加快改革步伐，培养造就一支高水平的科研队伍，把教科所越办越好。

13 日，被江苏省教育厅评为江苏省有突出贡献中青年专家。

同月

与来访的美国夏威夷大学成中英教授进行交流与研讨。

8 月

原国家教委副主任柳斌任总主编的《中国教师新百科》中朱小蔓负责主编的《小学教育卷》由中国大百科全书出版社出版。

2002 年 8 月，朱小蔓主编的《中国教师新百科·小学教育卷》由中国大百科全书出版社出版

同月

　　主编的小学《品德与生活》教材与《品德与社会》教材经全国中小学教材审定委员会审定通过，由浙江教育出版社出版。

2002 年，朱小蔓主编的小学《品德与生活》与《品德与社会》经全国中小学教材审定委员会审定通过

9 月

招收李兴洲为博士研究生，张男星为博士后研究人员。

10 月

23 日，赴天津参加第二届全国教科所(院)长工作联席会议。

同月

在《中国教育学刊》2002 年第 5 期发表《教育研究要为教育创新做出更大的贡献》，文章指出："教育创新的出发点和归宿是培养高素质的、有创新精神和实践能力的人才。"

同月

在《教育研究》2002 年第 10 期发表《教育研究要为教育创新做出更大贡献——学习江泽民同志在北京师范大学建校 100 周年大会上讲话的体会》。

12 月

13 日，在中央教科所推动人事制度改革、科研体制及评价制度改革，民主选举教科所学术委员会，实行双主任制，所长不担任学术委员会主任。中央教科所召开第三届学术委员会选举大会，民主选举陈云英、程方平为学术委员会主任。

22 日至 26 日，俄罗斯教育科学院代表团来访，朱小蔓代表中央教科所与俄罗斯教育科学院签订旨在加强双方交流与合作的会谈备忘录。

28 日，受北京师范大学陶行知研究会邀请做题为《道德教育改革研究的趋势》的学术报告。

同月

在《现代特殊教育》2002 年第 12 期发表《超常教育与情感发展》，文章指出："我们应该像关注每一个情绪生命一样关注超常儿童的情绪生命。关注儿童的情绪情感，应从婴幼儿期就入手，因为情绪发展比逻辑认知更早、更复杂、更有动力作用和带动作用。"

同月

在《全球教育展望》2002 年第 12 期发表《课程改革中的道德教育与价值观教育》，文中论及："我国新一轮课程改革将道德教育、价值观教育从课程功能的完整性、整合性的角度来规定，从而建立起新的基于完整课程功能观的学校道德教育理念。"

同月

作为第一作者与刘慧、刘惊铎在《教育参考》2002 年第 12 期发表《德性成长与生命中的情感体验》，文中论及："道德教育的目标应是指向人的德性，而人之德性的根基、德性的大厦不是建立在知识化与数量化的基础上，而是建立在一个完整的人性上的，是与个性、人性成熟相关的。""无论是思考现代教育的转型问题，还是对以往道德教育的反思，都应将之放在一个完整生命、完整生态的框架下，放在社会转型期我们的思维方式调整的背景下。"

同年

担任教育部初中"思想品德"课程标准研制及修订组组长。

同年

主持的全国教育科学"十五"规划国家一般项目"社会转型时期道德学习研究"、教育部委托项目"义务教育普及后'新三片'均衡发展研究"获立项。

在中央教科所工作期间，领导该所进行人事制度改革、科研体制及评价制度改革，民主选举教科所学术委员会，实行双主任制，我本人不担任学术委员会主任，希望这个所改变过去的行政文化为学术文化，保持基础理论研究、教育史研究、国际比较研究的优势，保持课堂研究、教学研究、教材研究的长项，尊重老科研人员，加速吸收年轻人，突破体制障碍，在中央教科所建立起访问学者制度、博士后工作站，以更好激活科研资源、教学相长；同时组建精干小分队加强与教育部的联系、弥补政策研究的短板，全所形成明确的学术发展愿景、良好科研氛围、人际关系。那一个时期正是中国义务教育加速普及、巩固、提高水平的时期，也是素质教育推进日渐艰难的时期，是试图改革学校管理体制以求自主开放办学的时期。受教育部领导委托，主持进行重大项目"义务教育普及后'新三片'均衡发展研究""基础教育阶段现代学校制度研究"。在胡锦涛主席对教育部的指示下，由时任教育部部长陈至立亲自领导素质教育大调研、教育公平大调研及相关项目研究，我担任首席专家之一，全程参加并参与向中央政治局撰写报告。于 2003 年成功举办了《教育研究》杂志复办 25 周年社庆、中央教科所建所 50 周年所庆。在主政的五年内，该所从一个负债 800 万元的单位改变为安定团结、人心凝聚的科研机构，国际交往每年平均在 200 人次左右，学术讲座平均在 100 场以上，离任时财务账面上留下 1200 万元。

（选自朱小蔓：《央所期间工作笔记》）

同年

因患乳腺恶性肿瘤开刀，术后化疗四个疗程。

2003 年　56 岁

1 月

4 日，赴广西开展国家"十五"教育科学规划重点课题"'新三片'基础教育发展水平研究"的调研工作。

25 日至 31 日，赴日本参加亚太地区第五届教育研究所所长联席会议，并做题为《中国教育科研事业的发展及成就》的国家报告。

同月

在《教育研究》2003 年第 1 期发表《论教育与教育研究的文化性》，文章指出："教育研究也要重视体现文化性，必须坚持教育科研的民族性和本土性，要努力反映当代中国教育发展变迁的特色。"

2 月

在《家教博览》2003 年第 2 期发表《重新理解家庭教育的意义》。

4 月

在《教师博览》2003 年第 4 期发表《扩展道德教育与价值观教育的空间》。

2003年3月20日，朱小蔓（前排右四）与部分早期弟子在南京中山陵植物园合影

6月

3日，教育部批准中央教育科学研究所自2003年起在人类发展与教育、教育史、教育评价与考试、比较教育、发展心理与教育、中小学德育、特殊教育等7个学科（专业）招收国内访问学者，朱小蔓担任首批访问学者导师。

26日，在《中国教育报》发表《让教材充满活力》。

同日，《中国教育报》第5版发表对朱小蔓专访报道文章《朱小蔓：德育其实并不枯燥》，以下为节选内容。

如何搞好大中小学校德育工作，提高德育效果，一直是教师和教育专家们关注的重点。2003年6月，一本名为《快乐歌》的儿童道德学习童谣由南京出版社正式出版，由此也引出了探索儿童少年道德教育新方式的话题。本报记者专门采访了该书主编、中央教育科学研究所所长朱小蔓博士。

一、学校德育不能孤立地去做

记者：有学者认为，这些年大中小学与德育有关的课程开得不少，教材越编越厚，课时也越来越多，但效果却不理想。这是否反映出有不合规律的东西？

朱小蔓：从20世纪70年代初大学毕业到大学里任教起，到后来读硕士、博士，直到担任大学和研究所领导职务，我一直没有脱离德育研究与实践。我也每每感到困惑，不知从什么时候起，德育就成了一个学校教育中脱离智育、体育等其他学科的单独领域。这实际上是对"德智体美劳五育并重"的误解。

我们说"五育并重"，是从教育的目标上来说的，即教育要培养身体健康的、有审美情趣的、智能发展好的、有德性的等多方面都有所发展的人，但并没有要在时间、空间上为教育划分独立的领域。把德育从完整的教育中割裂、抽离出来，依靠单独的诸如政治课、思想品德课等课程，配备专职的德育教师，设立专门的如政教处、德育处等机构实施德育，结果把德育变成了某一门课程、某一个教师、某一个机构在某一规定时间内的任务。

二、生活中处处有榜样

记者：现在教师们上德育课时，常常会举像战争时期和五六十年代的例子，大家都相信"榜样的力量是无穷的"。但许多学生认为，自己所处的环境已经与英雄们当时的环境相差较远，有些无从学起的感觉。

朱小蔓：人的行为发展，特别是精神的成长当然需要有榜样。问题是我们不能只学远的榜样、"高大全"的榜样，也不能只学成人榜样。

青少年儿童自己的生活中就有许多榜样，甚至每个人的生活故事中都有能引起道德效仿和感动的材料。我们应该培养学生善于欣赏别人、乐于分享精神收获的习惯和意识。

道德学习不像数学、物理等其他学科，每天都有很多的新知识出现，教师也就往往感觉到德育工作缺少"抓手"。其实，德育的土壤、养料在于生活，德育应该从书本走向生活，应该让儿童从自己的生活中进入德育。德育的内容和方法都需要强调贴近学生的生活，关心他们的喜好和烦恼，使用他们喜欢的表达方式。

三、道德学习是人的潜能

记者：不少中小学教师反映，现在教育科研中的新名词太多，有些与过去的研究本质上并没有什么改变。我想知道您所强调的道德学习是在什么样的情况下提出来的。

朱小蔓：道德学习这个词相对于道德教育而言，更强调人是可以学习道德的，并且人是可以自主地学习道德的。这并不是我们为了"搞研究"而凭空想象出来的。国外许多研究者正在或已经做了类似的实验和调查，只是没有引起我们这些搞道德教育的人足够的重视罢了。

在此我想简单介绍国外三位专家的研究成果。一位是威尔逊，他认为"人的生物性中就包含合作和自我牺牲的倾向；人是热爱生命的天使；人在最原始的内心深处就有一种要'与人相联系'的感觉"。也就是说，人的这种要与人相联系的社会性是与生俱来的，或者说人的道德学习的潜能是与生俱来的，根本不是学校领导、老师和家长强迫他去学的问题，相反倒是我们要考虑是不是用不恰当的教育把人的道德学习积极性给压抑下去的问题。

第二位是加德纳，他做了很多的实验，发现道德中最重要的两个观念——尊重和公正，在人脑中都有生物学的基础，因此他把它称为"人的第九种智能"，也就是道德智能。既然人有这种道德学习的潜能，我们就应该通过各种方式让它发挥出来。

第三位是丹尼斯，他在 1994 年就提出，人有"将内在知情欲的精神潜质现实化"的真诚冲动，并且由于人的这种精神潜质和自我、时空、环境发生各种关联，或得以彰显，或受到压抑和挫伤导致功能失调。也就是说，人的道德意识和道德动机存在精神上的根基。

四、教育科研要走向大众

记者：关于中小学道德教育方面的研究，现在许多人都在做，但具体研究成果普通中小学教师和学生很难看到，可能也看不大懂。您这次怎么会想到用编写童谣这种方式来转化科研成果呢？

朱小蔓：其实这是南京出版社副社长肖泽民的主意。肖泽民副社长知道我们在搞这样一项研究后，希望我们能用一种儿童喜闻乐见的方式，介绍我们的研究成果。看到这本《快乐歌》后，读者们就会发现，从整本书策划、创意，到内容的设计、编排，再到图书的装帧，都是出版社、研究者、中小学教师和小作者几方面共同合作的结晶。我认为，对一项科研成果而言，研究者应该希望不仅得到学术界的关注和评价，更重要的是要服务于社会，让更多的学生因此而受益。

记者：谢谢您接受我们的采访。通过面对面的访谈，我们似乎也明白了许多德育教育研究方面深奥的理论。

（选自储召生、张圣华：《德育其实并不枯燥：中央教科所所长
朱小蔓博士畅谈德育新理念》，见《中国教育报》
2003 年 6 月 26 日第 5 版）

同月

指导丁锦宏完成博士学位论文《品格教育论》，并通过论文答辩。答辩委员会主席班华，委员金生鈜、杨韶刚、吴康宁、凌继尧、田海平。

博士论文评语

【导师评语】

作者对全球化时代多元主义与相对主义直接导致的"价值衷失"和"去主流化的担忧"表示关注，对现代学校道德教育作到与合理化危机与问题反思，诸给文思上饱含忧患之事表达。

论文从分析美国生成的道德教育运动史入手，诠说型村村道德教育的必要性、合理性，把生回到以村的价值性的内在的反对为有了现代道德克服多元主义和责任缺失的主题，在道德教育方面发挥了作用的积极对策。

论文对品格教育的内涵作了初步界说，对品格教育提出的核心价值，作者考虑多国情形，借用中国传统文化的基础上提了自己的假设和初步设计。

这些对中国当代道德道德教育的内涵具有较强的实践指导价值。作者研究立场、观点鲜明，运用资料，包括第一手资料较精，论述也较为充分。

指导教师（签名）：朱小蔓
20 03 年 4 月 5 日

2003年4月，朱小蔓对丁锦宏博士学位论文的评语

同月

　　指导杨曦完成硕士学位论文，并通过论文答辩，论文题目为《公民的诞生》，答辩委员会委员鲁洁等老师。

　　时间似乎已经模糊不清。在医院、在家中，与朱小蔓老师分享生活、工作中的点点滴滴的情景连同二十年来的师恩相互交织，心中涌动着敬爱、悼念、了悟的情感体验，使得对过去的记忆成为值得留恋的珍宝。我相信将会不断创造出新的意义。

　　朱小蔓老师是一位纯粹的教师，满足了我对良师的所有美好期待。

　　拥有追求真知的强烈好奇心是朱老师鲜明的个性特征。这使得朱

老师的课堂教学极具感染力。在每次课堂讨论过程中，朱老师总是鼓励我们找到自己的兴趣与力量所在，并能够欣赏不同研究主题和研究方向的合理性。随着不同的问题和不同的见解的提出，师生双方尽情享受着思想对话、情感交流的喜悦。当兴之所至、灵感喷涌而出时，朱老师就会高兴得像个天真烂漫、敏感机智的孩童一般，眉飞色舞，笑声朗朗。那一刻，琴瑟和鸣，心有灵犀，就如一曲曼妙的心灵交响乐在演奏，彼此唤醒、激发，相互应答、成全，形成一股强大的情感引力源，进入情理交融状态，达致教学相长的迷人境界。正如雅斯贝尔斯所谓的"一朵云推动另一朵云，一颗心唤醒另一颗心"。黎巴嫩诗人纪伯伦曾说，一切工作都是空虚的，除非是有了爱。从工作里爱了生命，就是通彻了生命最深的秘密。满怀爱心、激情燃烧的朱老师是无比幸福的。

做朱老师的学生是幸福的。朱老师深谙生活的综合性以及人性的整全性，将学术生活与个人生活紧密地连接起来。朱老师不仅情感丰富，而且善于表达，能够真诚地敞开自己的内心精神世界，走入学生的日常生活中，敏锐细腻地理解学生的真正成长需要，学生的困境和痛苦愿意向朱老师倾诉，因为在朱老师这里，总能得到及时回应，无论是情感上的共情，还是理性上的共识。苏霍姆林斯基说："真正的教育家向来就是情感丰富的人。他对欢乐，对忧愁，对令人担心的事都有深刻的内心体验。"

作为我国情感教育理论的开拓者和奠基人，朱小蔓老师深知情感教育具有很强的基础性和实践性，它发生在每一个学校、每一间教室里的教师与教师、教师与学生、学生与学生的交往互动中。一方面，从《情感教育论纲》《儿童情感发展与教育》《教育的问题与挑战——思想的回应》《关注心灵成长的教育》等一系列著作中，朱老师始终坚持不懈地探寻儿童情感教育的内容、目标和方式；另一方面，从繁华都市至穷乡僻壤，朱老师的足迹遍及全国大中小学校，赢得了很多校长和老师的尊重。二十多年来，朱老师有效开展了丰富多彩的合作研究，编写了《教师情感表达与师生关系建构操作手册》，积极推动并创建情感教育的实践模式。朱老师相信，在具体真实的学校日常生活中，当教师把自己的欣喜、困惑、愤怒、内疚、期待等心声自然而然地流露出来，与学生的欢乐、憧憬、忧伤、迷茫、不安等生命体验产生共鸣，学生才会有安全感、信任感。因为学生明白，尽管老师和他有不同的生活经历和内容，但却和他心有灵犀，心心相印，情感体验相似。这样，学生才能逐渐获得自我价值感和力量感，不再孤独无依、孤立无援。正是这种师生之间的相互信任，甘苦与共，经年累月地参与着学生的精神生命成长，让彼此成为心灵同行者。温暖而恒久的师生关系方为真正的教育力量。

尤记得 20 年前，第一次贸然登门拜师的那个秋日清晨，鸟儿欢唱，风轻云淡，阳光温暖，大草坪生机盎然。当朱老师看到我等在她的办公室门外，甚为惊讶。而在我表达来意之后，朱老师随之笑容可掬，热情地请我进门安坐，给我倒了一杯茶，详细询问了我的求学经历和研究兴趣之后，欣然收下了我做她的学生。

年轻愚钝的我当时并没有意识到，由此所开启的幸运求学之路，将带给我怎样丰盛的性格转变以及专业成长。这一段不可思议的奇妙人生，我唯有铭刻于心，并深深感谢朱老师的厚爱！

（选自杨曦：《情至深处，爱无尽头》，2020 年 8 月 19 日）

7 月

3 日，著作《教育的问题与挑战——思想的回应》获第三届中国高校人文社会科学研究优秀成果二等奖。

16 日，在教育部部长专题办公会上向部领导汇报中央教科所发展思路和机构调整方案。

17 日，与香港大学程介明教授签订中央教科所与香港大学"教育科研合作委员会"合作协议，并聘请程介明教授为中央教科所客座教授、所发展委员会高级咨询专家。

2003 年 7 月 17 日，中央教科所与香港大学"教育科研合作委员会"合作协议签订的现场照片

同月

中央教科所进行中层干部竞聘答辩，启动新一轮人事改革。

同月

在《教育研究》2003 年第 7 期发表《做一个有理想而脚踏实地的教育科研工作者——读〈胡克英教育文集〉有感》。

2003 年 7 月，中央教科所进行中层干部竞聘答辩，左三为朱小蔓

同月

在中央教科所青年读书会上做《让读书支撑我们的生命》的演讲，在所内外引起巨大反响，该演讲稿刊登于《中国教育报》2003 年 8 月 7 日第 5 版。以下为演讲稿的部分内容。

读书是快乐的，这种快乐是指情绪色调的积极意义上的，但它的表征可能是多种多样的情感，有好奇、如饥似渴，有兴奋、一见如故的感觉，有心领神会的会心的愉悦、亲切可人的温馨，有理智在努力工作着的神情专注的意志（其实读书的时候，也常常需要意志，大脑需要努力地、活跃地工作着），有释疑解惑有如走进愈渐宽广、敞亮的大道，当然有时也相当沉重，甚或是悲凉、无奈……林林总总，但这却都是有助于人的精神成长的积极的情感。我常常想，人若没有这五彩缤纷、波澜起伏的情感体验，生命是那样干枯、生活是那样暗淡，而有着这些情感充盈的生命和生活是那样让人感到满足、享受和向往。

人为什么要读书，知识分子为什么渴求读学术精品？究其主要原因，我认为，是因为学术精品中具有强大的文化力量。

我们为什么需要学术中文化的力量，是因为人活着太需要支撑我们生命的东西，太需要让我们每一天的生活得到鼓励和依据的东西，所以我们需要寻找自己为人做事的原则、信念乃至方式。

（选自朱小蔓：《让读书支撑我们的生命》，

见《中国教育报》2003 年 8 月 7 日）

同月

在《全球教育展望》2003 年第 8 期发表《课程改革的道德目标——一个不容忽视的教育命题》，文章指出："课程改革的道德目标若要得到实现，必须以新的体制、制度、机制，新的组织形式与结构所引起的人的相互关系（或曰互动关系）的改变来保障。"

同月

作为第二作者与刘慧合作在《上海教育科研》2003 年第 8 期发表《生命叙事与道德教育资源的开发》。

同月

在《中国教育学刊》2003 年第 8 期发表《认识小学儿童 认识小学教育》。

9 月

3 日，经国务院学位委员会评审通过，中央教科所与北京大学联合设立教育学原理博士学位点。

19 日，出席国务院在北京召开的全国农村教育工作会议。

同月

招收周晓静、戴联荣为博士研究生。

同月

应邀出席首都师范大学初等教育研究所成立揭牌仪式，与首都师范大学校长刘新成一同为该所揭牌。

2003年9月，朱小蔓与首都师范大学校长刘新成一同为首都师范大学初等教育研究所揭牌

同月

在《江苏教育》2003年第18期发表《教育哲学界非常难得的真正的一颗星》。

10月

5日至23日，应邀访问俄罗斯教育科学院和保加利亚国家教育研究所，并签署双边教育交流合作协议。访俄期间，出席俄罗斯教育科学院 60 周年的庆典活动，并合作举行了中俄公民道德教育研讨会。

11 月

3 日，出席庆祝中央教育科学研究所重建 25 周年系列活动之一"《教育研究者的足迹》出版座谈会"，与参会代表共同回顾中央教科所的历史、总结办所经验，并就中央教科所在全国教育科学研究中的地位和作用及未来发展问题进行研讨。

2003 年 11 月 3 日，朱小蔓出席《教育研究者的足迹》出版座谈会

6 日至 7 日，赴上海参加第九届联合国教科文组织"亚太地区教育创新为发展服务计划"（UNESCO－APEID）教育国际会议的"学校道德教育与人的全面发展"圆桌会议，以《当前中国中学道德教育课程标准及其创新方式》为题提交了专门项目报告，向国内外专家介绍中国中学道德教育课程标准的研制背景和在课程理念、设计思路、教育目标、评价方式和课程管理等方面所做的创新努力。这个报告集中反映了中

国在道德教育的理论与实践中所做的探索和调整。

8 日至 10 日，出席在苏州举行的首届中国教育科学论坛暨第三届全国教育科学研究所(院)长工作联席会议，并讲话。

12 日，出席中央教科所与南京市教育局合作在南京举行的"全国校长发展学校"揭牌仪式，朱小蔓和南京市政府副市长许仲梓一道为"全国校长发展学校"揭牌，并讲话。来自全国各地的近 100 名中小学、职业学校校长和区县教育局局长参加了揭牌仪式。

同月

被聘为中山大学教育学院兼职教授。

12 月

26 日，人事部批准中央教科所设立博士后科研工作站，次年开始招生，研究领域有：教育政策、教育管理、比较教育、道德教育、课程教学、教师教育、心理与特殊教育、教育史等。

同年

任中国陶行知研究会副会长。

同年

主持的全国教育科学"十五"规划国家重点项目"基础教育阶段现代学校制度研究"获立项。

2004年　57岁

1月

9日，全国博士后科研流动站管理协调委员会批复同意中央教科所博士后科研工作站单独招收培养博士后研究人员。至此，由朱小蔓主导的在中央教科所建立访问学者制度、博士后工作站等一系列学科（专业）建设工作全都落地开花结果。

3月

刘正伟在南京师范大学教育学博士后出站，出站报告题目为《传播与接受：西方道德理论在近代中国》，出站答辩委员会主席鲁洁，成员班华、杨启亮、吴康宁、高谦民等。朱小蔓因病后初愈在京休养，未能出席。

同月

作为第二作者与侯晶晶在《教育研究》2004年第3期发表《诺丁斯以关怀为核心的道德教育理论及其启示》。

4月

23日，俄罗斯教育科学院院士大会公开投票选举朱小蔓为外籍院士。俄罗斯教育科学院院长尼康德诺夫院士发来贺信，后又推选朱小蔓为主席团成员。

2004年，朱小蔓获俄罗斯联邦教科院外籍院士证书

同月

在无锡华东疗养院，一边恢复身体，一边指导戴联荣、周晓静撰写博士学位论文。其间，《道德教育杂志》主编莫妮卡·泰勒由南京师范大学道德教育研究所潘慧芳副所长陪同前来探望。

对我个人来说，让我感动、感慨不已的是我们在江苏无锡太湖疗养院的那次见面。那是 2004 年 3 月下旬，我在重病手术并经化疗后有一个月的时间在太湖疗养。没想到，莫妮卡·泰勒让南京师范大学道德教育研究所的潘慧芳副所长陪着从南京特地赶来看我。一个外国人，仅见过两三次面，对人有这样的热情、惦记，我相信，这完全是人的善性纯良所致。我们见面紧紧地拥抱，她打量着我，看看我消瘦、苍白的脸，心疼地说："你对工作投入太多了，应当爱惜自己才对。"我们从我的住处散步到太湖边的小路上，谈道德教育，谈她对中国学校的印象，谈健康……许多内容现在都已不记得了，但那种心心相印、温暖体贴的感觉因为强烈，因为打动人心，我们散步的场景迄今清晰如初。

（选自朱小蔓：《她的全部职业人生服务于人类道德教育研究——莫妮卡·泰勒印象记》，见《与世界著名教育学者对话（第一辑）》，2014 年 8 月）

2004 年 4 月，朱小蔓在无锡疗养院与《道德教育杂志》主编莫妮卡·泰勒相会

同月

在《人民教育》2004 年第 7 期发表《俄、保教育见闻》。

同月

在《全球教育展望》2004 年第 4 期发表《当前中国中学道德教育课程标准及其创新方式》。

5 月

中央教科所博士后科研工作站正式挂牌，与国务院人事部副部长徐颂陶一同为工作站揭牌。

6 月

1 日，邀请加拿大阿尔伯塔大学课程与教学研究院主任、国际质性方法学研究院高级研究员马克斯·范梅南（Max Van Manen）教授访问中央教科所，与范梅南教授进行学术对话。

3 日，在中央教科所主持情感教育项目研究会议。

5 日，被聘为中央教科所博士后科研工作站首批指导专家。

11 日至 13 日，出席在北京召开的中国地方教育史志研究会常务理事会（扩大）会议，被补选为该研究会理事会会长。

同月

被北京大学教育学院聘为兼职教授，并参加在北京大学举行的受聘仪式。

同月

指导侯晶晶完成博士学位论文《内尔·诺丁斯关怀教育理论述评与启示》，并通过论文答辩。答辩委员会主席扈中平，委员鲁洁、班华、金生鈜、丁钢。

根据该生特殊的身体条件和经验背景，本人建议她研究诺丁斯关怀教育理论。作者以其较高的英语及翻译能力通览诺丁斯十几部著作和几十篇主要论文，全面整理并陈述诺丁斯教育思想理论的基本脉络，对其核心的理论及其范畴做了较详尽的阐发，厘清和凸显出诺丁斯以推崇教育（包括教学活动）的道德性、以关怀为核心价值的教育思想，分析其广义的道德教育概念之合理性。作者在占有大量英文文献的基

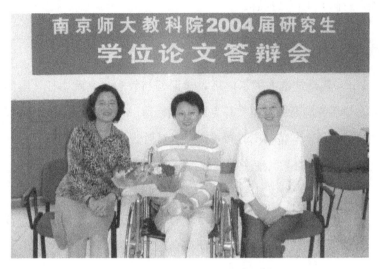

2004年6月，朱小蔓与弟子侯晶晶答辩合影

础上对诺丁斯的思想进行较为客观、中肯的评价。同时，又尽可能地检视中国传统关怀思想的得失，反省当代中国教育中关怀的缺失，力图以较为完整的关怀思想表达自己对教育的理解。

作为国内第一部最全面、系统地研究、述评诺丁斯的作品，其所阐释的诺丁斯的思想理论观点、思维方式，对补充、影响我们建立更为健康合理的教育理念、道德教育思想，并指导、调整教育和道德教育的实践均有十分积极、宝贵的意义。

论文的展开度较为开阔，构架精巧，引用文献资料丰富，尽可能地借鉴、吸纳他人合理成果，也尽可能地联系实际，并提出一些有见解、有个人体会的观点。论文由申请人独立完成，以作者的身体条件与文化基础而言，本论文以如此面貌呈现是极为难得的，其间包含的勤奋、艰辛和毅力非常人可比。

（选自朱小蔓对侯晶晶博士学位论文的评语，2004年4月26日）

敬爱的恩师朱小蔓先生离开了我们，无尽的思念之中，受教于恩师的点点滴滴依然时时温暖着我，鼓舞着我。

非常难忘的是，我进行博士学位论文选题时，朱小蔓先生把中国教育研究置于全球教育的宏阔背景中，以精深的学术造诣、广阔的学术视角，结合我的学习需要、知识储备，智慧地运用"优势视角"，推荐我研究当时处于国际教育前沿的关怀道德教育问题。该论域的重要文献当时几乎只有国外出版的英文版，我面临着"巧妇难为无米之炊"的问题。先生立刻请当时在美国访学即将结束的刘次林师兄施以援手，刘师兄回国时利用他宝贵的行李配额帮我背回沉甸甸的第一手研究资料，使我得以渡过获得核心文献的第一难关，努力展开跨国别研究，为完成博士学位论文打下基础。

恩师朱小蔓先生用她光辉的一生把深挚的教育和爱留在人间。她浸润在半个世纪教育实践中的大爱一定会长久地产生跨越时空的润泽化育的作用。

（选自侯晶晶：《永远的怀念——纪念恩师朱小蔓先生》，

2021 年 4 月 15 日）

同月

张男星博士后从南京师范大学出站，出站报告题目为《权力·理念·文化——俄罗斯现行课程政策研究》，出站答辩委员会委员鲁洁、班华、胡建华、杨启亮、金生鈜。

7 月

在第三届中国科学家、教育家、企业家论坛做题为《关于学校道德教育的思考》的发言。

9月

9日至10日，全国师德论坛在人民大会堂举行，作题为《弘扬优秀师德传统，成长新时代师德品格》的学术发言。

同月

在《教育研究》2004年第9期发表《俄罗斯的教育科学研究在关注什么——以〈俄罗斯教育科学院2010年前基础和应用领域的优先研究方向〉文本为例》。

同月

招收张晓东、严开宏为博士研究生，招收刘次林、金美福为博士后研究人员。

同月

访问学者吴小鸥结业，研究课题为《大学生道德情感关怀研究》，答辩委员会委员曾天山、毕诚、张芄、陈如平等。

同月

访问学者上官光明访学结业，研究课题为《教学活动中的道德学习初探》。

10月

21日，作为第一作者与其东合作在《中国教育报》发表《教育现象学：走向教师的教育研究——与现象学大师马克斯·范梅南教授对话》。

31日，出席在湖南长沙举行的第四届全国教育科学研究所（院）长工作联席会议，致欢迎词并做专题报告。

同月

作为第一作者与其东合作在《中国教育学刊》2004 年第 10 期发表《关于学校道德教育的思考》。

同月

在《人民教育》2004 年第 19 期发表《教育科研工作的五个问题》。

11 月

10 日至 12 日，赴江阴参加"苏霍姆林斯基教育思想的传承与学校教育改革"国际研讨会，苏霍姆林斯基的女儿、乌克兰教育科学院院士奥莉佳·苏霍姆林斯卡娅，全乌克兰苏霍姆林斯基研究会会长、乌克兰教育科学院副院长阿·萨夫琴科，乌克兰教育科学院通讯院士、基辅市苏霍姆林斯基实验中学校长哈·哈依露莲娜，乌克兰功勋教师、巴甫雷什苏霍姆林斯基中学校长瓦·德尔卡琪，苏霍姆林斯基的学生兼同事、俄罗斯奥伦堡师范大学教育科学研究院院长、俄罗斯乌拉尔地区苏霍姆林斯基研究会会长瓦·伦达克等国内外专家、学者与一线教师近 600 人参加了此次会议，朱小蔓在会上做题为《苏霍姆林斯基教育思想在当代中国的传播影响分析》的主题报告。会后，与苏霍姆林斯卡娅院士进行了学术访谈。在讨论苏霍姆林斯基重视情感培育时，苏霍姆林斯卡娅强调，情感是不能命令的，需要相应的环境或文化。苏霍姆林斯卡娅提出的一个词语，中文尚未有对应的翻译。朱小蔓根据俄语原文，将这一意思理解为情感文化与文明。

15 日，邀请日本教育学会会长佐藤学教授访问中央教科所，并与佐藤学教授进行学术对话。

同月

招收刘贵华为博士后研究人员。

12月

10日，在北京举行俄罗斯教育科学院授予朱小蔓教授外籍院士仪式暨学术报告会，教育部副部长、党组成员陈小娅出席并讲话。俄罗斯教育科学院副院长弗·巴·鲍利先科夫院士向朱小蔓教授颁发外籍院士证书及乌申斯基金质奖章，朱小蔓做专题学术报告，刘慧代表朱门弟子发言。

2004年12月10日，俄罗斯教育科学院授予朱小蔓教授外籍院士仪式暨学术报告会在北京举行，左一为中国教育发展战略学会会长郝克明，左二为弗·巴·鲍利先科夫院士，右一为教育部副部长陈小娅

弗·巴·鲍利先科夫院士
为朱小蔓佩戴院士徽章

亲爱的朱老师：

在这人生难得的喜悦时刻，您的15位博士生、5位硕士生、4位博士后、7位访问学者，同您一样，内心充满了喜悦与自豪！此时此刻，我们很多师兄弟虽身在千里之外，但却心系此情此景。

多年来，我们众多弟子承蒙您的悉心指导与亲切关怀，内心充满了对您的敬佩与感激！您虽身兼数职，承担着非常繁重的领导工作，但对我们的学术进步却时刻挂在心上。您给我们的指导，不仅仅是在一个有限的课堂，而且是在一个无限开放的学术海洋。您多次主办国际国内学术研讨会，我们有幸聆听各国教育界知名专家的讲学报告，并且有机会与他们进行面对面的对话和交流。这不仅让我们了解了国内外的学术前沿和治学方式，而且也使我们在耳濡目染中开阔了视野。

我们难以忘怀，跟随您外出开会或下基层时，一路上聆听您的教诲与探讨学术的情景；我们无法忘记，您一天紧张工作之后，满带倦意的神情，当与学生亲切畅谈学术时，眉宇间立刻充满了光彩。每每此时，我们都会情不自禁地感受到您做学问、带学生的一种喜悦与幸福，并在不知不觉中被您的这种精神所感染，也使身为教师的我们，深深地领悟到了什么是做教师的境界。"高山仰止，景行行止，虽不能至，然心向往之。"

跟随您学习，我们仿佛进入了一个充满人文主义精神的教育哲学殿堂。在我们心里，您开了中国当代情感教育的先河。您的情感教育理论，不仅在国内学术界得到了认可，并被翻译成英、俄、日等多种文字，走向世界，而且也在中小学基础教育改革中发挥了重要的指导作用。而您的道德教育研究与实践，更是突破了既有的框架，从关注学生生命的健康成长入手，从理论和实践的结合上建构起有魅力的、亲人的、发展性德育。您的教师教育理论，融合理论思考与现场扎根性研究，强调教师的情感-人文素质和道德智慧，并在教师培养中倡导研训一体的方式。

跟随您学习，我们无不钦佩，您以自身宽阔的哲学史基础，严格规范的科学训练和对现象、生活的敏感性，在整合多学科理论的同时，注重实践工艺操作探索；我们无不钦佩，您在众多流派对话中能够心力并用，迅速找到思想联系、形成理论敏感性的智慧。多年来，您一贯坚持这样的学术追求，为您在一线教师中赢得了许多朋友和知音，也使我们在实践中找到了理论的源泉。问渠那得清如许？为有源头活水来。

亲爱的朱老师，您带给我们的恩泽，不仅源于您的专业造诣和您的人格魅力，而且也来自您国内外的学术交往。投师于您的门下，我们深切感受到一种深深的幸运和幸福！

最后，让我们以无限的生命感动和更加勤奋的努力，作为对导师献上的厚礼。祝您：劳逸结合，生活如歌，青春常在，幸福涌流！

博　　士：刘次林　王　生　吴安春　杨一鸣　刘惊铎　刘　慧
　　　　　丁锦宏　高　伟　侯晶晶　李业才　周晓静　李兴洲
　　　　　戴联荣　张晓东　严开宏
博士后：刘正伟　张男星　刘次林　刘贵华
硕　　士：朱曦　丁锦宏　易晓明　王靖　杨曦
访问学者：杨瑞清　李庆明　冉乃彦　吴晓鸥　上官光明　魏峰
　　　　　黄晓光

（选自《朱门弟子贺信》，2004 年 12 月）

15 日，与俄罗斯教育科学院副院长弗·巴·鲍利先科夫院士就中俄教育界共同关心的一些话题进行了学术对话。

同月

与博士生合著的《教育职场：教
师的道德成长》由教育科学出版社出
版。这是探索教师情感人文素质作为
教师道德成长重要支撑的重要成果，
为教师专业化的理论与实践发展做出
极富人文性的贡献，也是之后朱小蔓
在教育一线开展教师情感人文素质提
升行动研究的主要思想基础。

2004 年 12 月，朱小蔓与博士生
合著的《教育职场： 教师的道
德成长 》由教育科学出版
社出版

同月

致"颜元教育思想与现代教育改
革国际学术研讨会"的贺电刊登在《河北师范大学学报（教育科学版）》
2004 年第 6 期。

同年

出席教育科学出版社举办的迈克尔·富兰《变革的力量》首发式暨
教育变革思想研讨会，并发表讲话，畅谈自己对《变革的力量》一书的
学习心得，对迈克尔·富兰教授多年从事教育改革理论与实践的探索
给予了高度评价。

同年

卸任南京师范大学道德教育研究所所长职务。

同年

在 *Journal of Moral Education* 第 4 期发表"Teacher Training for Moral Education in China"。文章对中国公民教育观中公民与国家、公民与社会、公民权利与义务、公民教育与德育之间的关系及变化趋势进行系统阐释。

2005 年　58 岁

1 月

12 日，作为第一作者与张男星合作在《中国教育报》2005 年 1 月 12 日第 3 版发表《看社会转型中的中俄教育》。

2 月

2 日，出席由《教育研究》杂志社、《南方日报》理论评论工作室、佛山市顺德区人民政府、顺德职业技术学院联合举办的"高等职业技术教育人文论坛"，其发言《道德人和知识人的统一》在《南方日报》2005 年 2 月 2 日第 A6 版"人文教育是现代教育的根基"专题中发表。

16 日，在《光明日报》发表《我对学校品牌管理的三个主张》。

同月

作为第二作者与侯晶晶合作在《当代教育科学》2005 年第 4 期发表《论基于关怀式道德教育的道德学习》。

同月

作为第一作者与张男星合作在《教育学报》2005 年第 1 期发表《跟进知识社会：现代教学理论中的几个基础性问题——来自中国与乌克兰的教育对话》。

3月

22 日至 23 日，出席在福建召开的全国教育科学规划 2005 年度工作会议，做题为《以科学发展观统领教育科研工作》的主旨报告。

26 日，主持召开田家炳基金会"学校德育研究与发展计划"签约仪式。

同月

在《沈阳师范大学学报（社会科学版）》2005 年第 2 期发表《道德学习与脑培养》，文章指出了道德学习与脑神经活动的关系。教育的实质是培育脑，教育应有助大脑支持德性形成的条件。

同月

作为第一作者与其东合作在《教育研究》2005 年第 3 期发表《面对挑战：学校道德教育的调整与革新》。

同月

《国家教育行政学院学报》2005 年第 3 期刊登朱小蔓《在董纯才诞辰 100 周年纪念会上的讲话》。

4月

11 日，朱小蔓教授受聘浙江大学兼职教授仪式在浙江大学西溪校区田家炳书院五楼学术报告厅举行，浙江大学教育学院院长田正平教授主持仪式，浙江大学党委副书记庞学铨代表学校向朱小蔓教授颁发了聘书，教育学系研究生代表为朱教授佩戴浙江大学校徽。受聘仪式后，朱小蔓做了题为《教师资格认证的内质性评价如何可能——从教师对学生道德影响力的视角》的学术报告。

13 日，应邀参加在北京小学举行的"主体性教育实验研究"课题结题研讨会，在发言中对改革开放后中国德育理念的进步、实践、探索、创新进行梳理。在会上与提出"整合教育学习模式"的美国教育学者特蕾莎·汉考·朗格内斯（Teresa Henkle Langness）结识，并做学术交流。

23 日至 5 月 11 日，出席俄罗斯教育科学院 2005 年院士大会，并做大会发言。之后，赴英国对伦敦大学教育学院、布里斯托大学教育研究生院和华威大学教育学院等机构进行工作和学术访问，并与《道德教育杂志》主编莫妮卡·泰勒、英国华威大学教授彼得·朗、世界著名教育哲学家约翰·怀特及其夫人进行学术对话和交流。

2005 年 4 月至 5 月，朱小蔓访问英国伦敦大学、布里斯托大学和华威大学，与怀特夫妇、彼得·朗教授进行学术对话

5月

16日，为母校南京市第九中学80周年校庆题词"师恩难忘，久而弥笃"。

2005年5月16日，朱小蔓为母校南京市第九中学80周年校庆题词

17日，指导戴联荣完成博士学位论文《大学生态：文化人格共生和建构》，并通过论文答辩。答辩委员会主席张斌贤，委员丁刚、刘晓东、杨启亮等。

"新时代优秀教育家"，我们敬爱的朱小蔓先生，离开我们已经整整14天了。我的注意力仍然没有能够完全从这个巨大的悲痛中转移出来，耳边不断萦绕戴玉强深情演唱的《你是这样的人》音乐旋律，缅怀、思念依然不尽。我不断地看她生前的视频、照片及与我的谈话记录，整理以往与朱老师的电子邮件通信，回忆往事，其中有几件事令我难忘。

2003年春天，朱老师手术后在太湖之滨的无锡疗养院康复身体，我们前去看望。她不顾劳累，与我和周晓静师妹一起讨论科研方法及写作，实在讲不动了，就在房间的躺椅上歇会儿再讲；她强撑身体，

2005 年 4 月，朱小蔓对弟子戴联荣的博士论文评语

2005 年 5 月，朱小蔓与弟子戴联荣毕业合影

陪我们在太湖边散步，春风拂面、桃红柳绿，她对我们说："有位必当有所为，才有生命价值。"这句话凸显出她对学术创新、改革教育科研管理的坚强意志和理想境界。

2013年5月，朱老师应宁夏大学邀请，给宁夏大学教育学院师生和宁夏大学全校管理干部、专家做了两场学术报告，反响非常好。朱老师做报告从来不"炒冷饭"，为做好这两场报告，她事先反复修改PPT，不断与我讨论。报告当天早起碰面，她说睡得不好，但当她一进入报告厅，就精神抖擞，一下子找到了演讲的感觉，非常有激情和气场。正如她在南京师范大学工作时候的杨司机所说，"朱校长经常跟我说：一进入课堂或报告厅，就非常兴奋，恨不得把所有的知识和智慧告诉大家，一结束回到车上，就像狗熊，太累了"。

2019年9月教师节前夕，朱老师在省人民医院经受了几个疗程的化疗、放疗，显得非常痛苦，吃饭喝水都不舒服。在这种情况下，她仍然没有推辞为香港中文大学卢乃桂教授的著作撰写序言；我和同事、几位研究生坐在边上，听着她吃力地一个字一个字说，声音绵软，思维却非常清晰。朱老师如此"一生奉献，不说拒绝"的种种感人事迹，令我们既敬佩又难过、担心。她对我们说，你们来看望我、鼓励我，这是我最需要的精神和情感力量，也许比吃药、化疗管用。

2019年10月，朱老师特别高兴，逢人便说她从来没想过《情感教育论纲》还能出第三版，而且比想象的更快更好。相隔不到一年的时间，2020年8月12日，当看到朱老师的女儿吴姗将她妈妈生前喜欢的这本代表作，还有一支笔，一个笔记本等物品放入老师墓穴的时候，我不禁触景生情、悲伤不能自已。朱老师生前治学是何等的严谨，为人是如此的低调谦逊。她多次叮咛策划人："书中不要过高地评价，不要写得太厚，许多泛论内容统统删除，一定增加理论和实际结合的内容；要深入浅出，一切从简，让中小学的老师读得懂读得进去。"

（选自戴联荣：《朱小蔓先生是当之无愧的教育家》，

2020 年 8 月 26 日）

同月

在《教育发展研究》2005 年第 5 期发表《学校品牌管理：一种道德模式》。

6月

3 日，出席中国少年先锋队第五次全国代表大会，并当选为中国少年先锋队全国工作委员会委员。

30 日，指导李兴洲完成博士学位论文《重构学校精神——学校功能偏离与现代学校制度建设》，并通过论文答辩。答辩委员会主席丁刚，委员陆有铨、张斌贤、杨启亮、金生鈜。

同月

参加由陈至立、许嘉璐等中央领导主持的座谈会。会议传达胡锦涛总书记关于实施素质教育的指示，并听取与会专家的意见。

同月

作为第一作者与曾天山合作在《教育研究》2005 年第 6 期发表《在税费改革中前行的农村教育——安徽省农村教育专题调研报告》。

同月

作为第二作者与杨曦合作在《河北师范大学学报（教育科学版）》2005 年第 3 期发表《从师范课程改革看台湾小学教师培养思想的调整》。

同月

美国教育学者特蕾莎·汉考·朗格内斯访问中央教育科学研究所，双方进行了长约三小时的对话，内容包括双方各自对情感教育与整合教育的理解、西方哲学家怀特海提出的过程思想，以及东西方传统文化和教育思想的异同的讨论，认为学校德育理想应是整合性的、学习者主体介入的，而不是封闭隔离、成人灌输的学习道德、成长道德。

7 月

10 日，出席在北京召开的首届全国幼儿教育高峰论坛。

同月

作为第一作者与梅仲荪合作在《上海教育科研》2005 年第 7 期发表《我们的教育信条》。

8 月

23 日，与教育界人士聚谈大型电视连续剧《张伯苓》的发言内容发表于《光明日报》第 10 版。

同月

在《教师之友》2005 年第 8 期发表《为人的幸福而教育》。

同月

在《上海教育》2005 年第 Z2 期发表《关注教师的人文素质和道德成长》。

9 月

9 日，在《中国教育报》第 6 版发表《关注教师的人文素质》。

13 日，母亲杨坤一于北京去世。

21 日，受全国政协副主席、香港特别行政区前行政长官董建华先生的夫人董赵洪娉女士的邀请，在北京与董夫人举行关于青少年德育专题的小型对话会，做关于《德育理念与工作的调整方向》的演讲。

23 日，在《中国教育报》第 6 版发表《整合教育学习模式：对教育的另一种理解》。

同月

创办《中国德育》杂志。

同月

招收冯秀军、杨桂青为博士后研究人员，招收张睿为博士研究生。

10 月

11 日，当选中国教育发展战略学会副会长。

同月

在《中国民族教育》2005 年第 5 期发表《学校品牌管理：一种道德模式》。

11 月

9 日至 13 日，应邀访问日本京都大学，会见京都大学校长尾池和夫，与京都大学教育学部签订学术交流协议，并在研讨会上发言。

14 日至 15 日，出席由中央教科所、江苏省教育厅、南通市人民政府在江苏省南通市联合举行的"深入推进素质教育研讨会"。江苏省委书记李源潮、教育部副部长陈小娅、江苏省副省长王湛等出席研讨会并讲话。

30 日，在《江苏教育报》第 8 版发表《素养教育：基于南通教育实践的几点思考》。

同月

专著《情感德育论》由人民教育出版社出版。

2005 年 11 月，《情感德育论》由人民教育出版社出版

说到道德教育的内容，显然不能回避教什么、传递什么信息的问题，但是以什么为依据来确定所要传递的核心内容呢？我们认为主要有三个方面：一是时代的变化，二是本民族的文化，三是一定时代和

民族文化中特定人群的需要。要照顾不同人群、不同个体生命的不同的身心发展特点，身心发展特点和水平不同，道德教育的内容侧重点和方式也不同。需要回到生命之中，关爱生命，使生命有爱。生命叙事是道德教育的主要存在方式之一，它诱发生命感动的生命故事，激活、生成或满足说者与听者的道德需要，并改变着他们的生命感觉，使得一个被动的、自发的生命成为一个主动的、自觉的生命，并逐渐成为优质自我。在道德教育的实施过程与机制、方法问题上，一度有一种观点主张道德教育主要就是传授道德知识，发展道德认知。我们认为，情感、体验和践履在道德教育中显得尤为重要。其中，道德情感不仅仅是道德认知的产物，其生成发展的一个不可忽略的机制，在于人的那些与社会性发展特别是德性形成有关的情感的形成。情感教育强调以感受体验为基础，以情感态度的养成为表征，以情感与认知相互影响、彼此促进为发展过程，以情感性道德人格为目标。站在生存实践的视界，对我国学校道德教育的基础理论与实践问题做全景式考察，我们发现，体验是人类生存的基本方式，具有道德教育的价值，甚至可以提出体验是道德教育的本体这样一个道德教育哲学命题。现在在强调重视情感体验的理念下，道德教育的方法已由单一的传递转向互动、对话，由过多的诉诸规范约束转向了更多地关注人的德性，包括道德习惯、情感、行为、精神面貌、道德特征、道德品质等方面的发展。

（选自朱小蔓：《情感德育论》，2005 年 11 月）

12 月

13 日，与朱永新一同参加中央电视台《央视论坛》，与节目主持人董倩畅谈素质教育的新实验教育。

21 日，被聘为华中师范大学教育学院兼职教授。

23 日，出席在浙江嘉兴举办的中国陶行知研究会、《生活教育》杂志社生活教育研讨会，做主旨报告。

同月

作为第一作者与张男星合作在《当代教育论坛》2005 年第 24 期发表《一位外国人眼中的中国教育改革——读俄罗斯学者妮娜·鲍列夫斯卡娅〈国家与学校——带入 21 世纪的中国经验〉一书》。

同年

任中国陶行知研究会会长，与方明先生同任会长。

同年

主持的教育部重大委托项目"素质教育的理论、实践与政策研究"获立项。

2006 年　59 岁

1 月

在《福建论坛(社科教育版)》2006 年第 1 期发表《给学生一个有安全感、信任感的生存空间》。

同月

在《中国德育》2006 年第 1 期发表《素质教育与德育》。

2 月

在《临沂师范学院学报》2006 年第 1 期发表《教师专业发展与教师的道德影响力》。

3 月

14 日，在《中国教育报》第 4 版发表《加强荣辱观教育要坚持"三近"》。

4 月

9 日，做有关教育部正式启动中央教科所与北京师范大学合并成立中国教育科学院的调研工作。

14 日，出席在上海嘉定举行的"钱梦龙先生从教 55 周年暨《钱梦龙与导读艺术》首发式"。

15 日至 16 日，在中国教育学会第六次会员代表大会上当选副会长、学术委员会副主任。

23 日至 25 日，出席在北京召开的第二届现代儿童识字教育国际研讨会，并致开幕词。

27 日，应邀赴浙江大学教育学院参加刘慧博士后出站报告答辩会，担任答辩委员会主席。

2006 年 4 月，朱小蔓参加弟子刘慧的博士后出站报告答辩合影，与朱小蔓同排左侧是田正平教授，后排左起分别是刘慧、刘正伟

同月

作为第一作者与张男星合作在《北京大学教育评论》2006 年第 2 期发表《一丛能在异国开花的玫瑰——苏霍姆林斯基教育思想在当代中国的传播与生长》。

5 月

11 日，为南京师范大学教育科学学院的老师和学生做主题为"关于教育科学研究"的学术报告。

2006年5月，朱小蔓返回南京师范大学给教育科学学院老师和学生做主题为"关于教育科学研究"的学术报告

29日，参加由中国教育学会、人民教育出版社、中央教育科学研究所、中国教育报刊社在北京联合主办的"李吉林教育思想研讨会暨《李吉林文集》首发式"，全国人大常委会委员、中国教育国际交流协会会长柳斌出席会议并讲话，教育部副部长陈小娅特派代表到会祝贺，中国教育学会会长顾明远以及来自全国各地的教育专家80余人参加了研讨会和首发式。朱小蔓发表讲话。

30日，邀请江苏情景教育研究所所长李吉林到中央教科所做题为《情景教育与德育》的报告，并为其颁发中央教科所兼职研究员聘书。

同月

与李荣安教授就公民教育、道德教育和价值观教育等问题的对话文本以《关于公民道德教育的对话》为题在《中国德育》2006年第5期发表。

6 月

2 日，接待香港大学教育应用信息科技发展研究中心主任罗陆慧英教授和袁海球博士来访，表示信息技术教育是一门重要的学科，在学习中发挥的作用也越来越大，希望双方能在信息技术教育领域开展合作研究。

同月

作为第一作者与刘贵华合作在《华东师范大学学报（教育科学版）》2006 年第 2 期发表《功能·环境·制度——基于生态理念的现代学校制度建设》，文章提出："在第五次教育革命的背景下，审视学校教育功能主体与环境的关系，确证现代学校基本职能与核心价值取向问题，是现代学校制度建设的充分且必要的条件。"

同月

作为第二作者与周晓静合作在《全球教育展望》2006 年第 6 期发表《知识与道德教育》。

同月

作为第二作者与冯秀军合作在《北京教育（高教版）》2006 年第 6 期发表《家庭教育为青少年荣辱观教育奠基》。

7 月

6 日，接受教育部副部长袁贵仁通报教育部关于中央教科所与北京师范大学合并之事已中止的决定。

19 日，与应邀来访的日本教育学会会长、东京大学教育学院院长佐藤学教授会面，进行学术交流，并就双方合作进行讨论。

同月

在《中国教育学刊》2006 年第 7 期发表《从教师中走出的教育专家和儿童教育家》。

8 月

26 日，与俄罗斯教育科学院共同主持组织两国教育领域重要专家参加的"21 世纪初期中俄教育改革比较研究"项目列入"中俄国家年"项目。与俄方合作主持编写的《20—21 世纪之交中俄教育改革比较》由教育科学出版社出版，该书获全国教育科学优秀成果二等奖，于次年中俄"文化年"在莫斯科送呈胡锦涛主席和普京总统。

2006 年 8 月，朱小蔓主编的《20—21 世纪之交中俄教育改革比较》由教育科学出版社出版

同月

作为第二作者与丁锦宏合作在《人民教育》2006 年第 Z3 期发表《教师

是"德行博物馆"的"看守人"——关于教师教学中主导价值传递的思考》。

同月

"基础教育新三片地区教育发展水平研究"课题组在《教育研究》2006 年第 8 期发表《湖北农村教育调研报告》（朱小蔓为课题组长，曾天山为报告执笔人）。

9 月

7 日，会见来访的日本教育学会前会长、日本教育界泰斗大田尧先生。会见后，中央教科所和中国教育学会联合举行了大田尧先生学术演讲会，朱小蔓致欢迎词，对大田尧先生对中国人民怀有的深厚感情及其主要教育思想进行了介绍。

8 日，出席在中央教科所举行的"联合国教科文组织亚太国际教育与价值教育联合会秘书处迁华暨新址揭牌仪式"，教育部副部长、中国联合国教科文组织全国委员会主任、联合国教科文组织执行局主席章新胜同志到会并发表了讲话，朱小蔓在会上致辞。

17 日至 23 日，赴俄罗斯访问俄罗斯教育科学院、喀山职业教育与心理研究所等单位。在喀山职业教育与心理研究所做题为《中国教育改革与发展》的学术报告，并签署合作协议。

24 日至 28 日，访问瑞典斯德哥尔摩国际比较教育研究所并签署合作协议。

同月

被教育部选聘为第八届国家督学。

同月

招收李亚娟为博士研究生，招收杜岩岩、乌云特娜为博士后研究人员。

同月

在《中国教育学刊》2006 年第 9 期发表《创新教育研究的奠基之作——读张志勇主编的〈创新教育书系〉》。

同月

《江苏教育研究》2006 年第 9 期"当代教育家评《论教育家》"专题发表朱小蔓对《论教育家》的评论。

10 月

19 日至 21 日，加拿大教育现象学专家马克斯·范梅南教授、荷兰巴斯教授、挪威波根大学托恩教授、中国香港教育学院李树英博士等一行应邀到中央教育科学研究所访问，朱小蔓和范梅南教授就教育现象学研究进行了学术交流，就中央教科所与加拿大阿尔伯塔大学课程与教育学院共建国际教育现象学研究中心的有关事宜进行了讨论，并主持范梅南教授等学者在中央教科所举办的教育现象学学术报告会。

2006 年 10 月 19 日，朱小蔓与马克斯·范梅南教授会谈时合影

21 日至 22 日，中国教育史志研究会第四届理事会在北京召开，当选会长。

27 日，会见来访的日本京都大学教育学院教育学部部长川崎良孝教授一行，并代表中央教育科学研究所与京都大学教育学院签订合作协议。

28 日，出席在北京举行的"2006 年国际成人教育研讨会"，并致辞。

11 月

1 日至 5 日，应董赵洪娉女士的邀请赴香港进行学术访问，参加香港群力资源中心德育关注组、香港教育统筹局以及香港教育学院联合主办的 2006 年德育研讨会，并担任三场专题研讨会的主讲嘉宾。拜会香港田氏企业公司董事长田家炳先生以及香港中文大学的有关专家学者。

11 日，在《光明日报》第 7 版发表《探索中国大学发展之路》。

15 日，《中华读书报》第 20 版"经典与现代：牵手俄罗斯教育"专版报道朱小蔓主编的《20—21 世纪之交中俄教育改革比较》一书，包含教育部部长周济撰写的"序"，Г·А·巴雷辛的"贺信"以及朱小蔓撰写的"前言"。

同月

主编的初中《思想品德》教材由教育科学出版社出版，该教材于 2004 年经全国中小学教材审定委员会审定通过。

同月

刘贵华博士后出站，出站报告题目为《基于生态理念的现代学校制度研究》；金美福博士后出站，出站报告题目为《教师的职业生活体验研究：过程与方法——走向教师的现象学反思方法论研究》；刘次林博士后出站，出站报告题目为《德育新思维》。出站答辩委员会委员：檀传宝、曾天山、华国栋、程方平、田慧生。

2006 年 11 月，朱小蔓与弟子金美福博士后出站答辩的合影

12 月

8 日至 9 日，出席在南京师范大学举行的首届全国教师教育学科建设研讨会，并做主题报告，指出素质教育和课程改革的切实推进，是探讨教师教育学科问题的重要背景，从胜任素质教育的教师知识建构、教师德性修养及教师实践品格等三个方面阐述了教师教育的目标指向，即"走向实践整合型的教师培养"。

14 日，出席由中央文明办、团中央、教育部、文化部、国家广电总局、新闻出版总署在北京共同主办的以"创意与青少年成长"为主题的中国青少年社会教育论坛。

17 日至 18 日，出席在北京召开的首届中国小学校长大会，做题为《小学教育的特殊价值与崇高使命》的主题报告。

31 日，中央教科所所务会扩大会议决定，所训确定为"求真、笃行、弘道、创新"。

同月

作为第一作者与冯秀军合作在《教育研究》2006 年第 12 期发表《中国公民教育观发展脉络探析》，文章认为："通过对中国公民教育观的发展脉络进行溯源性追寻，可以看到，中国公民教育观与西方公民教育观在公民与国家、社会关系，公民权利与义务关系，公民教育与道德教育关系等方面呈现相向运动的趋势，与中国传统道德教育思想在本体基础、教育机制、价值取向等方面存在相互融通的可能。"

同年

受教育部委托，任思想品德课程标准修订组组长，组织专家团队对 2003 年颁布的《思想品德课程标准（实验稿）》进行修订，在教育部颁布的《思想品德课程标准（2011 年版）》中，修订后的课标突出"情感·态度·价值观"与情感体验、道德实践在德育课程中的特殊价值，强调优化教学过程，增强学生道德学习能力。

同年

主持的"中国公办中小学民主管理委员会建设的实验研究"项目获美国福特基金会资助。

同年

主持的全国教育科学规划"十一五"教育部课题"中国儿童发展数据库"获立项。

同年

在 *Frontiers of Education in China* 第 1 卷第 2 期发表"Curriculum Reform and Moral Values Education"。文章指出中国的德育包括以学科为基础的德育与通过各类课外活动的德育两种实施路径。有德育教师、党的管理者、班主任三种实施群体，有师范大学、学院和学校三个层次的培养机构，亦有师范大学培训、学校培训、大学与中小学合作培训三种培训方式。文中指出我国德育工作者培训面临的挑战，并提出相关建议。

2007 年　60 岁

1 月

24 日，中央教科所建所五十周年庆典在北京友谊宾馆科学会堂隆重举行，朱小蔓做工作报告。来自全国人大、全国政协，中央各部委和直属单位，各省、市、自治区、计划单列市教育科学所(院)，部分高等院校，联合国教科文组织，亚太地区教育局，国外驻华使馆，国际机构驻华代表以及美国、英国、加拿大、俄罗斯、日本、韩国、新西兰、瑞典、挪威和中国香港地区教育研究机构和大学的领导、专家、学者 500 余人参加了庆典大会。以下为工作报告的全文。

尊敬的张怀西副主席，尊敬的陈小娅副部长，
尊敬的各位领导，尊贵的各位来宾、同人、朋友们：

寒冬时节，却是春意盎然。今天，友谊宾馆科学会堂高朋满座，胜友如云。我们在这里隆重集会，热烈庆祝中央教育科学研究所建所五十周年。衷心感谢各位领导、同人、朋友们于百忙之中莅临盛会，给我们以极大的鼓励和支持。

五十年前的今天，中央教育科学研究所经国务院和中共中央书记处批准正式成立。半个世纪以来，中央教育科学研究所为创建、发展、繁荣中国教育科研事业不懈探索。经过几代人的努力，现在的中央教育科学研究所已经发展为一个集教育科研、人才培养、图书及电子音像出版、报刊编辑、科技研发为一体的大科研、综合性、多功能的国

家级教育科研机构。五十年春华秋实，五十年岁月如歌。在这个庄重的场合、特殊的时刻，我们向所有为这个所的发展给予支持、付出辛劳的人们致以最崇高的敬意！

现在，我代表所领导班子和全体员工向大会做工作汇报。

一、光荣传统　历史贡献

中央教育科学研究所有着光荣的革命传统，她的历史可以追溯到中国共产党在延安时期建立的中央研究院中国教育研究室。当时的中国教育研究室在李维汉、徐特立、吴玉章等老一代革命教育家的领导下，为党在抗日战争和解放战争时期教育方针政策的制定，为马克思主义教育理论的发展和毛泽东教育思想的形成，为革命根据地教育事业的发展和新中国教育事业的创立，做出了重大的历史贡献。在这个研究室工作的一批干部和研究人员，如董纯才、陈元晖、张健、华子扬、李冰洁等，后来都参与了中央教育科学研究所的创立。

新中国成立初期，百废待兴。为了改造旧教育、创建新教育，培养社会主义建设人才，探索新中国教育发展道路的问题被提上议事日程，建立教育科学研究机构刻不容缓。1956 年 6 月，国务院指示教育部集中一批国内著名教育专家，成立中央教育科学研究所筹备处并参与《十二年国民教育事业规划纲要（草案）》的起草工作。1957 年 1 月 26 日，中央教育科学研究所正式成立。它标志着新中国教育科学事业的兴起。我们不会忘记，教育部领导董纯才、柳湜、周荣鑫、戴伯韬、张健等都曾担任或兼任过所长，为中央教育科学研究所的创立和发展做出了重要贡献；我们不会忘记，老一代教育家徐特立、吴玉章、叶圣陶等在建所初期给予的有力支持；我们不会忘记，一大批来自全国各地优秀的教育专家和学者——曹孚、陈元晖、王铁、潘懋元、吕型伟、胡克英、吴式颖、许椿生、郭林、伍棠棣、王焕勋、瑦鑫圭、胡尚理、滕纯、金世柏、周鸿志、毛文颖、张安国等，前辈们发扬解放区的教育传统，在收集整理老解放区教育资料、研究革命根据地的教育经验，在学习借鉴苏联教育理论和制度、大中小学教材编写、教学实验等方面进行了大量开创性的工作。他们是中国教育科学事业的奠基者，他们为开辟我国社会主义教育研究道路所建树的业绩与他们的崇高品格，是我国教育科学发展史上永恒的丰碑。

尽管"文化大革命"使全国教育事业遭到严重破坏，中央教育科学研究所也被迫撤销，但在 1978 年 7 月 14 日，经邓小平等中央领导同志亲自批示，国务院批准恢复重建中央教育科学研究所。

1978 年至 2002 年间，伴随着伟大祖国拨乱反正、改革开放、发展腾飞的重要历程，中央教育科学研究所在"三个面向"思想指导下，为繁荣和发展中国教育科学事业，着重研究我国教育改革和发展中重大理论与实践问题，在基础理论和应用研究方面取得了突出的成就。从"六五"到"十五"，中央教育科学研究所承担了一系列有关马克思主义教育理论、毛泽东教育思想、邓小平教育理论、"三个代表"重要思想教育理论研究课题，在教育本质与功能、教育方针、人的全面发展、教育与生产劳动相结合、教育的"三个面向"、科教兴国战略、教育创新、中华人民共和国教育史等方面，取得了丰硕的科研成果。

同时，中央教科所先后承担了国务院、教育部以及有关部委委托的大量重大政策调研任务，曾作为主要力量承担了第七次全国义务教育和普通高中课程改革调研和课程方案制订；完成了有关"普九"与"扫盲"、中等教育结构调整、民办教育与办学体制改革、"五四"学制、等级分改革等调研任务，参加了许多重要政策文件的起草工作，撰写了诸如《关于推进我国九年义务教育可持续发展的政策建议》《义务教育投资的国际经验与政策建议》《关于促进中小学教育与生产劳动相结合的行动建议》《我国农村教育改革与发展的对策和建议》《西部地区人力资源开发与人才聚集对策》《进一步加强和改进中小学德育工作的对策性建议》《非公办幼儿教师实行社会养老保险制度的思考及对策的建议》等一批有关教改实践和为教育决策服务的报告与建议，为各项政策创新提供了有益的参考。

全国教育科学规划领导小组自 1978 年 11 月成立，组长一直由在任教育部部长亲自担任。领导小组办公室自"六五"以来也一直设在我所，负责联系全国的教育专家和教育科研工作者，担负着全国教育科研项目的规划、申报、评审、管理及成果评奖工作。在历任部长（主任）的直接关心和指导下，全国教育科学规划领导小组办公室在引领教育科学发展方向、促进学术规范、建设教育精品课题、提高教育研究质量等方面发挥了重要作用。

在恢复重建的二十多年里，中央教科所在探索教育改革的重大理论、指导和推动教育改革实践和教育实验、学习借鉴国外先进教育科学、及时传播新教育理念等方面都做出了自己独特的贡献。

二、励精图治　进取图强

2002 年以来，新一届所领导班子在教育部党组的领导下，在全所员工的努力下，在全国教育科研战线的支持下，全面分析教育改革发展形势、研究各国教育科研发展动态，与时俱进，准确定位，明确目标，锐意改革，开始了新的历史跨越。

1. 制定发展规划，改革人事制度

2003 年，在充分调查研究的基础上，我们集全所之智慧，制定了《2003—2007 年中央教育科学研究所事业发展规划》，明确一个新的目标，即"推进中央教科所由国家级大所向国家级强所的转变"；突出两个工作重点，即"为重大教育决策、政策创新服务，为教育实践创新服务"；实现三个提高，即"进一步提高核心竞争力，进一步提高服务社会的能力，进一步提高综合经济实力"；建成四个中心，即"全国教育科学研究和教育科学知识创新中心，全国教育信息和学术交流中心，全国教育科研组织、协调及骨干人员培训中心，全国教育科学知识转化与教育文化产业开发中心"。

在教育部党组的大力支持下，我们于 2003 年 10 月完成了内部人事制度改革，重组机构和人力资源，形成新的组织框架。此后，我们每两年进行一次中层干部竞聘上岗和所内全员聘任，并且通过制订和不断完善多元评价考核制度，制订《科研衍生活动管理规定》等，激发科研积极性，规范科研行为，逐步摸索出一套适合中央教科所各个不同类型研究工作及特点的管理方式。

实践证明，改革是提高科研质量和效率的强大动力。三年多来，中央教育科学研究所课题总量和经费大幅度增长。在"十五"期间，共承担全国教育科学规划课题 74 项，北京市规划课题 3 项，各类横向课题 50 余项，国际合作项目 15 项，自筹经费达 1500 万元。仅 2005 年，全所科研人员共发表学术论文 480 余篇，其中核心刊物 200 多篇，被《新华文摘》转载 4 篇，《人民大学复印资料》转载 27 篇；共出版著作 48 部，译著 8 部，编写教材 27 册，科研成果总量是 2001 年的 5 倍。

2. 突出政策研究，形成新的优势研究领域

最近几年，我们有机会参加了国家素质教育系统调研、教育公平问题研究、未成年人思想道德建设专项调研等国家重大攻关项目，这对于我们中青年一代科研人员是难得的学术和政策水平锻炼提高的机会；其他诸如新三片基础教育均衡发展研究、基础教育阶段现代学校制度研究，以及流动人口子女教育、农村留守儿童研究、义务教育公共财政投入研究、义务教育监测研究、青少年科学技术素养及教育研究，都是我国教育改革与发展中具有普遍性、战略性的研究课题。1998 年创刊，2002 年改版的内刊《科研与决策》300 期以及连续 5 年集结成册的《对策与建议》，送达各级教育行政部门，为国家宏观政策制

定提供了具有前瞻意义的理论依据和实证基础。

多年来，我所科研人员坚持在教育基层进行现场扎根性研究，与一线教师零距离对话、虚心请教、切磋研讨，这种"让理论生根，让经验生翅"的科研范式，使教育理论和教育实践都变得丰富饱满，拥有源头活水。这次五十周年庆典活动，我们安排同期举行实验学校工作总结表彰大会，其目的正在于进一步探索提高教育实验的质量。

经过几代人坚持不懈的努力，中央教科所不仅形成和保持了在教育史、农村教育、成人教育、特殊教育、德育、教材教法等传统研究领域的优势，而且在科学教育、教师教育、教育发展战略、区域教育、教育制度与管理等方面正在形成新的研究优势，同时与大学教育学科紧密相连，既相互补充，又因研究使命及方法途径不尽相同而体现各自的优势及所长。

3. 科研教学相互促进，教学体系已具雏形

为了更好地传播思想，转化成果，经过多方努力，我们在教育研究人才的培养方面实现了零的突破。在国家人事部的支持下，我所建立了教育学博士后工作站，于2004年接受第一批进站人员，迄今已经三届；在教育部人事司的大力支持下，于2004年开始招收国内访问学者，迄今已经四届；我们还与北京大学共建了教育学原理博士点，参加北京师范大学、华东师范大学、西南大学、南京师范大学、首都师范大学、福建师范大学等高校教育学科的博士、硕士研究生培养。直接参与教学过程，教学研相长，锻炼了学术队伍，形成了以6名博士生导师、8名博士后合作导师、17名访问学者导师为骨干的，实力雄厚的学术团队，大大激发了研究机构的学术潜能，明显提升了中央教科所的整体学术实力。

为了支持老区人才建设，探索职前教师教育特别是农村教师师资的培养，我们在山东临沂师范学院建立了实验教育学院，在深圳和江

苏分别建立了实验附属中学和实验附属小学，在北京建立了实验附属幼儿园，在全国建有 6 所中央教科所所级实验学校，一个相对完整的教学体系从无到有，已具雏形，为中央教科所的科研工作提供了更为直接的实验、实践和转化平台，形成了科研与教学相互激励促进、共同发展的良好局面。

4. 教育文化产业发展势头迅猛

近年来，教育科学出版社通过管理机制改革，突出研究取向和文化特色，整体实力不断提升，生产规模逐渐扩大。由全国 500 多家出版社 2005 年销售码洋调查结果统计表明，教育科学出版社已位居第 7。在报纸杂志出版方面，《教育研究》杂志 1979 年问世，迄今仍保持着我国教育理论刊物的权威地位。现在我们共办有 10 份报刊，其中《教育文摘周报》办刊 20 余年，广受教育工作者的欢迎；《中国特殊教育》《中国德育》《大学研究与评价》等均为新闻出版总署批准的正式刊物。《教育史研究》办刊 17 年，被国家图书馆及许多大学认定为专业核心刊物。科技研发中心以课题为引领，探索出"以科研促推广、以培训促使用、以使用促教改"的科研推广模式，其学具、教具、课件等主要产品在全国推广，受到欢迎。培训中心和各科研部门，均以科研课题为载体，以满足中小学校长、教师专业成长为宗旨，开展形式多样、丰富多彩的各类教育培训，推动了教育科研普及应用。教育文化产业的健康发展不仅为务实性、服务性科研开辟了动力源、转化场，而且为我们教育科研提供了重要的物质支撑，有力促进了科研环境的建设。

中央教科所教育科学资源建设初见成效。图书馆珍藏有 40 余万册图书，教育类图书齐备，期刊门类齐全，网络查询教育文献数据极其便捷。坐落在和平门的原"京城四大图书馆"之一的教育图书馆，正在待机修缮。

5. 国内外教育交流与合作能力快速提升

中央教育科学研究所建所以来，一直重视国际合作交流，在国外教育机构里有不少老朋友。2003年以来，学术交流不断，高层来访频繁，国际合作项目及经费逐年增加。每年我们接待境外来访均达百余人次，三年累计举办较大型国际会议十余次，国外专家讲学、对话几十场。我们与联合国教科文组织、联合国儿童基金会、经济合作与发展组织（OECD）、国际教育成就评价协会（IEA）、国际视障学会、俄罗斯教育科学院、瑞典斯德哥尔摩大学国际教育研究所、美国国家科学资源中心等几十个国际组织、国家教育科研机构和知名高校建立有稳定的合作关系。

我们与英国布里斯托大学合作的"增值性评价研究"项目，为推进我国素质教育的学校评价正在提供有益的借鉴；与俄罗斯教育科学院合作的"20—21世纪之交中俄教育改革比较"研究成果以中、俄文分别在两国出版，为"中俄国家年"做出独到的贡献；正在与日本京都大学教育学院共建的日本教育研究中心，也已着手进行学生学业成就评价方面的合作研究。

三、珍惜既往 思考未来

1. 以服务为宗旨，在贡献中发展

中央教育科学研究所能有今天的成就，首先是教育部及高层领导重视、教育战线支持、同行协作的共同结果。

教育部党组和主要领导非常重视和关心中央教育科学研究所的发展，充分信任，积极支持。周济部长多次听取中央教育科学研究所的工作汇报，参加全国教育科学规划工作的会议和活动。就在前天，周济部长率教育部几位司长专程来到中央教科所，向我所五十周年华诞表示祝贺，并做具体指导，使我们深受鼓舞；贵仁副部长对中央教育科学研究所的发展提出了明确要求，亲自带领我们完成了一个又一个重大攻关项目；作为分管领导，小娅副部长更是直接指导和关心我们的发展，亲自视察中央教育科学研究所，多次出席全国教育科研所（院）长会议，给我们出主意，交任务，压担子，促发展，倾注心血；有关司局和直属单位对我们的工作提供了各种便利条件，有的还直接与我们合作共同开展研究。

深入基层、服务一线是中央教育科学研究所的优良传统。我们与地方教育行政部门和学校形成了长期合作关系，实现了合作共赢。遍及全国的 280 多个项目研究及教改实验基地，是我所联系实践的有效形式。

"全国教育科学研究所（院）长工作联席会议"、全国教育科学规划年度会议以及教育科学出版社、《教育研究》杂志社、《教育文摘报》《对策与建议》《中国基础教育发展研究报告》以及内刊《科研与决策》《科研要报》等重要载体，都出色发挥了领头羊作用，得到了全国地方教育行政、教育科研院所和高校教育科研机构的全力支持，形成了为繁荣和发展中国特色的教育科学事业的合作机制、为中国教育改革与发展重大现实问题合作攻关的平台。

中央教科所国家划拨经费有限，长期以来存在经费不足的困扰，我们认识到必须开阔思路，盘活资源，挖掘潜力，依靠各方支持与合作，实现货币资本、人力资本和社会资本的全面开发利用。

2. 大科研是国家科研大所应有的气质风范

这些年来，我们明确提出，科研工作是全所的主业，科研质量是中央教科所的生命线，追求大科研的生长形态，谋求综合发展和多重功能的格局是国家科研大所应有的气质和风范。

所谓大科研，既指着力形成集研究、教学和教育文化产业间相互促进、相互转化和协调发展的完整链条，也指中央教育科学研究所自身的科研与全国各地方及基层科研的有效联结和联盟。可以说，没有大科研，我们的研究就会局限在一个狭窄的范围，难以影响如火如荼的教改实践；没有大科研，我们的学术研究就会有"自说自话"的危险，得不到传播和验证；没有大科研，我们的学术队伍就得不到锻炼，各类优秀人才就无法脱颖而出。现在，大科研的意识在中央教育科学研究所已经深入人心，成为全所的价值共识，大科研已与每个人的职业生涯息息相关。

为此，我们将人才视为最重要的战略资源，通过多元评价的管理，通过吸纳高学历和有丰富实践经验的专业人才，通过自己培养、课题合作及聘请兼职专家，努力使各类人才尽展风采。

3. 制度创新与文化建设相辅相成

管理是科学，也是艺术。本届班子在大家的支持下做了大量建章立制的工作，逐步完善内部管理。同时，制度也需要有自我约束和自我发展的和谐文化相支撑。几年来，我们在全所积极倡导尊重、信任、合作与理解的人际风尚，推崇讲公正、讲奉献、讲效率、讲创新的奋斗精神。党的基层组织、离退休老干部积极发挥作用，业余文化活动日益活跃。为了中央教科所的强盛，大家发奋"内聚人心，外塑形象"，创建一个制度建设与精神氛围相得益彰的文化愿景。

五十年过去，弹指一挥间；展望未来，任重而道远。面对落实科学发展观、建设创新型国家、构建社会主义和谐社会的大好形势，我们要把握中国教育加快发展的关键期，进一步发挥五十年办所的特色和优势，以科学发展观为统领，与时俱进，再创辉煌。

"十一五"时期是中央教育科学研究所由国家级大所向国家级强所迈进的关键时期。为建成名副其实的"国内高水平、国际有影响"的国家综合性教育科研机构，我们正在制定和实施《中央教育科学研究所"十一五"事业发展规划》，按照"职责明确、评价科学、开放有序、管理规范"的原则，深化体制改革，探索建立适应现代教育科学发展规律的研究院所制度和内部管理机制；要进一步完善和优化管理、科研和技术岗位三支队伍的建设，抓紧落实"1030"计划，形成专兼结合、开放而富于活力的研究队伍，尽快产生一批在国内外有重要学术地位、对我国教育改革有重要影响力的高水平专家。

我们要进一步加强教育科研的组织协调能力，建设好7个研究部以及新近成立的"教育政策分析中心"和"教育研究数据库"，力争在国家教育重大问题研究上产生一批有重大影响的研究成果；进一步借助全国教育科学规划领导小组办公室和全国教育科研院所协作网络，加强科研教改实验基地的规划和管理，真正发挥我所在基层科研合作与指导方面的辐射引领作用。

我们要更加广泛而有重点地开展国内外教育交流与合作，办好与国内外教育科研机构共同建立起来的合作研究中心，吸纳研究资源，提升我们的研究能力，扩大我所的国际学术影响力。

我们要继续壮大教育文化产业，探索科研与文化产业互动、"研学产结合"的新路，适时成立中央教育科学研究所教育文化产业发展集团，在人员、资源、市场、研发等方面加强统筹，形成相互依托和借势的经营运作模式，实现经济增长的新跨越。

"春华秋实五十载，教育科学铸辉煌。"带着老一辈教育者的殷切期望，我所几代科研人肩负着祖国和人民的寄托，风雨兼程，与共和国教育事业一起走过了辉煌壮丽的半个世纪。在这片教育科研的热土上，我们辛勤地耕耘，我们欣喜地收获，我们坚强地持守，我们不断地反思，我们将更加乐观自信地前行。

"路漫漫其修远兮，吾将上下而求索。"各位领导，各位来宾，今天的中央教育科学研究所，适逢伟大时代，国家未来的教育发展也将更加倚重教育科学，教育科研地位崇高，中央教育科学研究所使命重大。在教育部的领导下，我们将秉持"求真、笃行、弘道、创新"的所训，以更加饱满的热情，瞄准学术前沿，关注改革实践，更好地服务政策，奉献科研精品，为建设以中国化的马克思主义为指导的，具有中国特色、中国风格和中国气派的教育科学体系做出更大贡献！

谢谢大家！

> （选自朱小蔓：《在中央教育科学研究所成立五十周年庆典上的
> 工作报告》，2007 年 1 月 24 日）

同月

在《现代教育论丛》2007 年第 1 期发表《教育与生本教育——在一次研讨会上的报告》。

3 月

26 日至 4 月 3 日，率领"20—21 世纪之交中俄教育改革比较"项目组访问俄罗斯。参加在克里姆林宫举办的俄罗斯中国年开幕式盛大庆典活动，并出席中央教科所和俄罗斯教育科学院共同组织完成的《20—21 世纪之交中俄教育改革比较》一书俄文版首发式，并讲话。教育部副部长章新胜、俄罗斯教育署署长阿尼西莫夫、俄罗斯总统学院副院

2007 年 3 月 26 日—4 月 3 日，朱小蔓率领"20—21 世纪之交中俄教育改革比较"项目组访问俄罗斯（中国教育科学研究院提供）

长齐齐科诺福等领导参加了首发式并讲话。之后，访问莫斯科大学、俄罗斯教育科学院，俄罗斯著名的公立学校、私立学校以及农村学校，进行学术交流和实地考察。

同月

被评为 2005—2006 年度教育部直属机关优秀女领导干部。

4 月

10 日，主持召开"教育学名词审定工作——初等、中等教育"启动会议。

13 日，出席在沈阳师范大学举行的"俄罗斯教育研究中心"成立大会，与沈阳师范大学党委书记于文明共同为中心揭牌，并讲话。朱小蔓指出，第一，俄罗斯教育很值得研究，俄罗斯教育的魅力在于重视强调人文历史传统，尊重教育科学在教育发展中的作用。我国同俄罗斯在国情方面存在相似之处，我国与俄罗斯的教育有着更多的可参照性、可借鉴性、可比性，这些都是其他国家不具备的，因此，我们必须加强同俄罗斯的文化交流。第二，虽然我国最早引进的教育著作主要来自苏联，但是在改革开放后有所中断。今天，我们应该吸引更多的年轻学者参加到对俄罗斯教育的研究中来。第三，我国要多视角进行中俄教育的研究和比较。中心应该采用多学科的视角，不断丰富我国对俄罗斯教育以及中俄教育比较方面的研究。

28 日，参加在上海市嘉定举行的现代学校制度实验区启动仪式暨"中小学校长职业准入制度和专业发展"课题开题会。

同月

在《中国德育》2007 年第 4 期发表《科学与技术教育中的情感培养》。

同月

在《上海教育科研》2007 年第 4 期发表《走向心灵的德育》。

5 月

14 日，作为南京师范大学教育科学学院第一届德育学博士研究生毕业论文答辩委员会委员，返回南京师范大学与鲁洁教授一道参加博士论文答辩工作。

23 日上午，会见加拿大多伦多大学安大略教育研究院院长简·加斯克尔（Jane Gaskell）教授、副院长诺曼·拉伯利（Normand Labrie）教授、继续教育部主任芭芭拉·鲍德金（Barbara Bodkin）女士、师范教育主任马科·埃文斯（Mark Evans）教授及国际项目高级协调人潘乃容一行五人。

2007 年 5 月，专著《情感教育论纲》（第二版）由人民出版社出版

同月

《情感教育论纲》（第二版）由人民出版社出版。

同月

在《人民教育》2007 年第 9 期发表《素质教育评价：理念与思路》。

同月

作为第二作者与严开宏合作在《中国德育》2007 年第 5 期发表《价值多元与道德教育》。

6 月

5 日，会见来自美国路易斯安那州立大学教育学院的著名后现代课程学者威廉·多尔（William Doll）、简·弗莉娜（Jayne Fleener）院长以及多那·楚伊特（Donna Trueit）教授等一行五人，并主持多尔教授以"展望未来——混沌、复杂、课程与文化"为主题的学术报告会，与多尔教授等人进行学术讨论。

22 日，主持的全国教育科学"十一五"规划课题"中国儿童发展与教育资源库建设研究"举行开题会。

同月

在《南京社会科学》2007 年第 6 期发表《千年古城教育历史的深情回眸——写在〈南京教育史〉出版之际》。

7 月

1 日至 4 日，赴江西省南昌市新建县、共青城，九江市永修县和井冈山进行农村教育专题调研。

16 日至 17 日，作为澳门市教育暨青年局澳门课程改革及发展工作顾问，参加在澳门举行的"澳门课程改革及发展会议"。

18 日上午，参加在山东烟台鲁东大学举行的"全国主体教育理论与实践研究第九届学术年会"，做大会发言，以情感教育研究的独特视角，对我国基础教育课程改革的课程功能观进行了新的诠释，提出并分析了价值镶嵌在知识中，人在知识学习过程中以情感作为价值标识器，感觉经验是知识学习过程中极为宝贵的部分，知识形成是明确知识与非明确知识的反复转换和循环的过程，以及提升教师在知识、方法和价值观统整中的驾驭能力等五方面命题。

19日至20日，在山东烟台出席"过程（后现代）思维与课程改革国际学术研讨会"，担任大会中方主席，并做题为《从过程哲学的角度透视当代中国的课程改革》的大会发言。

24日至8月2日，应日本国立教育政策研究所邀请，参加"联合国教科文组织——日本国立教育政策亚欧所教育科研亚太地区项目"实施四十周年纪念会，并在会上作"改革与发展的中国教育科学研究"报告。会议期间，朱小蔓会见了日本国立教育政策研究所所长近藤信司先生，并参观访问了北海道大学。后又应日本教育学学会会长、东京大学佐藤学教授的邀请，访问东京大学，并做有关中国素质教育的报告。

2007年7月24日，朱小蔓与日本国立教育政策研究所所长近藤信司先生合影

同月

在《当代教育科学》2007年第14期发表《创新教育研究：从范型到范例》。

同月

作为第二作者与刘贵华合作在《教育研究》2007年第7期发表《试论生态学对于教育研究的适切性》。

同月

指导张晓东完成博士学位论文《改革开放以来我国中小学德育政策分析》，并通过答辩。答辩委员会主席檀传宝，委员魏贤超、黄向阳、张新平、冯建军。

论文对改革开放以来的德育政策分阶段进行了梳理和研究，分析不同阶段影响德育政策的宏观背景及德育政策的变化轨迹，在此基础上对三十年来德育政策制定、实施、评估的过程进行分析，对改革开放以来中小学德育政策进行总体反思与前瞻。作者努力收集相关文献，建立分析框架，提炼不同时期对德育政策产生重大影响的要素及特征，通过分析，提出改进德育政策制定的若干建议。论文对现阶段我国德育政策"内输入"决策模式的分析和对公民教育与传统道德教育的关系等分析有一定新意。该选题对于我国德育研究中的政策研究是个补充。

（选自朱小蔓对张晓东博士学位论文的评语，2007年6月）

同月

冯秀军博士后出站，出站报告题目为《指向现代公民人格的民族精神教育研究》，出站答辩委员会委员田慧生、程方平、毕诚、曾天山、刘惊铎。

8 月

在《中国德育》2007 年第 8 期发表《和谐教育的探索之路》。

9 月

6 日，在《中国教育报》第 4 版发表《建设高素质教师队伍亟待解决的三个问题》。

29 日，在《中国教育报》第 1 版发表《弘扬具有民族特质的教师精神》。

同月

招收张正江、杨超、李亦菲为博士后研究人员，招收徐志刚为博士研究生。

同月

在《当代教育科学》2007 年第 17 期发表《开创教育研究的新境界》。

同月

在《江苏教育》2007 年第 17 期发表《李庾南：在学习中享受生命》。

同月

在《新课程（综合版）》2007 年第 9 期发表《道德教育：内在自觉的唤醒》。

10 月

8 日，在《中国教育报》第 2 版发表《学校德育应抓住课改机遇》。

24 日，因到龄、换届，不再担任中央教科所所长、党委书记。

同月

在《人民教育》2007 年第 20 期发表《高屋建瓴 继往开来——评〈母语教材研究〉》。

同月

在《中国教育学刊》2007 年第 10 期发表《回归教育职场 回归教师主体——新时期师德建设的思考》。

11 月

24 日，作为第二作者与杜岩岩合作在《光明日报》第 7 版发表《俄罗斯师范教育改革的经验及启示》。

27 日，出席俄罗斯教育代表团一行 49 人对中央教育科学研究所的访问和研讨活动，中俄代表就教育各个领域的问题进行了友好而热烈的讨论，朱小蔓就中俄教育体制、素质教育发展现状及存在问题进行比较分析，并与俄罗斯学者进行学术交流和讨论。

12 月

担任联合国教科文组织国际农村教育研究与培训中心主任。彼时，联合国教科文组织国际农村教育研究与培训中心总部刚从河北农业大学迁至北京师范大学，朱小蔓领导团队完成迁址、参与设计专用新大楼、组织新的理事会、制定各种章程、召开教科文组织二类机构负责人会议、举办九个人口大国教育促进农村地区发展会议、出版调研与项目研究报告、培训多期非洲部长和司局长等一系列工作，为世界农村教育发展做出重要贡献。

同月

在《大连教育学院学报》2007 年第 4 期发表《关于在职教师培训的几点思考》。

同年

主持的国家社会科学基金 2007 年教育学重点课题"社会转型时期我国青少年思想道德发展的新情况与对策研究"获立项。

同年

在《世界文化论坛》第 29 期发表《从过程哲学的角度透视当代中国的课程改革》。

2008—2019

建树杏坛　享誉中外

2008 年 61 岁

1 月

18 日，应邀参加首都师范大学"初等教育学科建设专家咨询会"。肯定了首都师范大学建设初等教育学科的重要性和紧迫性，提出怎样建设初等教育学科、建构什么样的课程体系的意见与建议。

25 日至 26 日，赴新加坡参加由新加坡华校联合会、南京行知小学等多家教育单位联合举办的"迈向世界级学校"校长论坛，发表题为《对建设世界级学校的几点思考》的讲话。会后，赴南华小学参观、访问，并做题为《情感教育与教师培养》的学术报告，就中小学校教育的基础究竟是什么、如何理解一所学校是好的学校、如何从情感入手分析学校教育，以及好的学校教育需要教师怎样的专业成长等问题进行讨论和分析。

同月

在《师道》2008 年第 1 期发表《教育：让人生完满——〈生命课——一个教师的教育手记〉序》。

2 月

25 日，出席由中国地方教育史志研究会和甘肃省教育厅主办的《甘肃省志·教育志》评议暨全国第二轮教育修志工作研讨会，做题为《为高质量完成第二轮教育修志工作而努力》的大会报告。

同月

作为第二作者与周晓静合作在《课程·教材·教法》2008年第2期发表《赫尔巴特道德教育思想之启示》。

3月

17日至21日，赴江苏省溧水县、江阴市、无锡市滨湖区等地考察农村教育。考察溧水县傅家边农村科技园，江阴市华士镇华西村，滨湖区东绛学校和伏园中学等地，并与江南大学有关领导、教师商谈科研合作事宜。

23日，赴成都青羊区考察学习城乡一体化的最新状况。

同月

在《中国德育》2008年第3期发表《情感·道德·素质教育》。

4月

17日，教育部副部长章新胜，教科文中国全委会秘书处秘书长方茂田、副秘书长杜月、教育处处长董建红等亲赴北京师范大学考察联合国教科文组织国际农村教育研究与培训中心迁址筹备工作进展和落实情况，朱小蔓就中心目前已开展的工作、存在的困难，以及未来设想向各位领导和专家进行汇报。

19日，参加中国教育学会在西安举办的农村教育管理研究研讨会，并受中国教育学会的委托向大会做关于我国农村基础教育财政体制与管理体制变革回顾及提高农村学校管理质量的专题报告。

27日至28日，出席由中国教育学会、西安市人民政府、陕西省教育厅、中国教育报、《人民教育》杂志五家单位在陕西西安共同举办

2008 年 4 月 17 日，朱小蔓向教育部副部长章新胜，教科文中国全委
会秘书处秘书长方茂田等领导汇报北京师范大学联合国教科文组织
国际农村教育研究与培训中心的迁址筹备工作进展情况

的"全国农村教育发展与管理研讨会"。

同月

担任北京师范大学教育学部农村教育与农村发展研究院常务副
院长。

同月

作为第二作者与乌云特娜合作在《教育研究》2008 年第 4 期发表
《当前俄罗斯孤儿安置政策分析》。

同月

主编的《基础教育阶段现代学校制度的理论与实验研究》由教育科
学出版社出版。

2008 年 4 月，朱小蔓主编的《基础教育阶段现代学校制度的理论与实验研究》由教育科学出版社出版

5 月

13 日，联合国教科文组织副教育助理总干事唐虔先生、联合国教科文组织北京办事处代理主任毕斯塔(Min Bista)先生来北京师范大学考察中心工作，朱小蔓汇报中心迁址过渡工作报告及未来工作设想，唐虔先生对中国教育部对中心的支持表示了高度的肯定，强调了中心的重要地位和作用。毕斯塔先生也对中心工作提出了要求和期待。

16 日，出席在北京召开的青少年课外活动教育发展高峰论坛暨颁奖典礼。

27 日，在《中国教育报》教育科学版发表题为《爱，无言的道德命令》的文章，喟叹生命的脆弱和民族精神的坚韧，从地震灾难审视情感教育的重要性，表达对四川汶川大地震遇难者的深切哀思。

6 月

6 日，北京师范大学农村教育与农村发展研究院启动仪式暨研讨会在北京师范大学举行，朱小蔓作为研究院常务副院长向与会领导及专家陈述了研究院的成立背景及工作规划，并介绍研究院与联合国教科文组织国际农村教育研究与培训中心的关系。

21日，联合国教科文组织国际农村教育研究与培训中心迁址揭牌仪式暨研讨会在北京师范大学举行。中国国务院国务委员刘延东专门批示表示祝贺，联合国教科文组织总干事松浦晃一郎致信祝贺。教育部周济部长、章新胜副部长和联合国教科文组织北京办事处代理主任毕斯塔先生、各国驻华使领馆相关负责人等200余人出席仪式。周济部长、章新胜副部长在揭牌仪式上讲话，阐明中心迁址的重要性，肯定中心迁址过程中北京师范大学筹备组的工作业绩，并对中心下一步的工作提出具体要求，指出要让中心真正成为"国际农村教育最权威的研究中心、最有影响力的培训中心、最丰富的信息资源中心"，"服务于联合国各会员国，特别是非洲和亚太地区的发展中国家；服务于中国和世界各国家的农村教育和社会发展；服务于中国的外交方针"。朱小蔓作为中心主任做了大会主题演讲。揭牌仪式后，来自全国各地的农村教育专家在英东学术会议中心二层进行了座谈。座谈会由中心主

2008年6月21日，朱小蔓在联合国教科文组织国际农村教育研究与培训中心迁址揭牌仪式暨研讨会上做大会主题报告（UNESCO INRULED 提供）

任朱小蔓教授主持，围绕着总结以往经验，为新迁址中心建言献策的主题展开。

22 日，出席在北京国家教育行政学院召开的中国地方教育史志研究会学校史志分会成立暨学校发展研讨会闭幕式，并做报告。

同月

指导严开宏完成博士学位论文《价值多元与道德教育》，并通过答辩。答辩委员会主席鲁洁，委员冯建军、檀传宝、魏贤超、黄向阳。

同月

杜岩岩博士后出站，研究题目为《21 世纪俄罗斯师范教育现代化的价值取向及制度安排研究》；乌云特娜博士后出站，研究题目为《俄罗斯社会转型时期处境不利儿童心灵呵护的研究》，出站答辩委员会主席檀传宝，委员程方平、冯立升、李文林、华国栋。

8 月

30 日，在《中国教育报》第 3 版发表《让教育行动更富理性》。

同月

在《中国教育学刊》2008 年第 8 期发表《教育的重量与承载》。

同月

在《生活教育》2008 年第 8 期发表《应该通过农村教育促进农村社会文化发展》。

9月

27日，应乌克兰国家教育科学院的邀请，率团参加由乌克兰国家教育部、乌克兰国家教育科学院和乌克兰苏霍姆林斯基教育思想研究中心联合主办的"苏霍姆林斯基教育思想与现代教育的对话：理论、实践与未来"国际学术研讨会暨"苏霍姆林斯基诞辰九十周年纪念大会"，做题为《苏霍姆林斯基教育思想对当代中国及未来国际全民教育的影响》的主题报告。之后，与乌克兰国家教育科学院讨论并通过了双方的合作备忘录，并参观苏霍姆林斯基多年执教并领导的帕夫雷什中学与苏

2008年9月，朱小蔓率团赴乌克兰参加"苏霍姆林斯基诞辰九十周年纪念大会"

霍姆林斯基博物馆，与乌克兰苏霍姆林斯基教育思想研究中心主任共同为苏霍姆林斯基雕像揭幕。

同月

招收郭静、马多秀为博士研究生，招收李敏、曾庆伟为博士后研究人员。

10月

1日，赴联合国教科文组织总部访问，向教科文组织总部汇报中心工作，并为中心建立新的国际合作伙伴关系，加强中心的国际合作

能力。此行访问联合国教科文组织巴黎总部及下属三所教育类机构：联合国教科文组织终身学习研究所（UIL）、联合国教科文组织技术与职业教育中心（UNESCO-UNEVOC）、联合国教科文组织国际教育规划研究所（IIEP）。其间，还参观、访问数所大、中、小学和教育研究机构。

2008年10月1日，朱小蔓访问联合国教科文组织总部与国际教育规划研究所（UNESCO INRULED 提供）

13日，与来访的日本国立教育政策研究所国际教育研究和合作所高级研究员见真理子女士和日本御茶水女子大学人类与科学研究所研究员梁明玉女士就中国素质教育的发展问题进行交流。

14日，出席由美国邓普顿基金会（Templeton Foundation）赞助的"中国将来科学、精神和价值观的发展国际会议"，做题为《中国学校品德教育改革》的主题发言。

22日至23日，组织召开"中非教师教育政策高级论坛"，来自非洲和中国的教师教育政策制定者和主要教师教育专家参加论坛。

24日，在北京师范大学举办中非教师教育政策研讨会，并做主题发言。此次会议旨在了解非洲国家教师培训的需求。

30 日至 31 日，参加由联合国教科文组织国际农村教育研究与培训中心和盐城师范学院合作举办的"社会转型中的中国农村教育发展——中国农村教育改革开放 30 周年回顾与展望学术研讨会"并发言。

11 月

20 日，出席在北京师范大学举行的"情感教育国际论坛"，并做主题报告，教育部基础教育司副司长王定华出席论坛。

2008 年 11 月 20 日，朱小蔓出席在北京师范大学
举行的"情感教育国际论坛"

21 日，出席在人民出版社会议室和京师大厦举行的"情感教育国际论坛暨《情感教育论纲》（再版）座谈会"并发言，彼得·朗、马克斯·范梅南、黄济、张志勇、樊和平、陶西平等著名学者出席此次研讨会。

22 日至 24 日，出席由中央教育科学研究所、教育部课程教材发展中心、中国教育国际交流协会、联合国教科文亚太地区价值观教育中心、华东师范大学、江苏省教育厅、南通市人民政府在江苏南通联合主办的"李吉林情境教育国际论坛"。

同月

作为第一作者与李敏合作在《教育发展研究》2008 年第 22 期发表
《"以县为主"农村义务教育管理体制下的教师专业管理》。

12 月

在《学前教育研究》2008 年第 12 期发表《家庭教育研究中的创新之
作——评骆风的〈幸福两代人——北京大学硕士生家庭教育探秘〉》。

同月

在《生活教育》2008 年第 12 期发表《统筹城乡发展 促进教育公平》。

同月

在《教育发展研究》2008 年第 24 期发表《共享教改实验成果》。

同年

任中国陶行知研究会会长兼中国陶行知研究会生命教育专业委员
会理事长。

同年

在 *Frontiers of Education in China* 第 3 卷第 1 期发表"The Evolu-
tion of China Citizenship Education"。文章基于新一轮课程改革，从课
程功能的完整性与一致性对道德教育与价值观教育进行评价，从而确
立新的完整课程功能理念，对未来道德教育与价值观教育提出期许。

2009 年　62 岁

1 月

20 日，《人民日报》第 13 版专题"专家·网友献计教育规划纲要"刊发朱小蔓发言摘要《培养更多的农村中小学教师》。

同月

在《江苏教育》2009 年第 2 期发表《校长的道德使命》。

2 月

5 日，在《社会科学报》第 5 版发表《突破现代学校儿童学习难题》。

24 日至 25 日，组织召开联合国教科文组织国际农村教育研究与培训中心理事会。这是国际农村教育研究与培训中心迁址北京后召开的首次理事会，会议选举产生了理事会成员及顾问，并审议通过了中心中长期战略规划。教育部前副部长、中国教科文组织全国委员会主任章新胜当选为中心理事会理事长。

3 月

主持的国家哲学社会科学基金重点项目"教育促进农村社会综合发展的状况与对策研究"获得立项。该项目在中国东、中、西部 3 省 6 县 12 个乡镇做实地调研和问卷调查，了解并分析教育与农村人口经济增长的关系，教育与农村人口健康意识、卫生习惯、就医状况的关系，以及教育与农村社会伦理、人际关系、道德面貌的关系。

同月

作为第二作者与杜岩岩合作在《教育研究》2009年第3期发表《俄罗斯师范教育政策调整的动因、策略与措施——基于〈教育的创新发展——提高俄罗斯竞争力的基础〉报告解读》。

同月

在《江苏教育研究》2009年第8期发表《南通中学印象——兼评"难忘教育"》。

5月

5日至9日，在北京组织举办联合国教科文组织二类中心主任会议暨保障教育公平论坛，这是联合国教科文组织历史上首次召开此类会议，标志着二类中心的发展进入到新的阶段。五个中心分别是：位于韩国的亚太国际理解教育中心（APCEIU），位于布基纳法索的非洲女童和妇女教育国际中心（AU/CIEFFA），位于马拉维的非洲指导、咨询和青年发展中心（GCYDCA），位于阿联酋的地区教育和计划中心（RCEP），以及位于中国的国际农村教育研究与培训中心（INRULED）。其中，INRULED是成立最早的联合国教科文组织教育类二类中心。

同月

《生活教育》2009年第5期刊发《又是清明春草绿，劳山晓庄染相思——朱小蔓会长在拜谒行知先生仪式上的致词》。

6 月

15 日，应邀在浙江师范大学教育部对外援助基地为非洲中学校长培训班做关于中国农村教育的讲座，就义务教育普及、中国基础课程改革和师范教育改革等方面介绍中国农村基础教育、职业教育的成就和挑战，有来自 15 个非洲国家的 28 名中学校长和教育管理人员参加这次培训班。

同月

指导李亚娟完成博士学位论文《儿童诚实与诚实教育论》，并通过答辩。答辩委员会主席魏贤超，委员刘铁芳、郭本禹、赵志毅、高德胜。

2009 年 6 月，朱小蔓与弟子李亚娟答辩合影

今天，朱老师已离开我 260 天，其实很早就想写写与朱老师的故事了，但担心自己文采、造诣都不深，不知怎么写，所以把遇见朱老

师的美好一直埋在心里默默感恩，表现在行动上好好努力，钟情情感教育的实践取向，做好传承与反思。而今，有这个机会把情感诉诸笔端，一切历历在目，就一股脑儿记录于此，共叙美丽的师生情谊，叙写难得的情感教育研究之旅。

一、相识：热情接纳，种下情感教育研究种子

2005年，也是正处金秋，通过南京师范大学郭嘉梅教授和严开宏师兄了解到朱小蔓教授在南京师范大学招收博士生。"学前教育专业的学生考朱校长博士可没那么容易！"很多人这么和我说。从小到大如果说自己还有个优点的话，就是喜欢自己去求证事情的真假。于是拨通了朱老师的电话，电话那一端的热情与接纳顿时消除了当时我心里的所有顾虑，当我说我学的第一外语是俄语的时候，朱老师非常高兴地用俄语说：здравствуй！这是俄语中对非常重要的人的问候，我兴奋极了，后来才知道当天对朱老师来说是特殊的日子，也是特别悲伤的日子，但是她却能以那样的情感包容电话这端的"小姑娘"。就这样，我和朱老师"电话钟情"了，自此，与朱老师就结下了美丽的师生缘，也结下了情感教育的研究之缘。

二、相知：儿童情感教育立场定位

2007年9月底，带着无数期待来到当时的中央教科所参加学术月活动，秀君、桂青两位师姐热情接待了我，正好参加乌云塔娜、杜岩岩等师姐的博士后入站，以及金美福师姐、刘贵华等老师的博士后出站活动，我当天被中央教科所图书室里的俄文资料所吸引，就跑出去复印了好多好多，回来发现错过了会议，在走廊被朱老师"逮住"，一通批评与责备。"我不要你了，你以为你会考试就能读博士吗？……"对于我这种从小到大没人管的人来说，觉得好幸福，终于有人管我了。虽然心里很难过，此时的我却像一个孩子，轻轻地拉了拉老师的袖口说："您别气坏了身体，我没去逛街……"看到老师眼睛里带着的湿润，

我看到了老师对我的担心与期待，正如我对自己一样。此时，会议室阿姨悄悄地关上了会议室的门儿……意外的相知开端，让我好生难过。人的情绪被负面东西包裹着的时候，总是想寻找一个出口，当时的出口是好想南京。第二天，我急着询问什么时候能走，又加剧了老师的难过，她说：读博士是你在图书馆看看书，是在宿舍写写画画就能完成的吗？这里的每一个人，师兄师姐都可以是你的老师……完了，我又错了，这次更糟，因为听出了老师的失望。朱老师，她批评我，让我在负面的情绪中学会自我认识，学会学习，学会重新认识情感教育不是诗歌，不是浪漫，是师生之间彼此寻找到一种合适的立场。恰恰在那里，有认知冲突，更有情感的波动。在教育过程中，不论是教育者还是受教育者，彼此能够发生影响的不就是彼此的生命与情感吗？于是，我的博士论文就从诚实这一个德目入手，对儿童道德教育进行研究性思考。

三、相处：情感理性认知与真实生命降临

2007年博士论文开题后，朱老师指导我读《西方哲学史》(罗素、文德尔班两版本)、《人性论》、《人论》、《道德情操论》、《黑格尔精神现象学》……每周交一篇读书笔记。每天在华夏图书馆生活的日子过得非常充实和理性，我翻译了《俄罗斯幼儿园教育与教学大纲》。每天夜里2点我还在学习《论语》。在与"孔老师"以及中外各种著作文本对话的过程中，我发现，我缺少太多的东西，回到自己的经验中来的时候，我只有受教育的经历，不太能够理解一个教育者的角色的真实生命历程，所以也就非常粗浅、主观地评论着，假装很有思想地批判着……

2008年11月，我的孩子刚满月不久，朱老师就带着大肚子的吴姗到家里去看我，她从法国给童童、果果带回来粉色的小衣服。在忙乱慌张的新妈妈日子里，我得到老师这样的关心，此时回想起来，那小衣服粉得透亮，对，童童果果(通过的谐音)，顺顺利利。我在戏剧化的生活中，体会的既有教育者的幸福，更有受教育者的幸福。孩子百天以后，我开始每天起早熬夜做博士论文。一心想写完，不写完对不起老师啊，但是老师每次都说，推迟两年也没关系。但她越是这样宽容，我越对自己更加严格。终于，在老师、同门大家庭各位的帮助与关心下，我勉勉强强及格了，论文通过了，完成了博士的三年学习。

与朱老师相处，重要的不仅仅是学了情感教育理论，读了多少书籍，更重要的是，在年轻的心里留下了太多真实场景，永远印入生命的情感记忆。这种记忆，储蓄成为情感资本，抚慰着漂泊者无助的心，更影响着新生命的孕育。而今，能够对自己的孩子、自己的学生、自己的伙伴处处真诚善良，得益于与老师相处的真情实感。

四、相守：情感教育研究与行动

2009年至今，11年过去了，我不敢说自己有什么成绩，但我一直葆有情感教育研究的旨趣与行动。努力完成《觉醒情感：学前儿童情感教育实践叩问》《觉醒情感：学校德育课程原点》两本著作；主持国家社会科学基金项目"校本德育课程：基于儿童品德发展的情感基础实证研究"，探索情感德育课程实践模式；努力寻找德育队伍发展的情感支持系统等。

对我敬爱的老师，我选择的回报方式只能是用行动传承她的价值、她的思想、她的研究成果。更重要的是通过情感教育的实践行动，修炼自己的情感品质与能力，影响家人、朋友和身边每一位追求幸福的教育者。

与老师之间的故事，是可以写部长篇小说的。今日，只缩略为微型故事，与伙伴们分享，铭记与永存朱老师对我的情感教育研究与行动的影响。

（选自李亚娟：《美丽的遇见——谈朱小蔓教授对我的儿童情感教育研究与行动影响纪实》，2021年4月30日）

同月

在《课程·教材·教法》2009 年第 6 期发表《情境教育与儿童学习》。

7 月

3 日，与来访的瑞典斯德哥尔摩大学国际教育研究所高级研究员赵尚武博士商讨合作事宜。

18 日至 24 日，与香港教育学院李荣安教授赴山东、江苏、安徽、湖南、江西五省考察调研农村教育。

2009 年 7 月 19 日，朱小蔓赴湖南茶陵县列宁学校调研并题词

同月

杨超博士后出站，出站报告题目为《世纪之交西方发达国家价值教育探索——以英语国家为例》。出站答辩委员会委员毕诚、张男星等。

2001 年我有幸入中山大学教育学院，师从李萍教授攻读德育方向的博士学位。入学不久的一天，李老师高兴地说："我们去南京朝圣去!"原来南京师范大学德育所，即李老师心中的德育学研究的"圣地"，要举办德育学研讨会。一向倾情提携学生的李老师想让我也去南京师范大学见见"大世面"，领略德育大咖的风采——鲁洁教授、朱小蔓教授都是她常常提及的。于是我到了南京，第一次见到了朱老师。但当时我都没有胆量去和她说话，当然也没有机会：事实上在会议前她一直忙着和远道而来的老朋友亲切寒暄，甚至是热烈拥抱，会议中她作为主持人更是忙得不亦乐乎。20年后的今天，还能记得她主持会议的情景。积极热情、优雅知性、精力充沛，是朱老师留给我的第一印象。

2007年，我偶然看到中央教科所招聘博士后的简章，才知道朱老师去了中央教科所。于是我想去我心中的"圣地"——北京，追随朱老师学习。我的博士生导师李萍教授非常支持，亲自写了推荐信，鼓励我"好好跟朱老师学习"。天时地利人和，我顺利来到北京。开学伊始，朱老师便让我们观摩上届博士后出站报告答辩会。记得在之后的欢送会上轮到我发言时，我说："我真荣幸来到央所，跟朱老师学习，不过听说朱老师即将远赴联合国就任……"故意用夸张的语气强调"远赴"二字，逗得朱老师哈哈大笑。因为朱老师即将去联合国教科文组织农村教育培训中心做主任，但中心就在北京师范大学。13年过去了，我还能记得朱老师开心的笑容以及爽朗的笑声，仿佛就在昨天。

在站期间，加入了朱老师主持的全国教育科学"十一五"规划2007年国家重点课题"社会转型时期我国青少年思想道德发展的新情况与对策研究"的课题组，并在朱老师的指导下，完成了博士后报告《世纪之交西方发达国家价值教育探索——以英语国家为例》。该报告2009年以"优秀"等级通过答辩，后于2011年以《当代西方价值教育思潮》为名由中山大学出版社出版。在站的两年中有很多美好的回忆：跟着老师一起做课题，一起开会，一起K歌。印象最深的一次是，朱老师约我谈出站报告，一起在央所东边的快餐店边吃边谈。由于我做的是西方教育研究，带了几本英文原著。朱老师对那几本书非常感兴趣，让我讲讲书的大概内容。我讲的时候，她竟然非常认真地记录！朱老师对学术的热情，真是让我感佩至极！

出站之后，我回到广州，继续我的教书匠生涯。记得有一次去北京出差，去北京师范大学看望了朱老师，给她带去了南方的水果——黄皮。她竟然不认识是什么水果，高兴地与同事、学生分享。朱老师有一次来广州开会，给我打电话，也约了在广外的杨韶刚老师，我们一起去她的宾馆匆匆聊了一会儿。后来，听说朱老师生病了，很想去探望或者打电话，但担心会影响老师休养而犹豫不决。事实上，据朱老师的家人回忆说，朱老师生病期间，最记挂的还是她的学术，她的学生。每有学生来访，她便精神抖擞，病好像好了很多。我想，我也是她的学生，也一定被她记挂着的。如果我能在她想念学生的时候出现，哪怕是几分钟，那该多好啊。每念于此，不禁潸然泪下。朱老师给予学生的，不仅仅是学术上的指导，更有情感与精神的力量！她永远在学生的心中，睿智而又亲切地存在着，从未离开！

（选自杨超：《追忆与朱老师交往二三事》，2021 年 5 月 3 日）

同月

作为第一作者与严开宏合作的《论个人化教育知识及其建构》在《南京晓庄学院学报》2009 年第 4 期发表，文章指出："教育学知识是独立于个体经验的理论知识，教育知识是本原在主体之中的实践知识，是高度个人化、德性化的知识。实践乃是善的实现活动，指导教育知识的是实践的、反思的认识旨趣。"

同月

在《人民教育》2009 年第 Z2 期发表《魏书生教育管理思想及其对现代教育的启示》。

同月

在《教育学术月刊》2009 年第 7 期发表《全民教育全纳化：教师的准备与行动》。

同月

在《生活教育》2009 年第 7 期发表《教师如何创造性地影响学生的发展》。

9 月

27 日，由《江苏教育》报刊社主办的"新中国 60 年江苏教育最有影响人物"评选揭晓仪式在南京举行，朱小蔓入选。该评选活动于 2009 年 4 月启动，经过公众投票和专家评审，最终有 20 位人物入选。江苏省副省长曹卫星出席仪式并揭晓评选结果。

同月

招收钟晓琳、王善峰为博士研究生，招收戴军为博士后研究人员。

同月

《为高质量完成第二轮教育修志工作而努力》在《纪念〈教育史研究〉创刊二十周年论文集(14)——中国地方教育史研究(含民族教育等)》发表。

同月

《提升校史研究质量，服务学校长远发展》在《纪念〈教育史研究〉创刊二十周年论文集(15)——中国学校史志》发表。

同月

作为第二作者与杜岩岩合作在《比较教育研究》2009 年第 9 期发表《服务创新经济，推进现代教育模式——基于俄罗斯国家教育纲要方案的解读》，文章指出："俄罗斯国家教育纲要方案确定了教育中长期发展战略，将 2020 年前俄罗斯教育发展目标定位于适应创新经济发展的需要，采用现代教育模式为社会和公民提供优质教育。"

10 月

13 日，接待俄罗斯高等经济大学代表团，商讨合作开展转型国家农村学校发展模式研究。

26 日至 29 日，在北京与联合国教科文组织终身学习所联合举办"九个人口大国农村地区基本文化与成人学习研讨会"，来自教科文组织总部、教科文地区办事处和 9 个人口大国的官员、专家共 80 多人与会，教育部副部长陈小娅出席了开幕式。

同月

作为第一作者与李敏合作在《全球教育展望》2009 年第 10 期发表《国际全民教育发展对价值观教育的新诉求》。

同月

张正江博士后出站，出站报告题目为《道德教育是什么——道德教育理论基本范式建构》。出站答辩委员会委员袁桂林、华国栋、孟万金等。

　　2001年4月底，教育部面向21世纪高等师范教育课程与教学改革研究项目在广西师范大学举行结题评审会。朱小蔓老师作为结题评审专家之一参与了会议。其时，我正打算以"真善美学教育"来构建一个理论框架，并写了一篇小文。晚上，准备去老师房间请教，老师不在。我就叫服务员打开房间，把拙文摆放在桌子中央。会议结束后，一位气质高雅的中年美丽女专家走过来对我说："你就是张正江吧?"我知道这肯定就是朱小蔓副校长了。朱老师开始与我交谈。在美丽的江边，我邀请朱老师与我合影，这竟是我与老师二人唯一的一张合影。

2001年4月，朱小蔓与弟子张正江合影

　　编辑工作是为人作嫁衣，我希望直接从事学术研究，所以打算考博士。大约在当年的7月，我给朱老师写了一封信，谈了自己的学术梦想和考博的想法，老师很快回信了。

　　2006年博士毕业，我回到西南大学，在教育科学研究所工作。一入职，立即感受到强大的科研压力。形势逼人，必须要做博士后研究。

我在中央教育科学研究所网站浏览，看到博士后招聘信息，就于 7 月初去了一封邮件和个人材料。很快就收到回复，叫我 7 月 8 日去面试，幸运地被录取了。

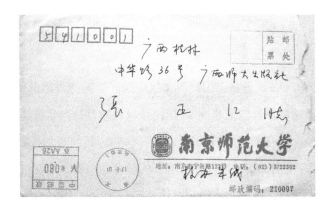

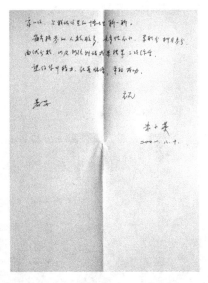

2001 年 8 月，朱小蔓给弟子张正江的信件

2008 年年初，联合国教科文组织下属的国际农村教育培训与研究中心从河北师范大学迁移到北京师范大学校园里，由老师担任这个中心的主任。千头万绪，老师工作更加繁忙了，经常是 7 点半到 8 点多

才下班，家里吴师公煮的饭菜早就凉了，所以我们经常陪着老师在街边小店吃，当然从来就是老师付钱。

（选自张正江：《与恩师的学术交往》，2021年4月21日）

11 月

13 日至 20 日，与联合国教科文组织国际非洲能力建设所（IICBA）共同组织撒哈拉沙漠以南非洲 15 国高级教师教育访问学习团在中国上海、北京地区进行教师教育方面的学习访问。其间参加"亚太教育论坛"，与来自美国、英国以及德国等国的教育领域的专家探讨、分享教育经验，并考察江南大学，了解其面向非洲留学生开放的课程以及非洲学生的学习情况。

2009 年 11 月，朱小蔓与撒哈拉沙漠以南非洲 15 国高级教师教育访问学习团合影（UNESCO INRULED 提供）

同月

作为第一作者与刘次林合作在《上海师范大学学报（哲学社会科学版）》2009 年第 6 期发表《转型时期的中国学校德育》。

同月

在《中国教育学刊》2009 年第 11 期发表《关注师德建设的"土壤"》。

12 月

代表中国赴巴西参加联合国教科文组织举办的第六届国际成人教育大会。

2009 年 12 月，朱小蔓赴巴西参加第六届国际成人教育大会（UNESCO INRULED 提供）

同月

作为专家参与研制小学教师专业标准。

同年

受聘为中宣部马克思主义理论研究和建设工程《德育原理》教材编写组首席专家，后因身体原因辞去第一责任人。

2010 年　63 岁

1 月

为《生活教育》杂志撰写改版寄语，期望《生活教育》杂志要做到宗旨明确，风格明晰，总体上要办出传承行知思想而又充满生气并直面当代教育的风格。

同月

作为第二作者与李亦菲合作在《天津师范大学学报（基础教育版）》2010 年第 1 期发表《新课程三维目标整合的 KAPO 模型》，提出新课程三维目标体系为我国基础教育克服认知教育与情感教育分离的状况提供了观念和制度上的支持，对于培养认知与情感和谐发展的创新型人才具有重要的意义。

2 月

为陶行知教育思想合川实验基地编辑出版的《感悟》一书写序，"中国教育需要在生活教育里汲取营养"。

同月

与王希恩、钟海青合作在《广西社会主义学院学报》2010 年第 1 期发表《让和谐化成民族的素质——"民族理论与民族政策"课程"三化"改革三人谈》，提出应培养具有民族精神血脉的现代人格。

3 月

在《南京师大学报（社会科学版）》2010 年第 2 期发表《跟随鲁洁先生学习道德教育哲学》，该文系为庆祝鲁洁先生的 80 华诞而作。

2017 年 6 月 26 日。下午与鲁老师通电话，她一直惦记我的病情，很不放心。我们交流不少，她中心的意思是一定相信自己的感觉，并说，这是她的经验。我当然很相信，毕竟她也患过乳腺癌，晚年患过肠癌，现在 87 岁高龄，人虽瘦了许多，但精神状态是好的，生活质量是好的。每天以书为伴多么好、令人羡慕啊。

2017 年 8 月 13 日。《萨利机长》观后有感：几十年的经验教训告诉我，首先是要回到做一个道德意义上的好人，这也是改革开放以来我们在德育理论上开始突破的方面——鲁洁老师带领我们将基础—本质意义上的好人——道德的人作为德育目标追求的核心，即我们称为的小德育。鲁老师甚至明言说，我们主要研究所谓小德育——道德教育。在我们看来，道德教育是大德育的核心，也可以说是基础，这是一个人作为人，而不是禽兽的标志，它是人科动物亿万年演化的结果。人已经有了社会性情感、合作能力、亲社会性行为、自利也利他的动机及能力。所以才有所谓的共同价值观，它们也是基础性的价值观。

2017 年 11 月 6 日。到家后接到鲁老师的微信，惦记我的身体。我的老师，87 岁老人，自己前一段因心脏病住院，现在还惦记我，真让我过意不去。同时，我隐隐感觉她老人家可能有点寂寞，我该找时间给她打电话。

2018 年 1 月 26 日。上午与鲁洁老师通视频，我们相互惦记，又都不愿打扰了对方。这几天我身体好些了，能与老师实质性地交流一些思想了，才决定打过去。其实她老人家也一直惦记我，说是早就想给我发微信了，也是有顾虑，是否学生在忙，是否身体尚可？我们谈了差不多一小时，谈教材事。

2018年2月18日。下午姗与我视频，告知他们在汤山温泉的活动，其实从拍回的照片我们已经看到两个可爱的孩子。我已经把照片传给不少人了，个个都觉得孩子太可爱了。鲁老师看到照片回复我说，赶紧回南京吧，与这么惹人喜爱的孩子在一起，你会十分享受的。

2018年4月3日。一天忙忙碌碌整理要带的东西。鲁老师知道我要到南通治病，心里还是挺难受和着急的，给我发来情真意切的微信。我的亲导师啊，长我十七岁，也数次患癌，但都挺过来了。她真是我的楷模。

2018年8月3日。鲁老师、吴也显老师都给我发了一个微信，上面是满是错别字的标语，真是笑得人肚子疼。我回复鲁老师，这半小时的大笑比什么大餐和补品都有助于身体。中午睡得很好，三点钟一阵大风雨把我们惊醒，好久没有感受这么凉爽的气息了。这才是人过的日子啊，难得啊！

（选自朱小蔓：《病中随记2016—2019》）

6月

14日，对南京外国语学校人才培养模式创新的点评文字刊登于《中国教育报》，文中指出："（南京外国语学校）以理想目标为引导，以学生的内心需求为驱动，鼓励和推动学生自我规划生涯设计，从而极大地激发和释放了学生的学习热情和有目标地锻炼自己的决心。南外的做法正是抓住了关键要素，既遵循人才成长及其教育的规律，也完全符合高中学生的认知与情感特征。"

同月

俄罗斯高等经济学校（大学）经济学研究所应用经济学研究中心代表团来访，与俄方科研团队人员就"经济转型国家农村教育发展问题及前景国际比较"项目的合作研究工作进行学术交流。在开展前期调查研究的基础上，中方课题组选取了位于东中西部的浙江长兴、安徽歙县和陕西韩城为试验区，完成了对1876名农村初中三年级学生和中职二年级学生及家长的问卷调查；俄方课题组完成了对莫斯科州、萨哈共和国、阿尔泰边疆区、乌里扬诺夫州农村地区2166名九、十、十一年级（即将毕业）学生及家长的问卷调查。此外，两国均对教师、校长和教育管理部门相关领导访谈。问卷及访谈内容涉及当前中国初中生就读中职意愿、中职学生就读高职意愿、中职学生未来可能的就业和劳动迁移意愿，以及影响学生意愿的家庭因素、教育因素和环境因素。

2010年6月，朱小蔓与俄罗斯高等经济学校（大学）经济学研究所应用经济学研究中心代表团合影（UNESCO INRULED 提供）

7月

作为第二作者与卢崑合作在《教育研究》2010年第7期发表《世界成人教育和学习：理念与行动——第六届国际成人教育大会侧记》，文章认为：成人教育和学习是终身学习的重要组成部分，扫盲是终身学习的基础，然而成人学习和教育在终身学习中的作用和地位并没有得到足够重视。

9月

在北京师范大学就中俄国际合作课题的入校调研工作进行小组研讨。

同月

招收刘巧利为博士研究生。

同月

参加于江苏南通举行的"情感教育高层论坛暨南通大学情感教育研究所成立揭牌"活动，并讲话。

同月

因身体原因提前辞去联合国教科文组织国际农村教育研究与培训中心主任。

11月

14日，出席在南通大学举行的情感教育研究所成立大会，朱小蔓任名誉所长，南通大学教育科学院院长丁锦宏任所长，李吉林、成尚荣、梅仲荪及朱门弟子齐聚南通，围绕"情感是情景教育的命脉"和"情感是儿童发展的本质力量"等命题展开研讨。朱小蔓做学术报告，讲述了自己 20 多年来情感教育理论探索的历程，并就未来情感教育研究的走向做出论述。

12 月

斯德哥尔摩大学泰纳伯（Vinayagum Chinapah）教授来访，与其就农村教育等相关内容进行学术交流。

同年

作为专家参加教育部师范司组织研制的小学教师教育课程标准、小学教师专业标准、小学教师培养机构资质标准、小学教师培训质量认证评估标准的讨论过程。

同年

查出左肺有一肿块，术后病理报告为恶性肿瘤，有转移，判定为中晚期。

2011 年　64 岁

2 月

在《课程·教材·教法》2011 年第 2 期发表《童心母爱：永不熄灭的教育精神——纪念斯霞诞辰 100 周年》，提出斯霞的童心母爱是关怀儿童的自然情感，是关乎儿童身心人格长远发展的情感教育。斯霞的童心母爱是深具小学教育专业特质的教育爱品质。斯霞的童心母爱是人性美善之爱、职业道德之爱、公民责任之爱的集合。斯霞的精神性大爱是当前中国社会迫切呼唤的教育文化。

同月

作为第一作者与杨桂青合作在《全球教育展望》2011 年第 2 期发表《关于负责任的道德主体如何成长的一种哲学阐释——基于对巴赫金道德哲学的解读》，认为巴赫金批判 19—20 世纪表现强势的唯理性主义哲学，把道德哲学作为第一哲学，把统一而唯一的存在即事件作为道德哲学的研究对象，把实际行为作为道德哲学的目标，主张个体通过负责任的行为参与生活，从具体的事件中积极地实现自己的"应分"，重视在我与他人的关系中积极交往与对话，在多样化的、多体裁的、活的话语交流中丰富主体的精神世界，形成并彰显道德个性。

4 月

11 日至 13 日，出席由西南大学召开的"21 世纪科学教育与人文教育国际研讨会",并做题为《学校课程的情绪、情感、美感维度》的主题报告。

5 月

26 日，由《人民政协报·教育周刊》主办的第 38 期"教育之春"系列沙龙"从普特分离到融合教育再到个性化发展支持——新源西里小学探索总结报告会"在北京朝阳区新源西里小学举行，朱小蔓应邀参加研讨并做题为《一所学校的探索在今天有什么意义?》的主题发言。

同月

主持的教育部委托重大项目"大中小学思想品德课程衔接研究"获立项。

同月

作为第二作者与郭静合作在《教育研究》2011 年第 5 期发表《发展中国家农村成人教育面临的挑战与发展趋势》，提出农村成人教育发展被边缘化、个体参与培训的动力不足、性别差距根深蒂固和培训过程中的语言沟通障碍已经成为发展中国家农村成人教育面临的巨大挑战。

6 月

1 日，在《人民政协报》C1 版发表《教育的改变还需要可操作的路径与方法》。

13 日，应邀出席首都师范大学申报"初等教育学"二级学科硕士点专家评审会，并担任评审主席。

同月

指导徐志刚完成博士学位论文《小学教师情感表达及其德育意蕴》，并通过答辩。答辩委员会主席班华，委员赵志毅、孙彩云、杨韶刚、蓝维。指导马多秀完成博士学位论文《农村德育论——指向留守儿童心灵关怀的学校德育》，并通过答辩。答辩委员会主席班华，委员杨韶刚、赵志毅、蓝维、高德胜、孙彩平。

在20世纪90年代，我就提出要创建情感师范教育，改变师资培养过分重视认知素质、忽视情感素养的问题。近十多年来，重视教师情感培养的呼声和研究不断增多，这篇论文便是一篇比较具有理论深度和实践参考意义的研究成果。一线教师阅读本论文对于小学教师情感表达的内容、载体与层级的分析，阅读学生接受教师情感表达之后的反应的描述，其情感表达的主动性、敏感性将进一步增强，其情感表达能力，乃至于情感觉察、情感调适的意识和能力都将得到提升。

（选自朱小蔓对徐志刚博士学位论文的评语，2011年5月18日）

2019年春节前，我与江苏省南通田家炳中学的陈永兵校长，到南京看望朱老师。陈校长向朱老师汇报了其学校开展情感教育实践的情况。在汇报结束前，陈校长说："我只知道在田里干活儿，感觉自己没有什么理论。"朱老师说："谁又能够说，刚才陈校长说的这些不是理论呢？"这段谈话，再次增强了我对情感教育实践的动力和自信心。

或许因为在中小学工作过十多年，对于改善实践，尤其是期望从情感教育之眼解决实践问题，我有着一种强烈的冲动。实践思维关注每个具体的操作细节，一旦长期在这种思维圈中，很难再转到理论思维的轨道上来，而我身处的高校评价体系，则更看重理论成果。于是，我多次在理论与实践的取向方面纠结。

幸而，朱老师多次肯定与鼓励我。2008 年 5 月，跟随朱老师连续访问了几所学校，其间朱老师对我说："现在国家每年培养那么多的教育学博士，但是感觉这些博士在支持一线学校方面的努力还不够。希望你能够在情感教育实践方面多做工作，更好地服务于基础教育。"

2016 年春节期间，结合朱老师在中国陶行知研究会教育与情感文明专业委员会成立时提出的情感文明学校这个命题，我向朱老师提交了一份关于开展"情感文明学校建设"的报告，提出可以从学校情感文化建设、学生情感素养课程开发、情感性课堂教学、引导家庭情感教育和教师情感素养提升等方面来开展情感文明学校建设。朱老师在阅读了我的报告后的回函中说："这是今年春节期间我收到的最好礼物。"朱老师的这句话，给予了我极大的鼓励。于是，在朱老师的指导下，我在南通田家炳中学进行了更为深入的实践，与陈永兵校长合著了三本情感文明学校的著作，分别为：《情感文明学校的理论与操作实务》《情感文明学校的课堂优化方案："情感-交往"型课堂行动手册》《情感文明学校的德育课程设置：情感德育课程的操作与案例》。尽管这些成果很难被我所在的大学评价体系认可，但是对于一线的情感教育实践却具有积极的参考意义。我后续的工作，便是进一步学习、研究朱老师的教育思想，进行系统、持续、深入的实践转化，造福基础教育。我觉得这是作为朱老师学生的我，纪念老师的最好方式。

（选自徐志刚：《与朱老师的学术交往》，2021 年 3 月 20 日）

2008 年 9 月，我有幸投到了朱小蔓教授门下，在南京师范大学教育科学学院攻读德育学专业博士研究生。在朱门这个大家庭里，朱老师既是我们学业发展上的学术导师，更是我们精神成长上的心灵导师，她对我的细心呵护都时刻浮现在眼前，敦促着我前行。

我在南京师范大学读博时，朱小蔓教授已经离开中央教科所到北京师范大学工作了，但她时常会回到南京师范大学开展各种学术活动，记得有德育课标的修订研讨活动，马工程德育原理课程建设研讨活动，以及非洲代表团到南京的考察活动等。

朱小蔓教授在工作期间都是"双肩挑"，工作的负荷和压力比较大，这对她的身体健康极为不利。但是，由于从小受革命家庭环境的熏陶，朱小蔓教授对工作发自内心地忠心耿耿，从来都没有因为身体原因耽误过工作，尤其是有关学生的事情，更不会疏忽。在我博士二年级的第一学期，我为开题的事情跟朱老师先后多次沟通，朱老师反复地给我修改开题报告。2010年1月14日是我论文开题的日子，朱老师在北京师范大学同门戴军的陪同下于当天早晨从北京到达南京，那天下午举行了开题报告。当然，有朱老师前期对我的开题报告精心指导，论文开题进展很顺利。但是，令我至今都感到愧疚的是，当时朱老师是带病赶赴南京，北京同门一起商量由戴军陪同和照顾朱老师，对于这些，我当时并不知道。回想那个春节期间，我因为论文开题顺利通过，沉浸在轻松和喜悦中开开心心地过了年，然而相反，朱老师却一直待在医院里接受手术，忍受着身体上的疼痛。想到这些，我内心无比地愧疚。

朱小蔓教授是国内情感教育研究的开创者，她对情感教育理论研究的贡献众所周知。在我心目中，朱小蔓教授不仅是一位情感教育理论研究者，更是一位在教育实践中始终坚定地践行自己的教育信念和理想的实践者，真正地做到了学术研究和教育实践的内在统一，是一位真正把情感融入教育工作的学者。

（选自马多秀：《回忆与朱老师的学术交往》，2021年4月15日）

同月

作为第二作者与徐志刚合作在《中国教育学刊》2011 年 6 月刊发表《情感培育：在小学生心中播下道德的种子》，提出在小学生心中播下道德的种子，是小学阶段道德教育的基本要义。道德的种子是指为小学生日后道德成长奠定基础的心理特征与行为习惯，其主要包括小学生的自信、自尊、希望、乐群等。

同月

根据成都工作会议讲话整理，在《生活教育》2011 年第 11 期发表《立足现实，勇于实践，推进陶研工作》。

7 月

《当代情感教育的基本特征》被收录于由《教育研究》杂志社编、教育科学出版社出版的《〈教育研究〉创刊 30 周年杰出论文》中。

同月

指导郭静完成博士学位论文《改革开放以来我国农村成人教育功能实现的机制研究》，并通过答辩。答辩委员会主席王长纯，委员高鸿源、檀传宝、程方平、俞启定、袁桂林等。

8 月

16 日，在北京参加中华教育改进社第一届社员代表大会，到会祝贺并发表讲话。

9 月

16 日至 18 日，出席在内蒙古鄂尔多斯市东胜实验区举办的"全国新教育实验第十一届研讨会"，做题为《一项奔向理想、燃烧激情的伟大教育实验——新教育礼赞》的主题报告，指出开展新教育实验要重视教育的文化性，要对教育的区域文化抱存浓厚的兴趣，要把深切的问题关怀和改变教育中精神缺失的期待放置于学校，要坚持走行动研究的道路。

27 日，主编中俄合著的《20—21 世纪之交中俄教育改革比较》获第四届全国教育科学研究优秀成果二等奖。

28 日，参加由中国民主同盟上海市委员会、上海市教育委员会、上海市归国华侨联合会、上海市陶行知研究协会、上海图书馆在上海联合主办的"上海各界人士纪念陶行知诞辰 120 周年大会"，发表演讲并对参会专家发言进行了点评，会后参观"陶行知，一个无保留追随党的党外布尔什维克"图片展。

2011 年 9 月 28 日，朱小蔓在上海参加"上海各界人士纪念陶行知诞辰 120 周年大会"

同月

招收王慧、何蓉为博士研究生。

同月

在《美育学刊》2011年第5期发表《学校课程的情绪、情感、美感维度：一种科学与人文教育整合的机制》，该文源于在西南大学召开的"21世纪科学教育与人文教育国际研讨会"所做的学术报告。文章认为从教育目的的角度看，科学文化与人文文化对人的影响作用与教育价值不尽相同，故两者的功能无法相互替代。

10月

13日，在《中国教育报》第8版发表《真正实现以人为本的教育》。

18日，出席民盟中央和中国陶行知研究会在北京举行的纪念陶行知先生诞辰120周年座谈会，全国人大常委会副委员长、民盟中央主席蒋树声出席座谈会，中共中央统战部副部长尤兰田在座谈会上讲话，朱小蔓作题为《永远的陶行知》的讲话，全文如下。

同志们、朋友们：

今天，我们在这里隆重集会，纪念伟大的人民教育家陶行知先生诞辰120周年，缅怀他为中国人民的革命事业和中国现代教育做出的杰出贡献，重温他的教育思想和"生活教育"学说，激励人们继承他的事业，实现他未竟的理想。在此，我谨代表中国陶行知研究会向老一辈现代教育家致敬！向已经过世的陶研前辈致敬！向长期以来为传播与弘扬陶行知思想、推动陶研事业发展、支持并参与中陶会工作的各位同人致敬！

陶行知先生是伟大的人民教育家，他的教育信仰、教育理想、教育思想、教育实践始终与国家、民族的命运，与人民大众的福祉密切相连；他是真正的"一切为了人民的教育家"；他所倡导的"生活教育"学说，富有"中国气派和中国作风"，不仅是中国现代教育思想中最具时代性、革命性、人民性与科学化、本土化鲜明特征的教育思想体系，也是新中国教育学的重要源泉之一，与中国共产党在新民主主义革命时期和社会主义建设时期所提出的教育方针高度一致。他的思想与学说，从"人"自身的改造与解放开始，培养"自主""自立"和"自动"的共和国民，实现推进社会改造与进步的目标，使教育成为民族解放和人类解放的武器。他是"五四"以来中国老一辈现代教育家群体的杰出代表；他是中国现代教育的伟大旗帜。

　　在中国历史上，不乏忧国忧民的教育家与"传道""解惑""修身""明德"的教育学说，然而像陶行知先生这样，将中华民族解放作为中国教育唯一目的，用思想与行动点燃中华民族生命之火焰，放出中华民族生命之光明的教育家却是仅有的。他的"生活教育"学说，用最朴素而生动的语言阐明了"生活"与"教育"、"社会"与"学校"、"知"与"行"、"劳心"与"劳力"之间对立统一的关系；他的"教学做合一"，是实现"生活教育"和普及人民大众教育最实用、最有创造性的基本方法论；他创办晓庄师范、育才学校，实验探索育人之道；他倡导"生活教育运动""工学团运动""科学下嫁运动""国难教育运动"等具有强烈震撼力与感召力的教育运动，成为时代和青年的灯塔，为中国的新教育指引方向。

　　陶行知先生的伟大之处，还在于他宽阔的视野与深刻的思想，在于他坚定的信仰与持续不懈的行动，在于他高尚的人格与挚爱的心灵；他的以"生活教育"为基石的全部教育学说，他一切为了人民、为了民族解放、为了中国社会的现代化竭尽生命最后一息的传奇般的实践为后世矗立了不朽的丰碑。陶行知先生不愧为中国的"教育之光""万世师表"。

中国陶行知研究会自 1985 年成立以来，一直得到各级领导的支持厚爱。二十多年来，在刘季平、钱伟长、方明等老一辈教育家带领下，中国陶行知研究会在研陶、学陶方面开展了大量工作，一批富有学识、有远见、有深度的专家学者先后编辑出版了《陶行知全集》(共 12 卷)、《陶行知传记》以及一大批相关研究成果，使陶行知及其"生活教育"学说成为中国本土现代教育家与民族化、科学化、大众化教育理论体系的标志。中陶会及各地各级陶研组织积极践行陶行知教育思想，培植、推广农村教育先进典型、培训农村教师、开展"科教兴乡""科教兴县""科教兴市"实验，总结、推广师范生"顶岗支教"经验，其中不少调研报告和经验总结受到中央领导同志的高度重视。中陶会各专业委员会也努力开展工作，推动陶行知思想在不同教育行业、机构、人群里的传播。在我们的行列中，还有一批志愿者，由他们组成的讲师团，常年奔走于偏远的基层学校，在广大师生中播撒"陶种"，使陶行知教育思想如春雨般滋润基层教师，尤其是农村教师的心田。目前，中陶会的实验基地、实验学校遍布许多省市，"乡村田园教育""爱的教育""创造教育""人格教育""小先生制"等带动了许多学校的教育教学改革。我也想特别指出，关注和支持农村学校教育、农村职业教育，重视农村教师培养，关心女子教育、困难学生教育等，不仅是陶行知教育思想本身最丰富的精华，也是中国陶行知研究会建会以来一贯的工作重点与组织特色。我们将继续发扬这一工作传统，也期待各级领导、社会各界更多人士支持我们的事业，有更多志愿者加入我们的队伍。

在这次大会上，我们将首次颁发"陶行知教育奖"，这是中国陶行知研究会追求多年的愿望，意在表彰长期以来为陶行知研究付出毕生精力的陶研前辈，表彰在教学第一线锐意改革、辛勤奉献的优秀教师。希望通过表彰活动感召更多的人走近陶行知、愿以陶行知思想与伟大人格为楷模；希望激励更多的年轻人研究陶行知，使陶行知思想在当代生活中充满活力、代代相传。

当代中国教育面临着迫切而复杂的变革使命。社会需求、人民愿望与人的培养质量的不相适应是激发教育自身变革与改造的强大动力。陶行知当年曾将生活教育的目标归纳为：康健的体魄，农人的身手，科学的头脑，艺术的兴趣，改造社会的精神，要用前进的生活来引导落后的生活。他为育才学校制定的办校方针是：创造健康之堡垒；创造艺术之环境；创造生产之园地；创造学术之气氛；创造真善美之人格。（参见《陶行知全集》第 4 卷，第 44 页）他提出"把学生的基本自由还给学生"和著名的"六大解放"，即解放他的头脑，使他能想；解放他的双手，使他能干；解放他的眼睛，使他能看；解放他的嘴，使他能谈；解放他的空间，使他能到大自然大社会里去取得更丰富的学问；解放他的时间，不把他的功课表填满，要给他一些时间消化所学，并且学一点他自己渴望要学的学问，干一点他自己高兴干的事情。（参见《陶行知全集》第 4 卷，第 635 页）这些都使我们从中感受得到，陶先生心目中现代学校的基本轮廓。比之于陶行知生活的时代，国家在教育普及方面取得了巨大成就，整体完成了规模扩张任务，开始走向全面追求质量提升的历史阶段，但今天的学校向"现代学校"转型的任务还远未完成。一年前颁布的《国家中长期教育改革和发展规划纲要（2010—2020 年）》要求"关心每个学生，促进每个学生主动地、生动活泼地发展，尊重教育规律和学生身心发展规律，为每个学生提供适合的教育"。现实告诉我们，陶行知先生的办学境界与培养人的标准和方法在今天看来依然完整透彻，依然科学而有前瞻性，依然是所有办学者、校长和教师学习的楷模。

我们深信，陶行知是永远的！陶行知的思想与学说在中国教育现代化进程中永放光芒！中国陶行知研究会将团结和联合一切尊敬、景仰陶行知思想与人格的同人，高举中国特色社会主义伟大旗帜，继承、弘扬陶行知精神，继续深入研究他的宝贵思想遗产，为进一步改善农村教育、提高教师道德与专业素质、促进教育公平、实施素质教育，为中华民族的伟大复兴做出新的贡献。

（选自朱小蔓：《永远的陶行知》，在纪念陶行知先生诞辰
120周年座谈会上的讲话，2011年10月18日）

同日，出席在南京晓庄学院方山校区举办的"万世师表——纪念陶行知诞辰120周年主题演出"活动。

31日，出席在江苏如东举行的第15届"金帆杯"教科研暨第二届"情感教育"国际论坛，做题为《学校情感教育与教师专业发展——以新课程改革为契机》的学术报告。

2011年10月31日，朱小蔓在江苏如东举行的第15届"金帆杯"教科研暨第二届"情感教育"国际论坛上做学术报告

同月

在《人民教育》2011年第20期发表《中国基础教育实践与研究的典范》，介绍李吉林老师的情境教育实践。

11月

根据纪念陶行知诞辰120周年座谈会上的讲话在《生活教育》2011年第11期发表《永远的陶行知——在纪念陶行知诞辰120周年座谈会上的讲话》。

同月

作为第二作者与李敏合作在《当代教育科学》2011年第22期发表《德育进步与教育改革引领下的初中思想品德课程发展》，提出进入21世纪以来，初中思想品德课程得到大发展，其中，德育理论的进步、新课程改革的思路等都有效推进了初中思想品德课程的发展。表现在：实现了"教学大纲"向"课程标准"的转变；坚持以学生发展为本，重视大、中、小学德育的衔接，确立了情感体验在思想品德课程中的地位，不断加强公民教育的目标和内容等方面。

12月

8日，参加在教育科学出版社举行的《内尔·诺丁斯文集》首发式，高度评价诺丁斯从女性的视角，将关心、关怀作为倡导的核心，作为学校教育、家庭教育乃至社会政策的基本取向，并分享了她对诺丁斯关怀伦理思想的思考和理解，以及对于中国教育的意义。

29日，出席在浙江嘉兴举办的中国陶行知研究会实验学校分会成立大会，做大会讲话，指出在新形势下对陶行知教育思想进行进一步探索和求证的重要性，提出教育实验本身就是对已有教育弊端的革除，推行陶行知教育思想就是试图革除当前的社会弊端，这是建立陶行知实验学校的初衷和最终愿景。

同年

任教育部普通高校人文社科重点研究基地——北京师范大学教师教育研究中心特聘教授、博士生导师。

2012 年　65 岁

1 月

12 日至 14 日，应邀参加由香港教育学院举办的以"生命教育的知、情、意、行"为主题的生命教育学术及专业实践会议，做题为《多元价值的生命教育与教师专业发展》的主题报告，阐述了中国内地生命教育的缘起、凸显与释义，具体分析了 21 世纪初以来内地生命教育所体现的三条途径，并指出指向生命教育的教师专业发展之重心在于道德自主性的觉醒与自我生命力量的生长。

同月

在《读书》杂志 2012 年第 1 期发表《中国教育：情感缺失》。与朱永新就教育应该关注人的情感品质、新课程改革应该重视情感和价值观教育、德育应该关注心灵与精神成长、情感素质在教师成长中不可或缺等主题进行对话。

2 月

"当代中国教育学家文库·朱小蔓卷"《关注心灵成长的教育——道德与情感教育的哲思》由北京师范大学出版社出版。顾明远先生、鲁洁先生为文集作序，朱小蔓在自序中写道："这本文集主要汇集了我 20 年来在情感和道德价值观教育、情感与素质教育、教师人文素质与教师教育方面的主要论文，大体可以体现自己学术研究的轨迹，窥察我的研究用心和着力所在。我把这本文集的总标题定名为《关注心灵成长的教育》，自认为它是这本小书的灵魂和主线，是我对教育本质与基本功能的一个个人化理解，也表明本人治教育学原理长期秉持的一个价值方向。关注心灵，包含关注人的精神展开与成长，关注人的情感发展与情感品质，关注人的人文性素养之提升等。这些方面多为人的内在性向，具有很大的内隐性，它们受制于情境，而且常常会有自我冲突，人在碰撞和冲突中通过反思、体味、省悟与调整，不断地循环往复、螺旋式发展。我相信，恰恰是它们，从内部影响着人的价值方向与生活态度，支撑着人的几乎整个精神世界。"该书以人的心灵成长与化育为主线，关注受教育者的道德与情感，分上中下三篇，分别以"道德与价值观教育""情感发展与素质教育"以及"教师人文素养与教师教育"三个篇章主题，收录了 60 余篇由其创作的教育论文，全面构建了人的情感发展与道德成长的理论与实践体系。从宏观到微观、从政策到实践，集中呈现了作者在情感与道德教育领域的理论主张与实践关怀。

2012 年 2 月，"当代中国教育学家文库·朱小蔓卷"《关注心灵成长的教育——道德与情感教育的哲思》由北京师范大学出版社出版

11 日，在《光明日报》第 5 版发表《在有道德的教育中成就人格》。

21 日，出席由江苏省教育厅、华东师范大学和光明日报社在江苏南通联合举办的"李吉林情境教育思想研讨会"。来自全国各地的 50 多位教育专家出席会议。朱小蔓在会上发表讲话，建议一线教师要学习李吉林老师的人文情怀、人文素养和境界。一线教师应该去广泛阅读、陶冶情操、扩展兴趣，增强教育的敏感性，扩充教师自身生命的人文情怀和容量。教师可以学习情境教育模式，更重要的是要学习情境教育精神和李吉林老师的人文情怀。如果用大的生命之爱，用善良和智慧，由生命的内部去向外投射奔涌，那么教师在事业和各自的专业都可得到理想的发展。

同月

执笔《在坚持中发展与完善——思想品德课程标准修订说明》，以思想品德课程标准修订组的名义发表于《基础教育课程》2012 年 1—2 期。文章包括思想品德课程标准在基本理念上的坚持、发展与完善，思想品德课程标准的具体修订内容，思想品德课程标准对教学工作的思考与建议等内容。

3 月

在《人民教育》2012 年第 6 期发表《思想品德：更加关注公民意识教育——〈义务教育思想品德课程标准（2011 年版）〉热点问题访谈》。该文章是根据与施久铭记者的访谈整理而成，该访谈的主要内容为生命教育的重要性，公共精神、公民意识的培养，课程内容应更具时代性以及学生综合应用知识解释和处理问题的能力的培养。

4 月

9 日，与冯秀军赴河北省邯郸市馆陶县魏僧寨中学调研，观摩学校教师刘俊报、王兆娜的政治课，并参加学校的评课、座谈活动，为魏僧寨中学题词："务本求真，开拓创新"。

12 日，出席在四川省成都市武侯区举行的"探索优秀班主任成长途径与方式——李镇西从教 30 年教育思想研讨会"，做题为《从班主任工作走出的教育家——我对李镇西老师成长经历的一点认识》的演讲。

20 日，在北京参加"钱学森教育思想研讨会"，发表题为《关注有创新精神的民族和有创造品质的人是钱学森教育思想的核心》的演讲。

24 日至 27 日，出席在安徽歙县举行的全国陶行知研究会工作会议暨中陶会五届三次常务理事会并发表讲话，为"中国陶行知研究会非物质文化遗产教育研究中心"与《中职教育行知模式》首发式揭幕，同时赴歙县中小学校参观和调研。

5 月

作为第二作者与钟晓琳合作在《课程·教材·教法》2012 年第 5 期发表《德育的知识化与德育的生活化：困境及其"精神性"问题》，提出知识化与生活化是德育在当前社会转型中遭遇的两种困境。德育的知识化有其特定的社会历史背景，理论研究者在对知识化的批判中提出"回归生活"的德育理念，德育的生活化是对这一理念的误读。基于德育过程的展开考察这两种德育困境，无论是知识化还是生活化的德育都缺乏过程性的德育自觉与反思，困境之根本在于德育的精神性问题，即德育过程的真实的道德价值立场以及过程中学生主体生命的存在样态。知识化的德育专注于客体化的精神，师生在德育过程中无法展开交互的、内在深层的精神性活动；生活化的德育无力触碰时代精神生活矛盾，难以观照师生在德育过程中的内在精神冲突。

2012 年 5 月，朱小蔓到家中看望鲁洁先生

同月

在《江苏教育研究》2012 年第 15 期发表《走向共生的和谐教育》，主要介绍无锡五爱小学开展和谐教育研究的经验。

6 月

8 日至 9 日，出席由南通大学情感教育研究所组织举办的第三届情感教育国际论坛，并做主题报告。

同月

指导王善峰完成博士学位论文《城市化进程中学校教育促进城乡学生理解与融合的研究——基于义务教育阶段学校的考察》，并通过答辩；指导钟晓琳完成博士学位论文《论德育的精神性——基于师生生活的考察》，并通过答辩。答辩委员会主席高宝立，委员苏德、袁桂林、檀传宝、蔡永红。

2012 年 6 月，朱小蔓与弟子王善峰、钟晓琳毕业合影

　　初见朱老师是决定报考之后的一个下午，场景至今历历在目。辗转从一位师兄那里要来朱老师的联系方式，按照和朱老师约定的时间，我鼓着勇气紧张地到京师大厦 9801 办公室去拜访她。在走近朱老师之前，对朱老师还只是一个模糊的认识，停留在官宣的介绍和少量的著述阅读上——但阅读的体验是深刻的，愉悦的，让我感受到教育的情怀和温度、教育学的深沉和多样。当时朱老师在联合国教科文组织国际农村教育与培训基地设在北京师范大学的办公地点办公。在终于见到朱老师、还没有来得及把事前准备的自我介绍全部"介绍"给朱老师时，全国教育科学规划办的几位领导前来拜访朱老师。朱老师先是接待了几位来访嘉宾，中间抽空把我安排在农教中心的接待区让我稍候，并给我找来几本农教中心的出版物让我阅览，对中心多些了解。大约两个来小时，在我翻阅了几份专题册、两三份年度报告后，来访的几位领导们告辞，朱老师送他们到电梯。之后，让我至今感到惊讶、感动和崇敬的是，朱老师从楼道中部的电梯口，一路小跑地回来（9801办公室在楼道的一头）——不是快走，真是小跑——径直到我面前，说让我久等了，然后开始问我的情况，问我为什么选择这个专业，问我

对全纳教育、农村教育的了解和看法……并指导我从教育学基本理论、农村教育、经典文献研读、科研方法、公共课等方面去学习准备，并做好竞争的准备(每年报考朱老师的考生都是比较多的)。初次见面，面对一名陌生的考生，她在每日繁忙的工作日程(后来跟随老师读书学习期间对此更是深有感触)之中竟然挤出1个多小时的时间，认真倾听交流，真诚指导鼓励。特别是从楼梯口小跑着穿过半个楼道赶过来以节省些时间减少这个来访的陌生考生的等待，十多年过去了，朱老师返回办公室边小跑边摘眼镜的身影，都如在眼前，映在心扉。我感到我人生中所受到的一切尊重——直到今天，以后也不可能——都没有超过朱老师那次不经意间所给予我的。朱老师坐在我对面专注问询交流的神情，告知可能会有多人报考要做好竞争准备的坦诚以及言谈中对年轻人的怜爱、鼓励，也都永镌心底，成为我精神和德行成长的永远滋养。

后来有幸被录取。入学后研究选题的确定也充满"际遇"的偶然。那时已接到博士入学通知书但还没有正式入学，我参与整理朱老师和联合国教科文组织国际理解教育中心李胜纳主任的一段学术对话录音。正是这段对话，触发我对教育如何关涉城乡间差异问题的思考。作为一名从农村走入城市的学生，我对农村有着割舍不断的浓厚感情，也感受着城市化大潮中城乡的巨变。选择的虽是"农村教育"的研究方向，却也绕不过城市和城市化的身影。我把想法和思考写邮件发给朱老师，第二天就收到朱老师的回复，鼓励我可以进一步思考，可以试着从中确定博士论文研究选题。在朱老师的鼓励和悉心指导下，经过与老师多次讨论，经过相关项目的开展和不断聚焦，最终将论文的研究对象定在进入城市学习的农村学生身上，关注城市化进程中有机会在学校场域中"相遇"的城乡学生间的相处、理解与融合状况，以及学校教育如何在其中发挥更大的积极作用。对生活的感受和一些教育现象的初步认识，竟然转变成了一粒研究的思想种子，长出一棵稚嫩的小苗！我转专业学习，基本理论基础薄弱，在论文的指导上尤其让朱老师费心，累老师倾注了大量的心血。除了定期面谈，老师还常常打电话指导，一打就是数十分钟；老师阅读或参观中看到能对我论文的思考和推进有所裨益的相关素材，必会在第一时间告知我，让我加以研读思考。我们也养成了讨论时录音、事后整理研听的研学方式，这也让我有幸留住了老师的一些声音。

我们的读书研讨会，常常是欢乐会、生命故事会。每次读书会，朱老师都会给我们带很多好吃的。读书研讨之余，或者中场休息时，大家在分享美食的时候也分享生命故事：或是生活中的新鲜见闻，或是成长中的深切体验；有时是"评书"连播，有时是"群口相声"；开心处哄堂大笑，即兴时翩然起舞。在轻松欢快的氛围中，京剧选段、民族舞蹈、红歌联唱……笑声、掌声、赞美声声声入耳，让研讨的问题似乎也变得轻松了几分，亲切了几许。而大家最为期待的是听朱老师讲那过去的故事：上学的故事，下乡的故事，那段特殊时期的故事，学术发展史中的故事……朱老师的爱人吴老师在场的话还常常会"神补刀"，一下子妙趣横生，或者揭开谜底。朱老师记忆力超常，时隔多年的事情像放电影一样播讲给我们听，人物、情节、细节……无不翔实清晰，加之时隔多年，当时常常身在局中迷惑的事情，讲述时也有了新的认识和思考，讲述起来也便多了一层全知视角，让我们沉浸其中，或欢欣鼓舞，或扼腕叹息，或感慨无常，或希冀满满。在我们心底沉沉重逾千斤时，朱老师常常是达观、爽朗地哈哈一笑，有时与吴老师对视一眼，招呼我们回到现实中来，回到正在讨论的问题上去。

朱老师慈爱亲切，待我们如同子女一般，从学习到生活，无不牵挂在心，她待我们方方面面的好，如同蜜糖化入水中，了无痕迹却处处甜蜜。与老师的每一次见面、每一次讨论、每一次聚餐，都成为我们的期待和最愉悦的事情！老师对学术、对他人的尊重、真诚、热情，以及她异常忙碌的身影，为我们诠释出为师为学的丰富内涵和高贵品格。老师对我的关心、信任和鼓励，将是我终身的精神力量，指引并鼓舞我走出以后的路。

（选自王善峰：《跟随朱老师读博的二三事》，2021年5月8日）

毕业论文的写作告一段落，无论如何，我想都可以告慰自己：它至少是我对自己的一个交代，其中凝结着我对自身生命成长的体悟。从某种意义上说，它有我的近乎全部的过去；但另一方面，我更愿意把它看成自己的"孩子"，作为我真正的学术生命的开始。我为此感到庆幸，因为在目前趋于功利化的学术研究大环境下，即使经过严格的学术指导和训练，饱含了发自内心的研究意愿，这种"自我交代"也并不是一件必然的事情，相反，它需要一些难得的支持与成全。关于毕业论文，导师朱小蔓教授一直鼓励、提醒并引导我去追求内心最想要的东西。从最初研究问题的确定，到研究过程中方法与内容的讨论与反思，再到论文初稿的修改，导师反复地追问并引导我更深入一些地思考自己真正想要表达的内容，讨论中的精准点拨总是让人恍然大悟，再如获至宝般地欢喜不已。应当指出，导师对我毕业论文的指导和影响并不止于此，她那种对教育现实的责任感、对教育理想的追求、对学术的热诚与持守、对他人的宽容等等散发着人格的感染力；作为学生，我真切地感受到导师的具有教育意义的爱与宽容，它带给我的复杂而美妙的情感体验、精神激励始终伴随着我对自身的反思、对教育问题的思考和写作。走笔至此，我想借用著名的音乐剧（后改编为电影）《音乐之声》（*The Sound of Music*）里的一段歌词，作为我最特别的、热切而冲动的心声，献给亲爱的、敬爱的朱老师，向导师表达我内心的幸福和不尽感激：

So somewhere in my youth or childhood

I must have done something good.

For here you are, standing there, loving me

Whether or not you should.

（选自钟晓琳博士毕业论文后记，2012 年 5 月）

同月

在《班主任》2012 年第 6 期发表《孩子和学校教育需要什么样的班主任——李镇西从班主任走向教育家的奥秘》，介绍李镇西老师的教育思想和教育实践。

同月

根据在中国陶行知研究会工作会议上的讲话，在《生活教育》2012年第 11 期发表《首要的是加强思想建设和组织建设》。

7 月

14 日，出席在北京举行的以"百年穿越与价值回归"为主题的第二届中学百年名校论坛暨第二届"中学百年名校"发布会，做主题报告，并为"中学百年名校联盟"揭牌。

同月

作为第二作者与马多秀合作在《中国教育学刊》2012 年第 7 期发表《留守儿童心灵关怀研究：学校教育视角》，提出留守儿童是一个特殊的社会群体，他们身上存在的最突出问题是心灵关怀的缺失。学校教育肩负着关怀留守儿童心灵健康成长的重任。教师对留守儿童的心灵关怀是指教师在与留守儿童的沟通和交流中，要给他们投注积极的情感反应，唤醒他们的心灵，使他们感受到生活的意义和希望，获得面对留守生活的信心和勇气。

9 月

9 日至 12 日，出席南京师范大学 110 周年校庆大会，以及南京师范大学教育科学学院举行的国内知名校友校庆报告会。在报告会上，朱小蔓教授通过个人经历，讲述了她的教育经历与教育理念。她回顾在自己的教育经历中，一直在思考德育依靠什么的问题。对于这个问题的探究，使得她在东南大学哲学与科学系获得哲学硕士学位后，最终选择在南京师范大学教育系攻读教育学博士。南京师范大学有着良好的教学传统，讲求教、学、做三者合一，讲求在"做"中学。做学问时讲求按照杜威的教育思想小心地收集资料，然后做出假设，仔细求证。她谈及自己最享受的就是与学生一起学习、分享、讨论的过程。她说，教育可以涵养滋润人的品性；教育可以运用自己的知识来改造社会；作为教师，个人的职业生命很长，可以影响到更多的人。

2012 年 9 月 9 日，朱小蔓在南京师范大学教育科学学院举办的国内知名校友校庆报告会上做报告

2012 年 9 月 12 日，朱小蔓出席南京师范大学 110 周年
校庆活动喜逢老同事

15 日，应邀参加贵州省陶行知教育思想研究会第四次年会暨贵阳
实验四小公民素质展示会，做主旨演讲，并实地调研当地学校实际办
学情况。

26 日，参加北京师范大学教师教育研究中心举办的国际研讨会，
发表题为《当前中国农村教师职业发展》的主题报告。

同月

招收王平为博士研究生，作为第二合作导师与北京师范大学李晓
西教授合作招收钟晓琳为博士后研究人员。

10 月

18 日至 19 日，出席在江苏吴江经济开发区天和小学举行的长三
角"行知伴我成长"论坛，并发表讲话。来自苏浙沪地区的 280 多名专
家、学者和教师代表参加论坛活动。朱小蔓在讲话中强调教育的目的
就是要"培养活泼健康的人"。课改必须坚定不移地往既定方向走，必

须坚持将陶行知"生活教育"理论融入课改之中，努力克服传统"封闭型"和如今"追赶型"教育带来的负面影响，让教育真正回到生活，才能感悟生命的多样性，才能体现学生生命的多彩。

20 日至 22 日，应邀参加由浙江宁波教育局及宁波效实中学举办的"新教育国际研讨会"，做了题为《新课程改革的文化透视》的主题演讲。来自国内外的知名教育学者、专家和教师共 400 人参加此次会议。在会期间，与日本东京大学佐藤学教授进行学术对话，邀请佐藤学教授赴北京师范大学教师教育研究所访问。

26 日，应邀参加团中央机关组织的第三十九次年轻干部学习交流会，并做报告，就形成少年儿童组织与教育专业、建立少年儿童组织与教育学科的必要性与意义进行了阐释。

11 月

26 日，应邀出席在山东师范大学国际交流中心开幕的"泰山学术论坛——经济全球化与道德教育专题"，并做学术报告。加拿大多伦多大学教育哲学荣誉教授德怀特·博伊德(Dwight Boyd)，新加坡国立教育学院教育研究院院长李荣安，荷兰乌特勒支大学心理学教授丹尼尔·布拉格曼(Daniel Brugman)，英国利兹大学教育学教授奥德丽·奥斯勒(Audrey Osler)，美国南伊利诺伊大学教育学院副教授于天龙，北京师范大学教育学部檀传宝教授等众多道德教育领域的知名专家学者参加此次会议。

12 月

7 日，出席首都师范大学儿童生命与道德教育研究中心揭牌仪式暨首届论坛，为中心题词"倡导生命教育，研究生命教育，尽学者的使命"，担任该中心名誉主任和咨询专家委员会主任，并做题为《关于生命教育研究》的讲话。讲话中，她首先表达祝贺，首都师范大学初等教育学院有研究小学儿童、研究小学教育的历史传统、文化传统，教学经验积累、学术研究积累，有一批有志于小学儿童研究的学科带头人和教师队伍，已成为全国小学教育及研究的重要机构。刘慧博士在生命教育与道德教育方面有很好的研究基础和浓厚兴趣，在首都师范大学校领导和初等教育学院领导班子的支持下成立中心，必定对在全国范围内进一步倡导生命教育、研究生命教育具有积极的推动作用。

倡导生命教育，研究生命教育，
吾等者的使命。
朱小蔓
二〇一二年十二月

2012 年 12 月 7 日，朱小蔓与时任首都师范大学校长宫辉力一同为儿童生命与道德教育研究中心揭牌

8 日，出席由中国宋庆龄基金会主办，首都师范大学儿童生命与道德教育研究中心协办的第八届中华青少年生命教育论坛，并做题为《生命教育：兴起与艰辛》的主题报告。

2012 年 12 月 8 日，朱小蔓在第八届中华青少年生命教育论坛做报告

12 日至 14 日，出席在北京举行的中国陶行知研究会行知职业教育专业委员会 2012 年年会暨教育改革创新研讨会，并致辞。

同年

应邀赴上海师范大学第二附属中学参观和调研，并做题为《中国基础教育课程改革的文化透视》的学术演讲，梳理中国基础教育历次课程改革的历史沿革、学术争论与共识，介绍国外课程改革的新技术、新范式，对中国未来基础教育课程改革的方向和趋势做出展望。

同年

在上海华东师范大学进行教师教育课程标准、教师专业标准、教师培养机构资质标准、教师培训质量认证评估标准四个标准鉴定结题时担任评审组组长。

同年

经中央政治局批准担任教育部统编教材初中《道德与法治》的总主编。

这两套教材总主编分别是我国基础教育课程改革小学和初中品德课程课标研制和修订组组长，熟悉 2002 年以来课标制定和修订的全过程。两位都是我国德育学术界重要学者，她们几十年潜心德育研究，也是 21 世纪以来伴随基础教育课程改革锐意改革学校德育及学校品德教学的重要带头人。尤其是鲁洁教授在我国德育界享有崇高的威望。

虽然她们深知教材编写之难，但还是把此件工作看作学校德育改革的重要契机，看作德育理论工作者转化理论研究成果，看作一亿少年儿童在学校奠定人生观、价值观，形成健全思维和人格基础的学术使命。

教育部委托的小学和初中品德教材自 2012 年 3 月启动，至今已近三年。编写组首先在全国东、中、西部进行了三个月的深入调研，对之前多套教材十年来的使用情况做效果分析和比较分析，对不同地区教师的教学能力、学生的学习需求做深入了解，包括一定规模的问卷调查。

由于该套人教版教材是作为教育部部编教材定位的，故不是仅对人教版原教材的修编完善，而是对整套教材在框架结构编排立意上全部重新设计，仅此设计就花费几个月时间。现在拿出来的送审稿无论在结构上、思想立意上，教学内容与方法的选择上，在编排、呈现方式上，在图文、语言表达上都较为饱满、新颖，力求有一定的中国文化底蕴和风格，体现出编写组在专业上的境界追求和独到匠心。

鉴于初中学生的特点，编写者特别重视每一单元、每一课的学习主题与学生生活的联系，并设置"运用你的经验"栏目，从学生生活经验入手引入学习主题；注意不回避学生思想困惑、成长烦恼，鼓励思维活动和情感矛盾的展开，通过思考、辩理和情绪情感体验，开放性地、有深度理解地学习。在内容设计上特别增加了公民意识教育和生命教育这两个过去重视和展开不够的方向。如：生命教育设有专门学习单元，对互联网时代的公民媒介素养增加较重的篇幅，以应时代发展的需要。关于社会主义核心价值观，除统领和贯穿全套教材外，九年级还将设计专门单元进行学习。

整套教材在社会主义核心价值观的统领和贯穿上是高度自觉和明

确的，为使价值观得到不同年龄段儿童的认同，为避免将笼统的政治概念、命题做简单化处理，并演化为对知识的死记硬背，需要将其具体化，匹配不同年龄儿童认知与情感发展以及生活经验的实际，需要有梯度、有层次地整体设计，搭建起学生学习的脚手架以及教师教学的脚手架；除对恰当资料的选择外，还要根据不同学习内容分别使用体验学习、行动学习、对话学习、研究性学习等多种学习方式，并推动课内与课外学习相结合。因此，编写过程是极其艰苦的思想碰撞和创造性的工作过程。德育学者、品德课教研员和一线教师的知识与经验连结与互补。每一课写出后都曾选择了不同发展水平的地区和学校的教师进行试教，并反复地研讨诊断。

由于品德课程在我国基础教育学校一直是一门独立开设的必修课程，九年学习有一个较完整的体系。两个编写组在知识和思维难度上如何循序渐进，如何将基本道理做循环往复都经过较深入地整体性考虑。总主编还参与了袁贵仁部长主持的大中小学德育课程一体化研究，对于大中小学阶段如何更好地衔接有自觉意识和较合理的处理。

由于调整后的品德课是一门综合性课程，它将伦理道德、历史与社会常识、心理学、法学、政治与国情等做知识整合，是一个知识整合度高、专业难度大的工作。为此，不仅编写过程中注意邀请相关学科专家参与，而且教育部多次聘请经济学、政治学、法学、伦理学、心理学、社会学以及课程与教材研究专家在知识、思想的准确性、规范性方面参与讨论、审查和把关。

由于党的十七届四中全会特别是十八大以来各项改革与国家治理推进很快，编写组要不断地及时学习领会党中央新的精神和理论界新的研究成果。从多次修改和送审情况看，编写组能够及时调整和不断完善教材，做到与时俱进。品德教材涉及时政，其变动性会远远大于其他科类教材。目前的送审稿历经大大小小十几次审查，作者易稿已不计其数。仅这两套教材的起始年级册，三年来，已有几百位专家、学者、一线优秀教师和教研员参与其中。

（选自朱小蔓：《教材编写回顾》，2015 年 3 月 1 日）

2013年 66岁

1月

10日，出席南京晓庄学院陶行知研究院揭牌仪式，并致辞。

同月

主编的"中国青少年道德价值观研究丛书"之《社会变革时期中国小学生道德价值观调查》（刘慧等著）和《社会变革时期中国大学生道德价值观调查》（冯秀军著）由教育科学出版社出版。

2013年1月，朱小蔓主编的"中国青少年道德价值观研究丛书"由教育科学出版社出版

3 月

16 日至 17 日，出席在北京举行的第二届"新教育·新评价·新考试"高峰论坛——2013 年中美素质教育合作交流暨中国素质教育科学论坛，做主题报告。

4 月

27 日至 28 日，出席在山西省晋中师范高等专科学校举行的"中国陶行知研究会 2013 年年会暨农村教育高端论坛"，做主题报告。

2013 年 4 月 16 日，朱小蔓在中国陶行知研究会学术年会与参会弟子合影

同月

在《生活教育》2013 年第 4 期发表《在生活教育路上前行——追忆胡晓风老》。

5 月

22 日，作为点评嘉宾参加在清华大学附属小学举行的"整合课程，改造课程，为聪慧与高尚的人生奠基——1＋X 课程体系"建构与实施阶段汇报会。

26 日，应南京师范大学-宁夏大学联聘教育学院院长戴联荣的邀请，分别为宁夏大学教育学院师生、宁夏大学校领导和部分中层干部、老师做两场学术报告。在宁夏大学教育学院的学术报告题目为《中国基础教育开放对话：问题与思想回应》。

同月

中俄农村职业教育国际比较研究项目俄方代表团来访，与代表团成员进行学术交流。

同月

为了纪念在莫斯科大学哲学系做访问学者时的导师阿·依·季塔连科教授逝世 20 周年忌辰，在《教育研究》2013 年第 5 期发表《永恒的道德，无尽的思念——写在俄罗斯著名伦理学家季塔连科教授 20 周年忌辰》，文中指出："阿·依·季塔连科教授是俄罗斯著名伦理学家。是创立了具有发展前景的研究方向，在伦理学基本理论问题、伦理学理论的方法论问题上形成学派的重要伦理学家。"

6 月

8 日至 9 日，出席由南通大学情感教育研究所组织举办的"第三届情感教育国际论坛"，做题为《情感教育研究：反思过去，规划未来》的专题学术报告，从"情感教育早期理论探索""情感教育研究的五条线索""情感教育研究借鉴的主要思想理论资源""反思与前行"四个方面阐述情感教育研究的过去，规划情感教育研究未来。会议期间，与美国哥伦比亚大学教师学院教授弗朗西斯·休恩梅克（Frances Schoonmaker）、李吉林等国内外知名学者进行学术讨论。

14日，参加在北京师范大学举行的首届小学教育国际会议，做现场指导并点评。

同月

将在中国陶行知研究会上的发言整理发表于《生活教育》2013年第6期，题名为《陶研界要为实现"中国梦"尽一份力》。

7月

1日，出席田家炳基金会在上海举行的"共创成长路"项目培训活动，进行学术指导。

16日，作为点评嘉宾出席在北京师范大学举行的"儿童性教育：探索和建议——北京师范大学儿童性教育课题组六年探索与分享会"，并做题为《性教育与生命教育》的主题演讲。

31日，出席在山东济南第十三中学举行的中国陶行知研究会山东分会成立大会，与山东省教育厅原副厅长杜希福为中国陶行知研究会山东分会揭牌，并做大会报告，强调陶行知教育理论的核心实质是"生活即教育""社会即学校""教学做合一"，推广和实践陶行知教育思想和理论，对促进教育的大发展将起到积极的作用。

同月

与陶西平、谢维和、申继亮、沙培宁合作在《中小学管理》2013年第7期发表《课程整合：走向综合化的课程改革》，提出课程整合中有两个问题特别值得关注：一是如何解决分科与综合的问题，二是提高教师的素质。

8 月

16 日，出席中华教育改进社第一次会员大会，并讲话。

9 月

6 日，华中师范大学道德教育研究所成立大会暨道德教育专题研讨会在华中师范大学田家炳教育书院举行。朱小蔓发去祝贺视频，指出在当前道德滑坡的形势下进行德育研究的必要性和迫切性，并对华中师范大学道德教育研究所寄予殷切期望。

华中师范大学成立道德教育研究所，我作为一个老科研工作者，感到高兴。华中师范大学成立道德教育研究所并不是偶然，因为这个学校素有道德教育研究的传统，在国内的学术领地里面一直是一个比较重要的学术团体。现在的带头人杜时忠，年富力强，很有学术朝气。德育的研究不容易，有愿望、有毅力来从事德育研究的，还是很要有一点良知和毅力的。其实现在是非常需要道德教育的研究。今天的中国，虽然在经济体上已经成为第二大经济体了，但是我们的文化形象还非常不够，我们国民的整体的精神素质、道德品行这些方面，还远远地和经济发展状况不匹配。作为一个教育学者，从事德育方面的研究，既是现实的需要，也是学者的良知和使命。希望能够在建所以后，跨学科地延揽人才、攻关合作，大量地深入青少年的生活和社会实践中，能够为中国的德育学术建设出把力。

（选自朱小蔓对华中师范大学道德教育研究所成立大会的寄语，
2013 年 9 月 6 日）

11 日至 13 日，东京大学名誉教授、日本学习院大学文学部教育学科教授佐藤学先生受邀到北京师范大学教师教育研究中心访问讲学。朱小蔓致欢迎词，并主持佐藤学教授《教职的专门职化与校内研修改革——基于行动研究（Action Research）的协同合作》的学术讲座，与佐藤学教授进行学术交流与讨论。

27 日，出席在江苏镇江举行的"镇江教育大讲堂"，做题为《女生教育与女中办学》的主题报告。

10 月

4 日，参加在北京召开的南京无线电工业学校（现南京信息职业技术学院）北京校友会，并发言。

17 日至 18 日，出席在上海崇明县举行的 2013 年"长三角"地区"行知伴我成长"论坛，做主题报告。

26 日，应邀参加在北京举行的团中央少先队工作委员会座谈会，并做题为《共青团、少先队最适宜的教育模式》的报告。

27 日至 28 日，出席在河北石家庄举行的以"多元文化背景下的女学生教育之有效课堂教学和女学生的心理健康教育"为主题的中国陶行知研究会女生教育专委会第十四届年会，做大会发言。

31 日至 11 月 1 日，赴四川省成都市大邑县参加由《人民教育》编辑部、四川省陶行知研究会和成都市大邑县教育局共同举办的"全国情趣教育研讨会"，做题为《情趣教育释义及其实践》的大会报告，并赴多所中小学校进行考察。

同月

招收刘胡权为博士研究生。

2013 年 10 月 31 日至 11 月 1 日，朱小蔓赴四川省成都市
大邑县参加"全国情趣教育研讨会"

11 月

22 日，在《中国教育报》第 6 版发表《叩问诗性教育——对诗性教
育与情感教育关系的思考》。

12 月

4 日，出席 21 世纪教育研究院在北京举办的"发现美丽乡村教
育——探索农村教育的科学发展"高峰论坛，做题为《深化农村教育领
域综合改革，推动农村教育科学发展》的讲话。

8 日，出席由宋庆龄基金会举办的第九届中华青少年生命教育论
坛暨"中国陶行知研究会生命教育专业委员会成立"揭牌仪式，做题为
《探问生命教育——陶行知生命教育思想学习心得》的大会主题报告，
对陶行知先生的生平、教育轨迹以及生命教育的思考与实践做了全面
的回顾和基于文献的再阐释。召开生命教育专业委员会第一次理事会，
为理事会成员颁发证书。

2013 年 12 月 8 日，朱小蔓在第九届中华青少年生命教育论坛做
报告，并为新成立的生命教育专委会理事会成员颁发证书

　　9 日至 10 日，出席在北京举行的第七届海峡两岸和港澳生命教育
研讨会，做主题报告。

　　24 日，应邀到首都师范大学儿童生命与道德教育研究中心做题为

2013 年 12 月 24 日，朱小蔓在首都师范大学做学术报告

《问学之道与问道之旅——以苏霍姆林斯基教育思想研习为例》的学术报告，就自己的求学历程与求学之道进行全面的回顾，并对情感是道德发生的基础、德育是心灵沟通与精神建构的过程、道德教师是能够走进学生心灵的人等观点进行阐述。

26日，出席北京市东城区教育局举办的陶行知思想与创新教育实践——北京黑芝麻胡同小学的教育探索研讨会，做大会发言。

2014 年　67 岁

1 月

参加在南京师范大学随园校区举办的座谈会，与冯建军、易晓明、张俊、侯晶晶等老师和同学交流讨论。

同月

作为第一作者与王慧在《课程·教材·教法》2014 年第 1 期合作发表《关于大中小学德育课程衔接的思考》，提出德育课程在我国现行学校课程体系中是一门重要的必修课。德育课程衔接指含各个学段间的相互衔接、相承与贯通，涉及大、中、小学德育课程的整体设计，并影响到大中小学德育工作的整体构建。研究者从课程目的与功能，培养目标的设置及表述，课程性质、形态及设计思路，课程内容选择及编排等四方面考察分析现有课程衔接状况，透过连续和相对独立，分化与综合，循序递进与螺旋往复的关系表达对课程衔接的理解，主张用更宽阔的课程观以及复杂性思维考虑德育课程衔接问题。

同月

在江苏省江阴市主持《苏霍姆林斯基在中国》丛书编写研讨会，吴盘生任丛书主编，朱小蔓任总顾问，并为丛书做总序。

4 月

作为第一作者与钟晓琳合作在《中国教育学刊》2014 年第 4 期发表

《情趣教育：一种有意义的情感教育探索》，提出情趣是生命的情绪现象，是个体的情感反应倾向，也是一种价值性情感，对人的发展有重要价值。

同月

为纪念《教育研究》创刊 25 周年，在《教育研究》2014 年第 4 期发表《祝贺·致敬·期待》，提出《教育研究》应追求卓越，为提升国人对教育研究的信念做出更好的示范，秉持开放与包容的精神，激励高水平研究成果的呈现，强化问题指向意识，在回应实践中创造适切的教育理论，以及坚持编研一体，建设研究者良性互动的学术家园。

同月

作为第二作者与何蓉合作在《教育科学》2014 年第 2 期发表《论教师道德敏感性与学校德育改善》，文章从全人生命教育的宗旨和教育所面临的实际问题出发，论述教师道德敏感性这一概念的提出基础、意义和内涵，并对其与相关概念的区别和联系做具体区分，在意义、范畴的基础上论述教师道德敏感性对于学校德育改善的促进。

5 月

12 日，出席在成都新津县举行的中国陶行知研究会 2014 年工作会暨新津县教育岛区域推进农村生活教育现场会，做大会演讲。

14 日，赴四川省成都市大邑县参加情趣教育联盟校在北街小学召开的"情趣教育的价值"研讨活动，参观考察北街小学第九届科技艺术节科创游园活动。

15 日，赴江苏省无锡市参加中国陶行知研究会教师发展中心揭牌仪式，并做题为《情感经验与教师成长》的学术报告。

2014年5月9日，朱小蔓参加首都师范大学初等教育学院研究生论文答辩

2014年5月14日，朱小蔓参观考察四川省成都市大邑
县北街小学第九届科技艺术节科创游园活动

　　24日至25日，由北京师范大学教师教育研究中心、南通大学情感教育研究所主办的第四届全国"情感教育与教师教育"研讨会在北京市海淀区玉泉小学举行，朱小蔓应邀出席并做大会报告。在报告中，

她回顾自己的情感教育研究之路，阐述情感教育研究的五条线索——儿童情感发展与教育、情感性素质教育理论与模式、情感性道德教育范式、课程改革三维目标的统整和教师情感素质与教师发展，并就教师情感表达与和谐师生关系的构建进行讨论。

29日，出席由中国儿童文学研究会研究中心、清华大学附属小学联合举办的"首届北京国际儿童阅读论坛"，朱小蔓与金波、林文宝、王泉根、成尚荣、窦桂梅组成的专家团，进行有关儿童阅读的高端对话。

同月

出席河南大学举办的"学生学习力与学校综合改革研讨会"，并做主题报告，就人的情绪情感的性质、质料、品种与学习力之间的具体关系进行分析与阐述。

同月

与胞弟朱小棣合著的《朱小蔓与朱小棣跨洋对话——出国留学与教育"立人"》一书由南京师范大学出版社出版。

2014年5月，朱小蔓与胞弟朱小棣合著的《朱小蔓与朱小棣跨洋对话——出国留学与教育"立人"》由南京师范大学出版社出版

我们姐弟俩年龄相差近十一岁，虽然各自多有著述，但合作写书，这还是头一回。实在是源于出版社的热情相邀，看重的大约是两人经历、教育和学养的明显不同，以及观点、精神与气质方面的难得一致，刚好相辅相成，完满结合为一个整体，可以比较全面地论述国际教育和出国留学的话题，供广大教育工作者以及学生家长们，通过轻松阅读一本对话体的真实思想交流著作，多方位了解国际教育的异同别趣，为学生和子女出国留学做好更为充分的非物质性准备。

……

我们姐弟俩的对话，针对出国留学的非物质性准备这一话题，从教育的根本目的说起，以自身受教育经历、见闻和感受为依据，详细介绍和分析了中国和美国大中小学教育中的一系列个案实例，对比刻画中美教育在创造性、价值观以及品德教育上的显性及隐性差异。我们还就素质教育在中国的举步维艰进行了敞开式的探讨剖析。最后从包括俄罗斯等国在内的国际视野，综述教育的改革与现状。这本对话体的小册子，不仅为关心子女出国留学的家长们尽可能地提供国外情况和真实案例，以帮助他们更好地把握子女出国的利弊得失，并了解一些教育方面的专门知识，而且对于已经从业于教育的广大教师和校长们，亦会有许多帮助和启发。

我们真诚希望读者们在掩卷之余，能够有感于前所未悟，得悟于前所未思，返思于前所未闻。

（选自朱小蔓、朱小棣：《朱小蔓与朱小棣跨洋对话——出国留学与教育"立人"》"写在前面的话"，2013 年 10 月 10 日）

6 月

指导王慧完成博士学位论文《班级公共生活研究——基于班主任工

作的视角》，并通过答辩；指导何蓉完成博士学位论文《论教师道德敏感性》，并通过答辩。答辩委员会主席宁虹，委员冯秀军、朱旭东、袁桂林、檀传宝。

2014年6月，朱小蔓与弟子王慧、何蓉答辩合影

　　我与朱老师有缘，也与情感教育有奇妙的缘分。2009年，在硕导王啸和檀传宝老师的指导下，我在《中国教师》杂志发表了第一篇论文《人道与敬畏》，内容就是苏霍姆林斯基的情感教育思想。

　　第一次以入门弟子的身份拜见朱老师是在我硕士论文答辩的第二天。她的办公室挤在京师大厦9801的角落里。她说会尽老师的责任，做学生的也要认真读书。

　　第一次跟朱老师做的课题研究是教育部委托的"大中小学德育课程衔接研究"项目。一次晚饭后，朱老师让我陪她走走，老师高我矮，她主动揽着我，我很惶恐。老师问我对一个问题的看法，我紧张得也不记得她问了什么，也忘记了回答什么。她说，嗯，小姑娘的想法有点意思。课题研究过程中我们查找了课标、比对了教材，做了些调研，撰写了研究报告。针对这一课题的研究，朱老师口述核心观点与思想，我回去整理丰富，完成一篇论文。过几天拿去给老师看，朱老师一字一句地读、批注、修改，时而自言自语、时而若有所思、时而皱皱眉头，然后抬起头，目光穿过老花眼镜问我，你这句话是什么意思？我当时一愣，本能地想，这是按照录音整理的您的原话啊？我按照字面意思解释了一通。显然，她不满意。

我感觉她似乎看透了我没有真正理解这些看似复杂深奥的专业词汇背后的哲学脉络。这一篇报告和一篇《关于大中小学德育课程衔接的思考》论文，老师三番五次地修改，时不时质问我，这是什么意思？想表达什么？针对什么现实问题，能解释或解决什么问题？自此之后，每次要交论文之前，我都会反复修改，问问自己能解释或解决什么问题。

朱小蔓老师先后承担了初中"思想品德"（现改为"道德与法治"）的课程标准制定、修订和教材编写，这一事情之艰难，只有身在其中才能体会，她可谓"铁肩担道义，妙手著文章"。我在博士期间，跟着朱老师参与人教版的初中《思想品德》教材，她事必躬亲十分辛苦。朱老师多次动情地表达过，鲁洁老师还在编教材，自己身体不好也必须做好这件事。父母都是革命前辈，如果泉下有知必然会说，党和人民需要，鞠躬尽瘁死而后已。她在上海的叔叔总会问她，中国教育搞成这样，你如何对得起中国的青少年？朱老师经常怒斥社会中那些违背公序良俗的行为，俨然小愤青一枚。正应了鲁洁老师的话，到八十我依然愤青。

朱老师有很多笔记本，每一名学生入学后她就用一个笔记本记录谈话的内容。一次，我们一对一地讨论我的学位论文，她不好意思地笑着，从包里拿出一小卷卫生纸，纸上写了对我的论文的想法。讨论结束后还嘱咐我，这是女生之间的秘密，别告诉别人。如今回想，那是带着情感温度的卫生纸啊，真该留个纪念。

因为我的论文涉及公共生活，但是当时从传统文化的视角的支撑资料很少，老师担心我不能切近中国的班级生活和中国人的精神世界，因此安排我去学校附近的陶行知中学去学习半年，感受当今学生真实的生活，思考如何在现实的班级生活和校园生活中融入公共精神、过公共生活。这对于我的思想产生了很大影响。

2014 年，博士论文答辩之后，老师要我好好修改论文，老师将其命名为《班级公共生活论》，却各种阴错阳差耽误了。我毕业到天津师范大学工作，同时参与了天津师范大学滨海附属小学的工作。大学与小学的工作，作为一名新教师的角色转变，怀孕生子，这些极大地丰富了我的情感世界，加深了我对教育的理解。

一朝沐杏雨，一生念师恩。2011—2020 年，虽然只有短短十年师生相处的缘分，然而这期间我感受到了朱老师认真甚至有些较真、敏锐独特的学术研究的视角、强烈的问题意识与浓厚的现实关怀、真挚而广博的人文情怀，以此对待学生和周围的一切人。我敬佩朱老师，不仅因为她在情感教育方面的贡献，她以"通人之眼治专家之业"，学科融通，创立情感教育。她无愧于"生命大爱的师者 情感文明的哲人"。她对国家民族有强烈的责任感与使命感，她用全部的热情与生命力为教育事业奋斗到生命的最后一刻。作为学生，不忘初心，砥砺前行，任重而道远。

（选自王慧：《回忆与朱老师学术交流往事》，2021 年 5 月 1 日）

同月

作为第二作者与钟晓琳合作在《课程·教材·教法》2014 年第 6 期发表《再论德育中的"知识"与"生活"——基于义务教育品德课程改革的反思》，提出反思义务教育品德课程改革，德育需要更明晰地探讨"知识"与"生活"的关系。"回归生活"的德育不能笼统地反对知识，应将对知识学习的认识与对知性德育的批判相区分，德育中的知识学习包括道德知识、关于道德的知识、有助于道德的知识三种类型，并以主体性的道德知识的获得为根本。德育正是基于"知识"与"生活"的这种关联才可能触碰到个体的内在生命，实现其应有的价值引导。

7月

17日至8月20日，赴俄罗斯、瑞典进行长达35天的旅游。先后拜访中国驻俄罗斯大使馆教育处，与莫斯科大学教育系副主任奥里伽教授、莫斯科高等经济学院阿邦金娜教授、斯德哥尔摩大学契那巴教授等老朋友会面，并游览莫斯科、圣彼得堡、斯德哥尔摩等地名胜古迹和自然风光。其间（8月4日），与丈夫吴志明在莫斯科赴柴可夫斯基音乐厅听了一场来自英国的室内音乐，共度结婚40周年纪念日。

2014年7—8月，朱小蔓与丈夫吴志明俄罗斯故地重游

同月

钟晓琳博士后出站，合作导师为李晓西教授，研究报告为《在德育理论、政策、实践之间游走与对话——基于义务教育品德课程的改革与探索》，出站答辩委员会委员孙云晓、吴安春、王磊、韩晶等。

8月

著作《与世界著名教育学者对话（第一辑）》由教育科学出版社出版，书中收录了 2000—2005 年朱小蔓与美国哥伦比亚大学弗朗西斯·休恩梅克教授、加拿大多伦多大学德怀特·博伊德教授、乌克兰教育科学院苏霍姆林斯卡娅院士、乌克兰教育部原副部长萨夫琴科·亚历山特拉·雅科芙列娜教授、俄罗斯教育科学院鲍利先科夫院士、加拿大阿尔伯塔大学马克斯·范梅南教授、美国教育家特蕾莎·汉考·朗格内斯、新加坡国立教育学院李荣安教授、日本东京大学

2014 年 8 月，专著《与世界著名教育学者对话（第一辑）》由教育科学出版社出版

佐藤学教授、英国教育学家彼得·朗、英国伦敦大学莫妮卡·泰勒教授、英国伦敦大学约翰·怀特教授及其夫人，这些著名教育学者的讨论对话，话题涉及道德价值观与情感教育、素质教育、教师教育、教育哲学等学术领域，也触及当代中国教育改革中的一些现实问题。

9月

10 日，受邀参加中央电视台"寻找最美乡村教师颁奖典礼"，作为

推荐人上台点评陶行知教育思想的践行者——四川大凉山乡村教师王偏初,高度赞扬了坚持在教学一线默默奉献的广大乡村教师,并勉励一线教师:"办学校不仅要靠设备,最重要的是教师肯不肯把整个的心奉献给孩子。就像老教育家陶行知当年说的,'捧着一颗心来,不带半根草去。'"

2014 年 9 月 10 日,朱小蔓受邀参加中央电视台"寻找最美乡村教师颁奖典礼"

同月

与金波、成尚荣、林文宝、王泉根、窦桂梅合作在《人民教育》2014 年第 17 期发表《价值观教育如何融入儿童阅读——"首届北京国际儿童阅读论坛"上的对话》。

同月

招收钟芳芳为博士研究生。

10 月

3 日至 7 日,受佐藤学教授邀请赴日本参加"世界上最杰出女性教育研究者"国际研讨会并做题为《中国初中品德课程的改革及其思考》的主旨发言,这是她第 7 次访问日本。

2014年10月3—7日，朱小蔓受佐藤学教授邀请赴日本参加"世界上最杰出女性教育研究者"国际研讨会

尊敬的佐藤学教授：

　　您好！

　　您的信已由于莉莉译转给我了。因为我15号即出差去济南试教受教育部委托、由我主编的初中思想品德教材，刚刚回到北京，来信迟复为歉。

　　衷心感谢您对我的信任和支持，在百忙中同意来到北京师范大学讲学。您的讲学取得了极大的成功，听讲者都感到有很大收获。大家把您来讲学看作很重要的事件，在您到来的之前之后都在兴奋地议论着这件事。因为在中国，不仅教育学术界读您的大作，欣赏您的专业水准与才华，而且在中小学也有一大批教师读过您的著作。我相信，在中国的中小学教师里，对于外国学者，他们除了熟悉苏联的苏霍姆林斯基外，最推崇的即是您。

　　这次听您演讲、与您聊天，获得了我之前在中央教科所工作所不曾有的许多新体会。您对"学习""课程""教学""教师""学校"以及"教师研修"概念所做的创造性阐释以及由此构建起的因应人类社会变迁的崭新的教育理论已经相当完备、深刻而有前瞻性。因此，您和您的理论日益走向世界，为更多民族、国家的教育界高度认同是必然的。因为更多地了解了您的家族及生活史、阅读史与学术奋斗史，我对您的成就，您作为教育家的情怀、风范也就更加尊敬。我没有您这样高的学术成就，但我的生活道路也是不平坦的、丰富多彩而有人生"故事"的。我希望今后还有机会与您对话，那会比2005年的对话要精彩。

承蒙您信任，邀请我参加明年在日本举行的"闪耀的世界女性研究"，这是我反思自己、扩展经验的重要机会。我希望时间能在2014年10月4日，甚至在此之后为最好，因为我有一个打算，想申请明年7、8、9三个月到俄罗斯教育科学院做学术访问，我是该院的外籍院士，前几年为中俄教育比较做过一些工作，最近几年做得少了。不过此项申请要到明年1月才启动，因此能否成行还说不定。如果根据他人的时间会议安排在8、9月举行，我将争取从莫斯科飞过去一趟。

夫人此次与您同行，且是她第一次到中国，这真是一件令人愉快的事。能够做一点提供方便的工作，既是应该的，也是各位同事十分乐意的。以朱旭东为首的教师研究所的年轻人期待明年您再次光临。

顺颂秋安！

朱小蔓

2013 年 9 月 30 日

（选自朱小蔓与佐藤学教授的电子邮件，2013 年 9 月 30 日）

17 日至 20 日，第二届全球教师教育峰会(GTES)在北京师范大学举行，会议的主题为"教师教育质量与学习：实践、创新与政策"，朱小蔓应邀参加，并做主题报告。

31 日至 11 月 1 日，出席在四川成都召开的陶行知研究会生命教育专委会第二届学术年会暨首期生命教育骨干教师培训，做题为《教师生命的情感之维》的主题报告，强调教师人格的魅力在于其精神内涵，应将其内化为生命的光彩。

2014年10月31日—11月1日，朱小蔓在陶行知研究会生命教育专委会第二届学术年会上做报告

11 月

1日至2日，应邀出席四川大学与香港理工大学联合发起，由宋庆龄基金会、中国陶行知研究会共同举办的"海峡两岸暨香港、澳门首届生命教育与健康促进论坛"，做主题讲演。

19日，参加教育部教师工程专家咨询会。

26日，由田家炳基金会资助的"经济全球化时代的'道德人'培养——教师情感表达与师生关系构建"项目签约仪式在北京师范大学举行，作为项目主持人出席签约仪式，参加签约仪式的有北京师范大学党委书记，田家炳基金会主席田庆先，干事肖开廷，北京师范大学李琼教授，以及北京师范大学教育基金会张吾龙秘书长。

2014 年 11 月 1—2 日，朱小蔓应邀出席"两岸四地首届生命教育与健康促进论坛"

12 月

1 日，与丁锦宏等一行四人赴江苏省南通田家炳中学做科研项目调研。朱小蔓此行的目的是考察南通田家炳中学能否与北京师范大学教师教育研究中心建立合作关系，作为项目种子学校开展教师情感表达能力的诊断、认知和提升研究，以期未来在全国范围内进行推广和普及。

6 日，出席江苏镇江崇实女中建校 130 周年庆典，并发言。

26 日，作为第二作者与钟芳芳合作在《中国教育报》第 7 版发表《怎样培养新时代的女生——来自女学生教育质量与女性受教育权利国际研讨会的思考》。

同月

作为第一作者与何蓉合作在《教师教育研究》2014 年第 6 期发表《论教育现象学及其应用——兼论教师的教育现象学反思写作》，该文章在探究现象学的实证性的基础上论述了教育现象学在行动研究中的适用性、可能性、价值与意义，并对深入教育现象学的应用中的教育现象学写作与研究的方法、特征与意义做出了区分与描述。现象学不仅以其独特的价值与使命，为多学科、跨学科的研究方法提供汲养，其实证的科学之光亦照亮了真实的人的生活之路，为教育学研究真实的人做出了重要的方法论引导。

同月

出席于北京中学举办的"经济全球化时代的'道德人'培养——教师情感表达与师生关系构建"项目启动仪式。

2015 年　68 岁

1 月

9 日，朱小蔓主持的"经济全球化时代的'道德人'培养——教师情感表达与师生关系构建"项目的教师情感操作手册编写团队工作会议在北京举行。经专家组考察和充分论证，选定南通田家炳中学为项目种子学校并商讨具体实施方案。

2 月

2 日至 4 日，赴河北调研，出席宁晋县陶行知研究会揭牌仪式并致辞，与当地教育部门领导讨论宁晋县教育发展规划，并赴邢台市陶行知实验学校考察和调研。

6 日，莫斯科国立大学教育系副主任奥里亚教授应邀访问北京师范大学教师教育研究中心，奥里亚教授就莫斯科国立大学的教师教育现状、挑战及存在的问题等进行介绍，朱小蔓主持座谈会并与奥里亚教授就莫大教师教育相关情况进行交流和讨论。

3 月

11 日，在《中国教师报》第 13 版发表《教师教育要俯下身来看见学生》。

15 日，出席在重庆市田家炳中学举行的以"追求卓越经营，成就幸福班级"为主题的第二届全国田家炳中学优秀班主任论坛，做主旨演讲，指出所有的情感都要在尊重人格、提高人品这一背景下展现，教师的一个功能是经过与儿童沟通的理智，发现、爱护、强化孩子"归属"，使他们摆脱"价值不足"的感觉。情感人文素养是长期积累涵养的过程，情感素养及情感能力直接影响教师与学生良好关系的构建。针对班主任职业倦怠症状，应加强学校管理的赋权，激发教师个体潜能的释放。

4月

15日至17日，出席在上海崇明县举行的中国教育学会2015年班集体理论与实践专题研讨会，做题为《情感关注——育人的基础》的主题报告。

30日至5月9日，率陶行知研究会生命教育专委会部分学者赴台湾台北参加"2015海峡两岸大专院校生命教育高峰论坛"，并做题为《陶行知生命教育思想》的学术报告，从陶行知生命教育思想的视角寻找本土生命教育的思想源泉。

同月

《苏州大学学报(教育科学版)》2015年第4期发表《情感教育的理论发展与实践历程——朱小蔓教授专访》。在接受苏州大学周川教授访谈中，朱小蔓对情感教育的核心概念，如"情感""情感性道德教育""联结感体验""具情感人文素养的教师"以及"教育与情感文明"等进行阐述，对情感教育研究的思想资源与现实应对进行回顾，并对情感教育研究的深化以及开展实验研究做出展望。

5月

11日，南通田家炳中学教育集团举行朱小蔓教授"教师情感表达与师生关系构建"项目组第四次全国工作会议，朱小蔓做主旨发言。会后，朱小蔓参加南通田家炳中学诚信宣誓仪式，并与学校师生进行互动交流。

2015 年 5 月 11 日，朱小蔓出席南通田家炳中学诚信宣誓仪式

16 日，出席在南京江宁区召开的苏霍姆林斯基教育与班主任专业化国际研讨会，与来自乌克兰、俄罗斯的有关专家交流，并做主题报告。

30 日，作为答辩委员会主席参加上海师范大学教育学原理博士点首届博士生答辩，答辩人肖楠楠，其他答辩委员会委员有崔允漷、陈永明、陈建华、吴刚。

2015 年 5 月 30 日，朱小蔓参加上海师范大学教育学原理博士点首届博士生答辩

同月

作为第一作者与王平合作在《中国德育》2015 年第 10 期发表《德育漫谈：理论与实践的新拓展与新生长（上）》。

6 月

1 日，指导王平完成博士学位论文《情感与人的发展———一种教育哲学的审视》，并通过答辩。答辩委员会委员易连云、巴登尼玛、檀传宝、袁桂林、王啸。

2015 年 6 月，朱小蔓与弟子王平答辩合影

16 日，出席中国地方教育史志研究会学校史志分会成立大会闭幕式，并做题为《做好学校史志研究，促进学校发展》的讲话，以下为讲话全文。

同志们、各位代表：

昨天袁振国所长在开幕式上已经代表中央教育科学研究所向中国地方教育史志研究会学校史志分会成立表示了祝贺。作为中国地方教育史志研究会会长，在这里我代表中国地方教育史志研究会对学校史志分会成立表示衷心的祝贺！

学校史志分会的成立，让我们回忆起 2007 年 9 月在青岛召开的"校史工作暨校史与学校发展研讨会"，那是学校史志分会的筹备会议。在那次会议上，我讲了对学校史志工作意义的认识，共有三点，一是学校史志的编写能够保存既有的史料，又为学校未来的发展提供历史借鉴；二是学校史志是学校发展的智慧源泉；三是学校史志是学校与校友及社会各界沟通与交流的网络。今天看来，意义更加凸显。学校是整个人类教育史的基本单元，对于传承人类文化、实现人类的发展有着不可估量的作用，而学校史志研究，对于促进学校发展、实现学校这种作用有着重要意义。

一、学校是整个人类教育史的基本单元

大家知道，没有学校，也就没有人类教育史了。著名的教育改革家麦克佛兰在《变革的力量》一书中，认为这个时代是充满了各种可能性的时代，这些可能性有两个方向。一种方向是随着物质的丰富，人类精神却变得萎靡、文化反而愈加贫乏，这不是人类社会发展的初衷，在这个方向上人类也得不到幸福。但还有另一种方向，就是正确运用科技物质条件，文化更加丰富、精神更加充实，实现了人类的理想。好的方向是可能的，这种可能性最可寄托的单位就是公立学校。

这样一个教育改革家，把人类的理想放在公立学校上，这其中意味深远。我反复思考其原因，认为这和学校在人类社会发展中的作用密不可分。教育不论怎么改革，对每个个人影响最深的最关键的人物往往是学校中的几个教师。钢琴王子郎朗回忆人生道路，最感谢的人之一就是小学一年级时的老师。郎朗曾是个那么羞怯的孩子，不敢和人说话，不善于和伙伴交往，不喜欢到学校去。但这一切都因为一个小学教师得到了改变。老师对他说："郎朗，你可以，老师相信郎朗能够站上讲台很好地和同学交流。"以此为起点，那个丑小鸭变成了世界知名的钢琴王子。

我已年过花甲，但回想起小时候的老师，仍是那么鲜活、清晰，两条长长的辫子、那么朴素但美丽的裙子，让人一直喜欢、追寻美好的东西。许多成功的人士在忆及影响自己的人物时，总有"学问深厚，人格饱满，形神兼备"的老师。总而言之，教师、学校对于个人、对于人类的意义是无限的。因此，学校史志的研究，就具有了丰富的意义。

二、知识分子与历史、文化的关系

在《大学精神档案》的序言中，提出了中国的知识分子作为一个知识阶层，应该承担什么样的职责的问题。在"大跃进""文化大革命"时期，有不少的知识分子没有保持清醒的头脑，丧失了个人尊严，打了败仗。原因很多，但很多人是因为理性的缺陷，因为历史的常识不足而导致的。

研究历史，帮助一代代的人懂历史、懂得继承与创新的关系，这种价值是不可估量的。我无法想象没有继承的创新，那种创新又能有什么样的结果呢？作为知识分子，要有文化的自觉、理性的自觉。我一直就很敬佩研究历史的人，觉得通过专业的磨砺，会摩挲出一种品格来。在我还在南京师范大学的时候，就看到了方晓东等同志翻译的《当代教育史研究与教学的主要趋势》一书，当时我就挺有感触的，觉得在这样一个很多人忽视历史、教育史的时候，还有人在努力翻译这样的书，真的是要靠责任感与使命感的。中央教育科学研究所有这样的一批研究教育史的同志，有很好的专业素养，也有很好的品格，相信中国地方教育史志研究会学校史志分会挂靠在中央教育科学研究所，能够很好地开展工作，为中国学校的史志研究做出贡献，为学校的发展做出贡献。

三、大会很成功，祝愿学校史志分会茁壮成长

刚才听了各小组的报告和代表的发言，我发现经过两天的会议，大家总结了很好的经验，也提出了很好的建议。这次大会以会促进研究、以会带训、以课题促进研究，以研究来促进学校发展，为今后的

工作开了个好头。听了几个小组的发言，感到会议是很有质量的、有意义的，作为会长，我也感到欣慰。一起开会，未必就有对话。这次的大会，不仅有发言讲话，更有高质量的对话。大家在相互的激励中提升，在表达和对话中又生成了新的思想。在学校志鉴的基础上，一定会写出有灵魂的学校史、有生命的学校史。研究历史要长期坐冷板凳，这就要求研究历史的人具有高尚的品质和职业操守，这是大会成功的保障，更是今后工作胜利的保障。

衷心祝愿中国地方教育史志研究会学校史志分会在新的起点上，多出优质的成果、多出优秀的人才，取得更大的成绩！

（朱小蔓：《做好学校史志研究，促进学校发展》，在中国地方
教育史志研究会学校史志分会成立大会闭幕式上的讲话，
刘巧利整理，2015 年 6 月 16 日）

同日，朱小蔓领衔的"教师情感表达与师生关系建构"项目手册编写第五次会议在北京召开。南通田家炳中学"情感项目"组部分核心成员赴京参会，朱小蔓在会上就手册编写进行专项指导。

同月

作为第一作者与王平合作在《中国德育》2015 年第 11 期发表《德育漫谈：理论与实践的新拓展与新生长（下）》。

7 月

8 日至 9 日，出席由陶行知研究会生命教育专委会与吉林省教育科学院在吉林长春联合举办的"首届全国学校生命教育研究高峰论坛"，致辞并做题为《"爱的联结"关系与生命教师》的主题报告，提出了"生命教师"的概念并解释了其内涵。会后，参观长春高等专科学校"生命科

学馆"和东北师范大学附属明珠中学、长春市朝阳区南湖小学（特殊教育学校），听取各学校开展生命教育的经验介绍并做了具体指导。

2015年7月8—9日，朱小蔓在首届全国学校生命教育研究高峰论坛做报告

　　13日至20日，安排南通田家炳中学情感教育研究团队成员22人赴北京师范大学参加专为南通田家炳中学设计、为期一周的情感能力提升研修班，为学员做题为《教师情感表达与师生关系构建》的学术讲座，分享她的情感教育研究之路，指出在师生交往过程中的情感是和谐师生关系构建最基本的线索、渠道，阐述教师如何为自己与学生的生命构建起顺畅、协调的内外部"关系"，以及如何帮助学生发展顺畅、协调的内外部生命"关系"。

2015年7月15日，朱小蔓为南通田家炳中学情感教育研究团队成员做学术讲座

24 日，在《光明日报》第 7 版发表《破解青少年儿童成长的时代难题》。

同月

在《人民教育》2015 年第 13 期发表《将学生核心素养的发展作为小学教育的使命》。

8 月

6 日，《中国人口报》第 3 版节选转载《破解青少年儿童成长的时代难题》。

25 日，应邀参加在首都师范大学举办的国家级项目"《品德与生活（社会）》学科教师培训课程标准研制"专家咨询与研讨会，对标准研制从理论基础到具体维度，给予了改进建议。

2015 年 8 月 25 日，朱小蔓参加"《品德与生活（社会）》学科教师培训课程标准研制"项目专家咨询与研讨会

同月

与胞弟朱小棣所著《朱启銮画传》由中国大百科全书出版社出版，如实反映、客观介绍了父亲朱启銮的感人传奇一生。

2015 年 8 月，朱小蔓与胞弟朱小棣所著《朱启銮画传》由中国大百科全书出版社出版

2013 年国庆期间，父亲生前主持创建的南京无线电工业学校（现南京信息职业技术学院的前身）校庆 60 周年，我应邀出席了北京校友会的一场纪念活动。校友们对老校长所怀抱的至诚爱戴与尊敬之情，深深地打动着我的心。我与专程来京参加校友会活动的校领导及校史办周明老师谈起考虑用什么方式纪念我父亲的百年诞辰。我们一拍即合，都想到编一本《朱启銮画传》。此事很快得到南京信息职业技术学院领导班子的首肯和正式答复，并即刻派周明老师协助我和胞弟朱小棣来完成该项工作。

历时几个月编撰成形的画传文稿，系以 1992 年 7 月出版的《怀念朱启銮同志文集》为主要资料来源。1990 年父亲猝然去世，哀伤中我们收到父亲生前战友、同事、老友敬挽和撰写的悼念文字，很快积累盈尺。在南京市委主要领导的关怀下，有许多前辈长者和朋友热忱相助，耗费心血撰写文稿，又蒙南京大学老校长、著名教育家匡亚明伯伯亲笔题写书名，赶在我去莫斯科大学访学的前夕印制出来，了却了当时一桩心愿。此次新编画传的第二个重要信息来源，是上海文汇出版社 2006 年出版的由我们的二叔父（父亲胞弟）周克口述、顾训中先生协助整理完成的《风雨七十年——时代大潮中的我和我的一家》。

我的胞弟、现在美国定居的朱小棣撰写了画传初稿，我对他不断拟出的文稿提出增补意见和建议。我们通过越洋电话、电子邮件无数次地讨论和修改。工作最紧张的两个月，朱小棣一度带病埋头奋笔，很是辛苦，也颇多创意。小棣自幼喜好中国古典章回小说，早年自费赴美留学，父亲去世时未得机会回国奔丧，一直视为终生憾事。之后他回国探亲时有意访谈长辈、搜寻资料，1994年回国时还曾有心对一批重要的档案拍照留存。加之这几年，我俩有心关注新发现和挖掘出的与父亲经历有关的直接与间接的新资料，值此机会将它们补充入内，使画传的思想性、史料性与可读性均大为增强。

现在，我们可以比较自信地说，画传呈现的是一部中国现当代不凡人物奋斗的历史画卷。它展示的不仅是传主朱启銮，还有与他同时代的一批为中华民族的独立解放，为追求民主、正义和自由的先驱们的英雄群像。我们相信，历史是由一个个具体丰满的人物、一桩桩细致入微的事件聚合，趋于真实而完整的。它需要不断有新的历史记述，包括种种细节，特别是那些被淹没甚至被压制的材料，经发掘而加以补充，抑或加以纠正。

回首中华现当代历史，文化激荡、信仰冲突、天灾人祸，错综复杂。一大批有文化、有觉悟、有正义感的知识分子，自愿追随中国共产党，顽强、智慧、奇迹般地经历了生死的考验、信仰的考验，乃至于人格的考验。朱启銮较早接受、信仰马克思主义，勇敢自觉地投身抗日救亡运动，一生富有传奇色彩。他既是一位有很高知识修养和道德修养的老资格共产党员、革命前辈，也是中国共产党内部毕生信仰民主、平等与正义之价值观的知识分子。他们是为中国共产党的探索奋斗做出了特殊的思想文化贡献的一类人。历史不但不能忘记他们，而且为了省察历史的经验与教训，十分有必要更认真地去研究他们。

画传的编撰还不断掀动我们的情感波澜。我们既为父亲的觉悟、英勇、奉献，睿智、多才、仁爱而自豪，也为这么一位老资格、有魅力的前辈因复杂的历史际遇未能充分发挥才华而惋惜不已，为他没能多享几年清福而痛心疾首，更为未能在他生前更多地尽孝而万分追悔。

我们也曾反复地问过自己，今天再来做这件事究竟还有何意义？作为子女，整理家族中优秀人物的历史对传承家风、激励后辈当然会有精神文化价值，我们也就自然会被理解为伦理上的尽孝。但更重要的是，作为现代公民与知识分子，我们此番劳作的价值，更在于省察、研究自20世纪20年代以来的历史，补充、丰富某些历史遗存。因而可以说，我们是在满足自己作为现代公民与作为家族后人的双重良知。这种满足感，对于我们过充实而有意义的生活，是一种高度的精神愉悦。

心安的同时也有遗憾。最大的遗憾是资料匮乏，图片更加不足。主要原因是传主一生淡泊名利，很少谈及自己，而当年不懂事的我们，都忙于自己的工作、学业，很少主动与父亲交流、访谈历史。如今，知情前辈健在者稀，难获新的第一手资料。我和小棣目前也都还在工作岗位，不能专事其中。幸有女儿吴姗帮忙收集和复印图片，有老友提供照片和咨询，特别是周明老师协助处理了许多烦琐事务。

从一定意义上说，传记作品没有终点。虽有遗憾，但工作的过程使我们重新进入过去、体验以往。它使记忆的边缘被扩展，经验之水与新鲜空气渗透进来，导致记忆之池变大、变深，并有可能引发人们更多的关注和回忆的兴趣，这也是我们更为看重和期待的。只有无边的水滴不断汇集凝聚，历史才源远流长、饶有蕴意。

如今，画传出版在即，我们谨向所有为此付出辛劳的人们致谢，对南京信息职业技术学院领导和参与工作的老师们致以衷心的感激，并向出版此书的中国大百科全书出版社表达谢忱。当然，还要再次向当年为《怀念朱启銮同志文集》撰稿和做出各种贡献的人们致以诚挚的谢意。

（选自朱小蔓：《朱启銮画传》序言，2015 年 8 月）

9 月

5 日，与胞弟朱小棣、女儿吴姗出席在南京信息职业技术学院（原南京无线电工业学校）举行的《朱启銮画传》首发式，和与会者一道缅怀父亲朱启銮生前往事。

2015 年 9 月 5 日，朱小蔓与胞弟朱小棣、女儿吴姗出席在南京信息职业技术学院（原南京无线电工业学校）举行的《朱启銮画传》首发式

6 日，应南京师范大学出版社领导彭志斌、戴联荣之邀，与胞弟朱小棣赴南京师范大学出版社为南京师范大学出版社全体人员做社庆学术报告，题为《读书·研究·人生》，报告会由戴联荣主持。与现场听众互动并签名赠书，为南京师范大学出版社成立 20 周年题词：为提升国人人文性、精神性水平而努力。

本报讯 著名教育学家朱小蔓教授和著名美籍华人作家朱小棣姐弟，近日在南京师范大学举行"读书·研究·人生"报告，这是南京师范大学出版社 20 周年社庆系列报告会的第 5 场。朱小蔓回顾了学习、研究过程中的读书经历和人生感悟，朱小棣总结了阅读、创作的体验，南京师范大学出版社社长彭志斌、副总编辑戴联荣分别

2015 年 9 月 6 日，朱小蔓与胞弟朱小棣在南京师范大学出版社签名赠书

主持了报告会。

（选自周颖若、吴洁：《南京师范大学出版社举行社庆报告会》，
见《中华读书报》2015 年 10 月 14 日第 2 版）

2015 年 9 月 6 日，南京师范大学出版社邀请著名教育学家朱小蔓教授和著名美籍华人作家朱小棣姐弟为大家带来了一场别开生面的"读书·研究·人生"报告，这是 20 周年社庆系列报告的第 5 场报告会。来自南京师范大学出版社、南京师范大学教育科学院、南京师范大学教师教育学院、首都师范大学初等教育学院、南京信息工程大学的专家、老师及其研究生等 100 多人参加了报告会。报告会后，南京师范大学唐万宏副校长拜会、感谢了朱小蔓、朱小棣教授姐弟。

两位教授同台报告，阐释了他们的闲适读书观、好人观、启发对话式教学观、人文性和精神性出版观；形式特别，以生成性的、叙事与对话式的方式展开，相互激发、评判、补充，或者争论，诙谐有趣。两位教授还与南京师范大学的老师、编辑、营销编辑、研究生互动，回答了许多问题，大家评论这次报告会是"超乎预期的精神享受"。

彭志斌社长、戴联荣副总编辑分别主持了报告会。彭志斌社长高度评价了这场报告对于出版界、出版人成长的价值,强调指出,朱小蔓教授告诫"为提升国人人文性和精神性水平而努力",非常符合中央提出的"全民阅读计划"要求;非常符合新闻出版总署近来考核出版文化企业"社会效益占70%,经济效益占30%"的理念。"出版是灵魂的流淌",出版就是要让灵魂重新燃烧,寻找到进入灵魂深处的东西。出版人应该是有灵魂的,书是有灵魂的,文化人有文化的自信和自觉。

一、闲适读书观

朱小蔓教授回顾了自己的学习、研究过程中的读书经历和人生感悟,强调海德格尔的观点,将人的存在等同于语言的存在,阅读什么样的书就会有什么样的语言方式,即阅读构成了生命的底色,读什么样的书就形成什么样的精神结构;国人要改变说话、语言的一律化、模式化,失去主体性和创造力、魅力的毛病。

朱小棣教授也总结了自己阅读、创作的体验和重大价值,他认为做研究与阅读之间,可以相干也可以不相干,要有巨大的"闲读近乎勇"的大气和意志力,追求非功利的读闲书、闲读书、读书闲的境界,才能使自己看到未来、体悟人生,真正有创造力、想象力、超越性。读书不是为了武装自己,不是刻意增加自己的养分,而是为了满足自己的内心、精神和灵魂深处的渴求。读书可以超越眼前的处境,接触不同的灵魂。他借用林语堂语:读书是一个灵魂寻找另一个灵魂。读书人自有方寸,一卷在握,宁静致远;心静之后阅读闲书,方可心安勿躁,寻找书中的"颜如玉"。

20世纪60年代初,朱小蔓阅读了许多批判苏联修正主义作风的文学作品。朱教授声称自己在成长的过程中受到苏联文化的影响颇深，在中学时期与苏联小朋友通信、与苏联来华专家交流、看苏联电影、听苏联歌曲。弟弟的阅读与姐姐既有相同，又有出入。朱小棣教授在刚接触文学的时候就开始了"文化大革命"，他阅读鲁迅文学时没有受到任何外界评论的影响。鲁迅的作品、写作风格已经融入了他的血液。

二、启发对话式教学观

朱小蔓教授讲述了自己对情感教育的理解。她强调亚里士多德的话，"同样的种子不一定长成同样的树"，成长中的形式因与质料因相互作用，形式因是人们内心的期盼、灵魂塑造。她认为教育的价值，是很多外在的、形式化的东西去掉之后，剩下的那些才是最重要的。她回顾自己大学的经历，当时学生与老师一同成长、生活，亦师亦友，学生与老师在闲聊中学习、体悟人生，是真正的润物细无声。后来，她从事了情感教育研究并阅读了黑格尔的《精神现象学》之后更加体会到，中国文化的本质是情感文化，看待生命需经历反复、持续、否定之否定的过程，从感性、知性到理性是人类理解世界的步骤。因此，教育是个体力量的有机发展和展开，是缓慢的过程，如果把教育附着太多外在的东西，就会使其功利化、异化。情感教育是母胎，从而升华为课堂、教师、学生、学校文化的情感。因此，研究人的情感、内在精神，是教育很重要的内容。

她非常怀念、敬佩自己的导师萧焜焘教授的教学风格、教书育人风范，这位辩证法大师上课，天马行空，视野开阔，发人深思，将行云流水阐释"概念"与自己的生命经验、历史反思、问题意识、哲学创新融合一体；使她终身获益，利于感性、知性和理性的精神发育，融化在她的血液之中。她调侃说，如果用今天的一些大学教学评估标准来衡量这位大师，也许是不合格的。

朱小棣教授从"三明治哲学"的角度，结合儿子在美国波士顿学院、哈佛大学的经历和成长，阐发了自己的教育观。他认为事物的发展分为下、中、上三个层次，教师从不会授课发展到通过教案授课再到脱离教案授课是一个连续性上升的过程。因此，教师通过与学生的交流互动，了解他们的需求，再现场组织语言进行授课，是高层次的教学方式。学习是在主体有需求和自觉意识的情况下进行的。现象学哲学讲究回到情境中去。教学不是灌输，而是根据学生的需求来应对。

三、人文性和精神性出版观

两位教授结合出版，阐释了自己的认识。出版从策划、编辑到营销环节，都需要有思想定位，品牌追求：为提升国人人文性和精神性水平而努力。策划人、出版人需要有思想、远见、眼光和坚持、坚守的勇气；编辑不仅需要有一丝不苟的敬业态度，还需要有处理思想与文字的水平，修改、调整、提升作品水平的能力。营销需要有真心地、不遗余力地推荐好书的态度、智慧、办法。他们特别肯定、表扬了南京师范大学出版社《朱小蔓与朱小棣越洋对话——出国留学与教育"立人"》的策划人、责任编辑，是真正下功夫修改文稿，有思想、有能力和担当的，在当下的出版界殊为难得。

四、好人观

朱小棣回忆了父亲朱启銮先生对自己的影响。他认为父亲对自己主要是精神气质的影响。在父亲的熏陶下，他从小就在一个超出个人自我的环境中成长，从来没有把个人的利益看得高于一切。对于生命的价值，一直是把它与社会利益与人类福祉联系在一起的。他在自己的著作《红屋三十年》中回忆了父亲的一生和对自己的影响，西方读者普遍认为像他的父亲这样子的中国共产党的干部，是一位令人尊敬的好人。在任何社会，无论被打上什么意识形态的标签，对"好人"的认同和尊敬都是全然一致的。

附：

朱小蔓是中国知名教育学家，新中国成立60年来最具影响力的教育人物之一，现为中国陶行知研究会会长，俄罗斯教科院外籍院士，北京师范大学教育学部博士生导师，北京师范大学教育学部教授。原中央教育科学研究所所长兼党委书记、全国教育科学规划领导小组办公室主任。

朱小棣毕业于麻省理工学院，长期在哈佛大学从事研究工作，现任美国安生文教交流基金会华盛顿办公室副主任，著有自传、小说、随笔等多部中英文著作。

两位近期在南京师范大学出版社出版了《朱小蔓与朱小棣跨洋对话——出国留学与教育"立人"》，就中美教育差异展开对话，针对出国留学的非物质性准备这一话题，从教育的根本目的说起，以自身受教育经历、见闻和感受为依据，详细介绍和分析了中美大中小学教育中的一系列个案实例。著作反响很大，取得了很好的社会效益。

（选自蒋永华：《朱小蔓、朱小棣姐弟报告会被赞为
"超乎预期的精神享受"》，2015年9月16日）

同日，将《朱启銮画传》签名赠予南京市第一中学，朱小蔓父亲朱启銮曾于20世纪40年代初任南京市第一中学教务主任，作为其开展南京地下党秘密战线工作的掩护职业。

7日至8日，朱小蔓平生最后一次回到安徽休宁万安农村，她与当年插队时结识的农民朋友们相见如故，百感交集。

20日，参加由首都师范大学举办的以"现象学与专业实践"为主题的第三届现象学教育学国际会议，做题为《教育情感素质研究的现象学意趣》的大会报告。

2015年9月7—8日，朱小蔓携胞弟朱小棣赴安徽休宁万安与插队时农民老友再度相会

2015年9月20日，朱小蔓在第三届现象学教育学国际会议做大会报告

同月

招收王坤为博士研究生。

10 月

7 日，受邀出席母校南京市第九中学 90 周年校庆庆典活动，在博雅论堂为南京市第九中学及玄武区教师代表做题为《教师情感表达与师生关系建构》的学术报告，并向母校赠书《朱启銮画传》。

17 日，出席在山东济南举行的"纪念中国陶行知研究会陶行知教育基金会成立 30 周年"大会，做工作报告并做题为《陶行知现代教育学说的价值与意义》的主旨报告，希望全国各级陶研会：一要站在时代高度，与时俱进，不断深入研究陶行知的教育思想和学说；二要坚持教育家的专业立场与原则；三要重视各地陶研组织与基层组织实验基地的建设工作；四要全力培养万千新陶子。大会选举产生了中陶会第六届理事会、常务理事会及中陶会新一届领导成员，朱小蔓继续当选中陶会会长。

2015 年 10 月 17 日，朱小蔓在纪念中国陶行知研究会陶行知教育基金会成立 30 周年大会上讲话

同志们、朋友们：

陶行知先生作为"伟大的人民教育家"，在 20 世纪书写出宏大的中国教育梦：那就是中国教育现代化之梦。作为以陶行知先生命名的名

人研究会，中国陶行知研究会（以下简称"中陶会"）的宗旨是：学习陶行知的伟大精神，继承陶行知探索中国现代化的未竟事业。

今天，在这一目标的感召下，我们汇聚一堂，共同纪念中陶会所走过的 30 年辉煌岁月，缅怀那些熟悉的名字、影像与文字，或许我们会为陶研事业的发展激动与怀想；或许我们会为中陶会自成立后一路走来所克服的种种困难而慨叹不已；或许我们会为自己在新时代中全力以赴使陶行知这面中国现代教育的伟大旗帜继续飘扬而感到责任重大。为此，我特别提议，向张劲夫、陶晓光、陶城、刘季平、方明、张健、胡晓风、胡国枢等逝去的在陶研事业上辛勤耕耘、执着前行的前辈与同人表达深切的怀念！向长期以来支持陶研事业的老领导、各级各地行政部门，表示衷心的感谢！向从事陶行知研究的学者、专家们和各地陶研会组织和广大长期坚持学陶、践陶的基层学校的校长、教师表达由衷的敬意。

翻开中陶会历史，我们可以追溯到她成立前的几年。

1980 年 2 月，安徽省陶行知教育思想研究会在合肥成立，10 月江苏省陶行知研究会在南京市成立，11 月上海市陶行知教育思想研究会正式成立，12 月 26 日陶行知先生的儿子陶晓光、陶城写出了给民盟中央予以审议并转呈中共中央的信……全国学陶的春天终于到来了。

1981 年 3 月，四川省陶行知研究会在重庆成立，4 月华中师范学院高等教育研究会成立陶行知研究小组。10 月 18 日，中国人民政治协商会议在北京全国政协礼堂举行纪念陶行知诞辰 90 周年大会。在这次大会上，中央为陶行知平反，恢复了陶行知"伟大的人民教育家"的名誉，为陶行知研究提供了强有力的支点，推动了陶行知研究的全面复兴。

此后，好消息不断出现，振奋着所有陶子的心：新山海工学团正式成立，《陶行知纪念文集》由四川人民出版社出版，湘版《陶行知全集》编辑工作正式启动，《陶行知年谱稿》由教育科学出版社出版，《陶行知的生平及其学说》由人民教育出版社重版发行，安徽省人民政府批准成立"安徽省行知中学"，新中国成立后首次举行的全国大型陶研学术讨论会于1983年9月在南京召开，与会代表倡议尽快成立全国性的陶行知研究组织。之后又有广东省陶行知研究会、福建省陶行知研究会、陕西省陶行知研究会的相继成立。1985年9月5日，中国陶行知研究会、中国陶行知基金会在北京成立，中央政治局委员胡乔木、国务院副总理李鹏到会并讲话。从此，一个追寻行知精神、与时俱进推进教育改革的中坚力量出现在了中国教育现代化建设的舞台上。在历届会长的不懈努力下，中陶会以理想召唤陶子，以勇气触碰变革，以健全的理性和饱满的情感勤勉踏实地开展工作，书写出属于自己的光荣与梦想。

陶行知先生作为20世纪最伟大的中国本土现代教育家，他的人格、风范、精神堪称"万世师表"；他的教育思想、学说、实践充满"人民性""社会性""民族性"，始终与国家命运息息相关，与时代脉搏一同跳动，从而使传统的中国教育走出狭小的"书斋"，走向广阔的城镇、乡村与偏僻落后地区，如同火种一样，散发热量，照耀光明，启迪千百万人发现了自己，看到了人生的前途，鼓舞"儿童"与"人"成为社会进步的发动机。陶行知先生说过"教育的力量与别种力量不同之点，就在教育的力量是能够达到个个民众的内心里头去的，他能够使民众自己从'心里'发出一种力量来自己团结的"。因此，"民主"与"科学"成为陶行知和其他中国老一辈现代教育家手中高擎的两面旗帜；从普及教育入手，提高国民素质(包括国民身体素质、科学素质)，培养"自主""自立"和"自动"的共和国公民，改造社会，实现国家、民族复兴，许多老一辈教育家都是沿着这条道路筚路蓝缕、探索奋斗、不懈努力的。

我们可以说，陶行知先生的伟大不仅在于他个人的光芒，而是在于他标志着中国现代教育的开端、代表着中国老一辈现代教育家的共同理想，代表着以"中国化""科学化""大众化"为具体内容的中国本土化现代教育特质与方向，代表着中国新教育的光芒与力量。因此，陶行知先生是中国百年以来最伟大的教育家之一。陶行知是一个时代。

众所周知，传统教育与新教育最重要区别之一，在于教育的主体与中心由伦理、制度、宗族、社会向"人"与"儿童"的需要与发展转移，从而冲破传统封建教育"纲常""礼教"的束缚与藩篱。在他看来，每一个儿童都是可教的；成人应是儿童的朋友；教育的功能是解放儿童，而不是束缚儿童。他提出："儿童是新时代的创造者，不是旧时代之继承者。"

各位也都十分清楚，"生活教育"学说是陶行知现代教育思想的核心，反映出陶行知作为中国本土教育家对于教育本质、目的、内涵、功能，以及学校作用、"教"与"学"之间关系等教育原理的哲学层面思考，陶行知对"教育"与"生活"之间的关系有这样的描述：

Education in life（在生活中的教育）；

Education for life（为了生活的教育）；

Education by life（教育与生活相依相伴）；

Education to life（从教育到生活）.

他对"新教育"的继承与创新，使教育不仅在校园、课堂，也不仅是技术、工具、器皿，而升华为境界、情怀、哲学、审美与照耀世界、照耀人生、照耀生活的灯塔。许多人或许看过他写的很精彩的话：在小先生的手里，知识是变成空气，人人得而呼吸；知识是变成甘霖，处处得其润泽；知识是变成太阳光，照着广大的群众向前进行。（《我们的信条》，载《陶行知全集》第1卷，第88页）

反观我们今天的种种社会现象，在怎样理解知识的价值与功用，在知识学习的途径与方式上，在怎样学习"国学"，怎样吸纳国外经验等方面十分欠缺；种种皆证明，我们的认识和作为远远不及、不抵陶行知先生的主张，甚至与此背道而驰。陶行知真正是超越时代的。健康、完整的教育现代化离不开陶行知伟大思想与人格的引领。

各位同人，30年筚路蓝缕，30年弹指挥间。这个有着光荣历史的学会组织要在前人奋斗的基础上继续有所作为。下面，谈一些个人的认识与想法，请大家批评指正。

一、站在时代高度，与时俱进，研究、学习陶行知现代教育思想、学说

30年前中陶会在改革开放大潮中应运而生，在张劲夫、张健、方明等老一辈教育家推动下，中国陶行知研究会，以及中国陶行知基金会作为国内最早的名人研究会组织正式成立，当时国内各条战线处于思想解放、改革开放的大环境中，中陶会的成立纠正了20世纪50年代初由于国内政治原因对于陶行知教育思想的错误批判，重新树立了陶行知先生在20世纪中国现代教育史上的地位；此后，各地陆续成立了陶研会组织，发展大量基层学校陶研基地，学陶师陶践陶，蔚然成风。与此同时，胡晓风、胡国枢、陈仲豪、章开沅、金林祥、陈秀云、韩邦彦、屠棠、梅汝莉、周德藩、宋玉岫、荆世华、周毅、周洪宇、储朝晖、童富勇、辛国俊、徐志辉、余子侠等一批专家、学者着手编辑出版陶行知著作，以及大量研究性著作、普及读物，为后来的研究者提供了翔实的第一手资料和学习基础。在此过程中，由陶行知先生创办的南京晓庄学院、重庆育才学校、上海行知中学和湖南、四川两地教育出版社成为重要的研究、传播平台。一些国际知名学者如日本的牧野笃、斋藤秋男等参与进来，为陶行知研究增加了国际成分，扩大了陶行知研究本身的影响力。与研究工作同步，在方明老会长、韩邦彦带领下，中陶会深入基层开展大量调查研究，足迹遍布国内多个省份，推出了如山西前元庄、四川河川、上海宝山，以及安徽、江苏、

浙江等多个农村教育示范基地，得到当时的中央领导人的高度评价。

随着近年来国内经济、社会环境的变化，如何使陶行知研究、实践与正在进行的教育改革结合起来，更加准确地学习、应用陶行知教育学说，为当前的学校文化建设、教育品质提升，包括教学教育过程中的师生关系、教师学生身心人格健全发展注入积极、科学的力量，以及如何促进农村学校、农村教师、农村儿童的健康发展，都应成为中国陶行知研究会下一步工作研究的问题。

二、坚持教育家的专业立场与原则

正如人们对当前许多教育现象不满与诟病那样，由于自然、社会生态出现了问题，中国教育出现病症是必然的。在这些"病症"现象中，有部分问题是由于教育政策"顶层设计"存在缺陷，不良的大众传媒和公众舆论推波助澜，这需要自觉反思和适时调整；还有一些原因则是教育研究，以及教育研究者本身存在"功利化"、商业化倾向，以及"唯学科化"的偏颇。在教育理论方面，曾被陶行知先生形容为"拉洋车"的现象依然严重，在教育导向方面"食洋不化"，另一方面，对于一些明显违反教育原理与规律，超出一定年龄段儿童身体、心理承受能力的成人意志或行为，教育家不能坚守立场与原则，提出明确的专业性意见。对于上述种种，陶研组织、陶行知的信仰者理应本着专业良知发出正面声音，对不当教育政策、行政干预和社会舆论尽力发挥更多作用、产生更大影响。

三、重视各省陶研会组织与基层陶研实验基地的建设

目前，中陶会组织发展迅速，二级专委会数量有所增加，也有很高的积极性，越来越多实验基地学校开展丰富多彩的学习与实践活动。不久后，我们将成立陈鹤琴教育思想与实践专业委员会，使陶行知、陈鹤琴两位教育大家的思想、学说更好地融合，覆盖面更广。一个世纪前，中国现代教育发端之际，出现了以蔡元培、黄炎培、郭秉文、

陶行知、陈鹤琴为代表的一批现代教育家，他们的思想同样是陶研组织的教育财富，如"教育立人"的基本教育目的观，培养人的"生活力""创造力"的培养目标等，它们对于今天怎样学习"国学"，怎样学习外国经验，怎样指导儿童的学习方式以及家庭教育，无不具有澄清思想混乱，启迪教师、家长的作用。我希望基层陶研组织、专委会进一步重视对老一辈教育家群体的了解和学习，过去我们做得不够，包括我自己。我想强调，各省陶研会组织、中陶会各专委会，各基层陶研实验学校始终是中陶会坚实的基础与栋梁，中陶会的工作重点应更多关注、支持各专委会、各省陶研会的组织建设，支持各基层陶研实验基地学校创造特色学校。同时，重视各专委会、各省陶研会组织和陶研基地学校之间的横向经验交流、资源共享，充分利用中国陶行知研究会的平台优势，使我们的学会组织"活"起来。

四、培养万千新时代陶子，理论研究与实践研究并举

中陶会30年历程证明，陶行知思想理论的系统整理以及不断深化研究是我们的立会之基，不仅史料考据研究、学理研究远未穷尽，而且其研究视野还在向有密切关联的老一辈现代教育家群体，向全球范围扩展。四川人民出版社、湖南教育出版社，以及今天的北京师范大学出版社等所做出的从老一辈陶研专家到中年一代学者的传播贡献令我们永远尊敬。同时，我们需要持续用心培养万千新陶子，需要无数草根研究者、传播者，针对当代中国教育成功经验与教育病症乱象发掘陶行知思想的现代价值，做出"陶行知生活教育在当代"的新文章，也需要像汤翠英、柯小卫等一批民间讲师、推手那样，扎根乡间基层，播散思想启蒙的种子。

总之，时代给予中国陶行知研究会继续对中国教育现代化的推进贡献力量的机会。我希望中陶会同人们都能重视、珍惜这些机会，以"爱满天下"的精神与教育的专业精神引领，为改善教育现状服务、为

基层学校服务，使中陶会组织与时俱进，长盛不衰。

同志们、陶友们！让我们凝心聚力，忠诚信仰，追随陶行知，将学陶传陶的接力棒代代传承，让鲜艳的陶旗在中国教育现代化征途上永远飘扬。

（朱小蔓：《陶行知现代教育学说的价值与意义》，在纪念中国陶行知研究会陶行知教育基金会成立 30 周年大会上的讲话，2015 年 10 月 17 日）

20 日，在北京师范大学召开教师情感表达操作手册（初中篇）编写的改进会议，确定项目执行计划，强调要保证手册编写的质量与对教师的实用性的问题。

24 日，出席在江苏南通举办的以"学陶师陶，做四有好教师"为主题的 2015 年长三角"行知伴我成长"论坛，做主旨报告。

2015 年 10 月 24 日，朱小蔓在南通与李吉林（左一）、李庾南（右一）两位老师合影

26 日至 27 日，参加在江苏南通田家炳中学举办的教师工作坊活动，与田家炳中学校领导、教师及参与项目的科研人员对"教师情感表

达与师生关系构建"项目研究及理解进行交流和讨论，开展观课、评课、课题指导活动，并对第六届情感教育年会暨中陶会教育与情感文明专委会成立大会进行部署。

同月

根据在北京戈友公益援助基金会"脚里学院好校长计划"理想信念模块上的讲课内容整理，在《福建教育》2015 年第 10 期发表《超越"管理"，做"整个儿"的校长——乡村学校校长的信念与担当》。

11 月

4 日，作为"教师情感表达与师生关系构建"项目主持人在北京师范大学召开教师情感表达操作手册（初中篇）编写的改进会议，听取执笔人汇报，并做指导。

13 日至 14 日，出席在南京市临江高级中学举办的中国陶行知研究会苏霍姆林斯基研究专业委员会成立大会暨首届全国"班集体情感教育"学术研讨会，做题为《迈向情感文明：学校教育的使命——苏霍姆林斯基情感教育思想学习心得》的专题报告。朱小蔓任该专委会名誉理事长。

20 日至 21 日，出席在江苏苏州举行的第三届中国陶行知研究会生命教育专业委员会学术年会暨第二期生命教育骨干教师培训会议，做题为《学校德育课程与生命教育》的专题讲演，系统地报告生命教育在内地初中思想品德课程标准修订中的变化，在教材编写中的比重，以及在课堂教学中的实践；阐释品德课程作为生命教育重要载体的意义、如何在思想品德教材中体现生命教育的意图以及以生命教育带动思想品德课程教学理念与方法上的革新，尤其是强调教师如何施教才有助于生命教育目标的实现，并为咨询专家颁发聘书。

2015年11月20日，朱小蔓在第三届中国陶行知研究会生命教育专业委员会学术年会做大会报告

目前学校品德课程承载着对学生进行社会主义核心价值观教育、传统文化教育、心理健康与人格修养以及法治教育的教学目标。品德课是否真的能构成生命教育的意义，还在于是不是能通过真实的教学过程使教师与学生的生命意识被激活，还在于师生真实的身心生命是否"在场"，并且不止于用有关生命的知识在意识的"表层"留下印迹。

教材仅是教师施教的基本媒介，它提供的文本是脚手架，透射出编写者在生命教育方面的种种意图。在品德课教学中实现生命教育的目标，教师需要在施教过程中注重以下一些条件：

第一，是教师本人的生命热情和生命信念，愿意将自己的生命敞开，有与学生生命坦诚相见与对话的基本愿望。这甚至在一定意义上是教学成败的决定性条件，因为这是生命教育不同于其他教育的本性使然。无论是说自己的故事还是说自己曾经有过的挫折甚至是荒唐的事或者是懵懵懂懂，这都是和孩子一起成长。今天一位老师上完课以后含着眼泪发微信说：我自己就是在使用教材的过程中感觉到自己的生命在提升，自己的生命能量在增加，觉得这个课程不仅仅是为了孩子，更是为了我自己。

第二，是教师的文化理解。这里不是指通常意义上的整体文化教养，而是其对地方性文化、情境性文化的了解、洞察，因为生命教育需要教师不断地走近孩子，所以对自己学生真切、实在、独立知晓的文化经验、教育教学经验就显得更加重要了。它涉及所选用、替补的材料是否适切，教学设计和组织是否得当，学习讨论的重点是否适宜你的学生的生活经验、知识基础、认知水平。

第三，善于激发情绪体验，注重感染、熏陶，这是中华文化以情育德的精神传统。但现代生命教育教学中并不主张过度煽情、夸张及作秀、作假，也不满足于靠单向激发来同步唤起所谓的情感经验，我们更加注重平和实在的、真诚的群组分享、个案分享，发现学习者的生命情感线索，并予以适切应对的方式。生命教育期望构成对于具体的"人"（不是抽象的人，不是大面积的人）有意义的"内部学习"。只有这样，才可以现场生成出多样化的生命经验及体验，拓展教师原来局限的学习资源。

第四，生命教育不同于知识教育的根本在于活的生命人物、事件，以及气息的"在场"并"流动"。难点在于个体的生命需求、状态、回应方式都有明显的差异性，所以在大班的条件下我们是很难照顾到所有的孩子的，而孩子很难在四十分钟期间都集中注意力，所以怎样用一双顾及全场的眼睛去发现孩子们的生命状态及其学习目标、检测目标的过程性就有一定的内隐性。因此教师品行上的善良、体贴、宽容、耐心、灵活等个性品质较之于知识水平更被凸显出来。不是说知识不重要，而是说你只有在个人品行上具备一些条件，你才有可能把你的知识水平发挥出来，发挥到生命教育的课程上来，你才可能耐心，你才可能善良、宽容，等等。

第五，由于生命教育内容边界宽、议题多（生命教育的价值是道德呢还是审美呢？既不能归于道德，也不能归于审美。生命教育和道德教育相互包含又不能相互替代)，张力、弹性特别大，不仅需要教师的知识储备量(生命教育课程依然需要有麦克尔·扬所称的"需要掌握的知识"，又称"强有力的知识")，而且更在于教师具有怎样的敏感性，可以临场应对、发挥和生成。还有，生命教育课如何把控节奏、气氛？这个特别重要。传统的教师为了完成教学容量的目的不愿意轻易放弃他设定的目标，所以过程走得有点急，有些环节比较快，这样的话就容易造成生命的流动、生命场的气息很难孕育完整、成熟，容易断裂，把情感场给破坏掉。这个问题和我们的教学目标是什么关系？需要我们进一步探讨。当然，对于生命教育这个大难题，一些问题一旦在课堂上敞开来让孩子追问和讨论的话一定会引发一些两难问题，甚至是老师都解答不了的，甚至是找不到答案的问题。那么怎么处理呢？这都将是对教师教学理念、能力、整体文化与教育素养最为严峻深刻的考验。总之我们已经向前迈了一步，已经将生命教育一定程度上课程化了，一定程度上放置在国家的课程里面，代表了国家意志，一定程度上有一定的体系框架结构了，这是一个进步。这两三年来我们的老师已经有了一定的成长和进步，但是未来的路还很长。

（选自朱小蔓：《学校品德课程与生命教育》，在第三届中国陶行知

研究会生命教育专业委员会学术年会上的报告，

2015 年 11 月 20 日）

23 日至 25 日，出席在江苏南通田家炳中学举行的以"情感教育·生命教育·教师教育"为主题的第六届情感教育年会暨中陶会教育与情感文明专委会成立大会，标志着情感教育研究进一步推向深入。在此次会议上，朱小蔓做题为《学校与人的情感文明：信念与方法——以个人研究经历为线索的思考》的大会报告。主持 25 日上午的"情感教育对

话"，与参会代表一起研讨情绪疗愈的话题。会后，观摩南通田家炳中学举行的"作别难忘少年时代，相约美好青春年华"的青春仪式。

12 月

12 日至 14 日，出席在江苏南京召开的中国陶行知研究会苏霍姆林斯基研究专业委员会成立大会暨首届全国"班集体情感教育"学术研讨会，担任该委员会名誉理事长，做大会报告，确定苏霍姆林斯基研究专业委员会近期研究方向为"情感教育与班集体建设"，明确研究的本土化、现代化、国际化三项原则。

同月

作为第二作者与王平合作在《教育研究》2015 年第 12 期发表《建设情感文明：当代学校教育的必然担当》，提出无论在人的认知发展、价值养成、行为学习层面，还是在更深的思维结构层面上，情感都作为一种"基础性"的存在而发挥着全息性的作用。情感文明意味着个体的情感结构层次在不断调整中走向一种和谐状态，并表现出情感在生物性以及伦理和审美方面的品质都不断得到生长和提升。建设情感文明，当代学校教育应呵护并继续发展个体基础性的情绪情感联结，注重在具体的场景中进行情感培育，以情感教育为依托进行整体性的脑培育。

同年

持续咳嗽，更加消瘦、乏力。

2016 年　69 岁

1 月

7 日至 9 日，出席在四川阆中举行的"中国陶行知研究会'阆中朴素而幸福的乡村教育'全国现场推介会暨中陶会实验学校分会 2015 年年会"，并致辞，会后赴阆中中小学参观和调研。

2016 年 1 月，朱小蔓与阆中市思依镇小垭中心学校戏曲社团的孩子们合影

同月

《中国教师》2016 年第 1 期刊发朱小蔓专访文章，题名为《用心做教育，用心做教师——专访北京师范大学朱小蔓教授》。

2 月

3 日，在《中国教师报》第 1 版发表《没有太多的钱，也可以办最好的教育》。

27 日，参加由中国人民大学出版社和国家图书馆在北京举行的"全面提高教育质量座谈会暨《朱永新教育作品》英文版全球首发式"，并做发言。

永新，心有灵犀，正准备给你发信。我本就该去，也写好了稿，后怕时间来不及，没有展开。回来后拜读了你的质量的四论，很有水平，你确实做的事太多，贡献多多。我也在辛苦做事，在复杂的环境下尽力做好能做的事。与你的友谊很美好。祝你一切顺利！

（选自朱小蔓给朱永新的短信，2016 年 2 月 27 日）

3 月

26 日，应邀赴江苏南通田家炳中学参观、调研，并做学术报告，就教师的情感人文素质和能力为什么重要与教师通过怎样的路径表达情感人文素质这两个问题进行阐述。

27 日，应中国陶行知研究会教育与情感文明专业委员会邀请，出席 ECS（情感文明学校）项目南通地区校长论坛，与南通地区加盟学校校长进行面对面交谈，鼓励他们积极参与研究与实践。

同月

在《江苏教育》2016 年第 3 期发表《读写社区：情感文明的一粒种子》，提出一个人的心灵生命，往往与其阅读经历相关，一个民族的精神面貌，大体取决于该民族的阅读水平。"读写社区"在教师的引领下，带动孩子、家长一同浸润于书香，体验各种情绪、情感，展开想象，将这些情感交汇在一起便会促成儿童产生一种对美好情感的热望与追求，这便形成一种高尚的情感文明。

同月

作为第一作者与刘巧利合作在《中国教育学刊》2016年第3期发表《尊重价值观学习特性及学习者——论中学生社会主义核心价值观教育》，提出社会主义核心价值观教育是当前学校德育工作的重要方面，中学生价值观教育受其身心及时代文化的制约。价值观学习更关注位于教育教学活动中的学习者，中学生处于青春期，是自我身份确证、自我认识逐步成熟的关键时期。除学校正规课程外，中学生价值观教育要注重构建民主、平等、友善的校园及班级文化。

5月

5日，出席在福建福州举行的2016年中国陶行知研究会年会暨"教师教育质量：我们为教师做些什么"主题论坛，做题为《提升教育质量：关爱教师，创造更加人文的教育环境》的主题演讲。

各位与会者：

大家好！

很高兴来到福建省——这个有着深厚教育文化传统的地域，来到在教师培训工作方面有良好声誉的福建教育学院，在这里举办2016年中国陶行知研究会年会暨"教师教育质量：我们为教师做些什么"的主题论坛。感谢福建省教育厅，感谢福建教育学院承办会议，感谢《光明日报》教育部，感谢《中国教育报》，感谢教育部普通高校人文社会科学

2016 年 5 月 5 日，朱小蔓与朱旭东（左二）等学者参加
2016 年中国陶行知研究会年会研讨

重点研究基地——北京师范大学教师教育研究中心协助中国陶行知研究会举办此次论坛，希望这次论坛能够发出我们的声音。非常高兴与陶子们一年一度在年会上相见，相见时都想说出心里的话，相见时都想讨论当前最需要、最急迫、最应当讨论的问题。今天的论坛，我们选择了教师这个主题，下面我讲几点自己的认识。

一、讨论提高教育质量，为什么选择教师话题？

其一，因为教育质量与教师有着最直接的关系，而教育质量或每一个个体深切感受到的教育质量与他（她）所相处的每一位教师有交往频度多、生命时段长的密切关系。这些年来，政府在中小学教师的学历要求、入职门槛、职业培训、物质待遇等方面，尤其是改善农村教师条件方面已经做了大量的工作，而且现在仍在继续不断地努力，但是，全国有 800 万以上庞大的教师队伍。各种政策为教师工作创造了一些起点性的基础，一些外部的条件，然而教师真正的专业素质，尤其是教师的教育素养，教师的道德水准、文化素养、人文情怀并没有与这些外部条件、标准的建造取得相应的、比较同步的、相匹配的成效。所以，总体来看，就素质教育的推进，教育公平的推进以及最近以来对教育质量的呼吁而言，中国教师队伍整体素质跟进的情况，差距还比较大、不容乐观。

其二，不太令人满意的现象，显然不完全是教师队伍本身造成的。教师的问题任何时候都是社会的反映，教师队伍中的问题任何时候也都同社会矛盾、社会问题的冲击有关。30多年来中国的改革开放，一方面我们感到经济的快速发展，中国人比较快地在财富上积累、增长，大大增强了中国人的民族自尊心和自豪感，走到世界上感到扬眉吐气。但是，另一方面，我们也为这些年来的经济发展为中心带来的追逐短期功利、金钱至上以及诚信和互信的严重缺失而忧虑，因为它们已深深影响到各个职业团体、各个阶层、各个年龄段，凡有良知的中国人都会为此深感担忧，国民素质与奇迹般不断上升的经济大国地位不相匹配、不够相称。应试教育屡禁不止，过度的教育竞争、不恰当的教育评价引发家长乃至全社会的焦虑、紧张，造成不良的教育生态、扭曲的情感和人格，造成教育系统内部在干群、同侪、师生关系方面的阻隔，校长教师陷入被动疲惫、无奈无助的困境，教师在职场的归属感、职业尊严感不足，自信心不强，一些学校甚至发生令人痛心的殴师和师生互殴事件。

其三，大家都期望改变。参加到陶行知研究会的人们，期望用陶行知的思想改造社会，不断表达着关切、忧虑和社会良知。但是，社会大环境，30多年积累的精神方面的缺失和问题不可能在短期内得以改变。教师职业，与很多职业的不同在于，它是长时段地在与一个个活的生命相处，它需要教师拥有宽阔的胸怀，有极大的耐心，有强大的内心世界，有极大的包容心。这样的职业，教师本人如果没有受过关爱，缺少安全感、独立感、自由感、惬意感，教师本人如果没有创造愉快的自豪，怎么可能让孩子有安全感？怎么可能有宽阔的胸怀去保护孩子，愿意去等待孩子，愿意把处在边缘状态的孩子拉回我们的身边？教师职业所有的工作都与教师本人的心灵、精神世界，与教师的情感状态、品质密切相关，所以仅靠自上而下、由外向内的管理及要求，或者说我们过分地相信诉诸标准化的评价、严格的管理、严格的要求甚至惩罚就可以解决问题，那是不可能的。我们在教师教育、教师工作方面，在教师发展观方面是否还有不完善？它是否还受以经济发展为中心、以单一发展、标准化发展模式的影响，发展不够协调，工作不够人性化？不够健全的进步观、发展观需要反思、需要调整、需要弥补、需要完善，需要改变教师管理工作简单化和控制化的心理，改变单向度地提要求和教导。我们希望从关怀的路径，从建立和谐关系的视角审视、反思、调整、补益教师工作、教师教育的政策和实践，采用更加人文化的，从实际出发的，从具体的地域、地情、人的情况出发的管理方式和评价方式。各位可能已经注意到，联合国教科文组织发布、出版过几部具有里程碑意义的著作，一是70年代初期的《学会生存——教育世界的今天和明天》；二是雅克·德洛尔报告《学习——内在的财富》；不久前又刚出炉《反思：向全球共同利益的理念转变》，被誉为第三部具有里程碑意义的著作。这些著作是集联合国教科文组织二百多个成员方中一批不同学科、不同工作背景，跨国的那些最睿智、最清醒、有洞察力的人的头脑风暴、共同做出的。这些著作对十几年来的全民教育运动做了一点反思，认为联合国教科文组织在全世界推进全民教育运动的正面作用是大大促进了各个国家的教育普及，这其中包括中国对于全球人类教育普及方面所做的贡献。但需要反思的是，在追求规模及效应的同时，对教育质量重视还不够。著作中有一段重要的话为"仅凭教育不能解决所有发展的问题，但着眼于全局的人文主义教育方法可以并且应该有助于实现新的发展模式"，这里表述很明确，教育虽然不能解决经济社会发展中的问题，但是我们依然还是要依赖、依靠教育，因为只有通过教育改变人，才可能促进社会的改变。但它需要一个着眼于全局的人文主义教育方法。我认为这些著作对于从事教育工作的人有很大的启发：我们如何站在全球的视野，在当前党中央强有力的领导下，深刻理解新的发展观？我们如何走出困境？

我们希望通过今天的论坛来展示我们教育界自身为走出困境而做的努力。只要我们的心还未冷却，意识还未麻木，我们一定会在忧虑问题的同时，深切地感受到中国教育界到处都有可敬可佩的教育工作者，也可以发现不少头脑清醒的，主动工作的教育行政官员，可以看到一批可爱的、可敬的校长，他们不是那种只会讲套话，只会说模式化的话，只会照本宣科，念稿子的校长和官员，他们是用心在做创造性的工作。他们善于从学校的实际出发，从他们那里教师、学生的实际出发去工作，忠实于事情本身、着眼于细节地工作。他们相信，教育是慢的艺术，慢工出细活，用自己的智慧，并且形成良好的组织文化以保护教师、激励教师。在他们辖下的教师有相对宽松的小环境和职业自信心，有比较好的学校秩序和师生关系。本次论坛设计了三四个主题，就是希望有教育行政领导、校长，把他们创造的经验展示出来，把这些经验背后的理念展示出来，同时也可以去直面、揭示问题，引发我们更多的思考。

中国陶行知研究会能够做什么？大家能感受得到，各级陶研会是个特别有爱心的民间学术组织。陶研会的年会是聚集在陶先生"爱满天下"的旗帜下。陶先生怀抱大爱投身教育，陶先生一辈子都在讲"即知即行，即知即传"，我们希望通过陶研会这样的社会团体组织、民间学术组织，把大家的经验和背后的思想传递出来加以分享，传播正面经验，鼓舞所有愿意用行动改造环境的人们。

二、教育界团结起来，为健全的教育质量而工作

大家现在议论，前些年是为教育公平而努力，而现在追求教育质量当优先了。其实，追求教育公平永远在路上，追求教育质量也不是只从今天开始。匡正应试模式的教育，希望转向素质教育就是追求教育的质量。我们始终追求有质量的教育公平。

什么是质量呢？关于质量问题有不少讨论，我在此强调两点：

其一，教育质量首先是学习者的生存质量和生命质量，教育质量绝不是一个可以离开个体的抽象概念。教育质量是面对每一个鲜活的学生，面对每一个教师活的生命，教育质量首先是学习者和教师自身要有生存质量、生命质量。质量总是具体的，如果学习者不感受到学习过程中有自己本质力量的体现，不感到学习中有愉快的学习体验，对于自己有意义、有价值；如果从教者在教学工作中不感觉到有胜任的愉快、有职业的尊严和创造；那么，质量是无从谈起的。现在高中课标正在紧张的研制中，希望把核心素养的概念引进到学科教学中，但我相信核心素养必须落实到个体，一切的基础还在于每个学习者愿意学习，每个从教者乐意教学，所以追求质量一定得要从基本的关心人的生存质量入手。

其二，教育质量不是只培养少数尖子，只出人才，甚至大人才，教育质量也不仅仅靠一部分教师，不仅仅靠一部分教育家式的优秀教师，教师质量要靠整体教师队伍的精气神调动起来。所以，我认为教育质量从根本上说还是培养人的道德良知和培养人的共处能力，这一点联合国教科文组织《反思：向全球共同利益的理念转变》一书中也有论及，特别强调了什么是着眼于全局的人文主义的教育。用这样的人文主义教育为什么可能影响到整个经济社会的发展呢？那就是我们要改变学习内容、学习方法，个人要学会生存，每个人要学会共处。我们要把学会生存、学会共处重新提出，以反思人文关怀、人文教育的

缺失。现在我们学校和有些行业过分强调个人竞争，但在风险越来越高的社会，在人和人之间，国与国之间，民族和民族之间都需要形成命运共同体的全球理念下，学会生存，学会共处应当成为教育的首要学习内容，在学习方法上必须突破、超越个人性的学习，需要更多的协商学习，需要更多的合作学习、探索性学习。在这方面，陶先生在20世纪20年代末，30年代、40年代就不断地提过学习要在集体中进行，教师要做学生，学生要做"小先生"，强调学校德育是要教会学生"自治"，通过"自治"培养社会关切与合作能力。还有北宋时期的胡安定先生(江苏如皋人)，在1000年前就提出"商谈"教学法。陶先生的思想与中国古代优秀教育文化、与现在联合国教科文组织的思想是高度契合的，由此也证明了陶先生的思想是继承了中国传统文化的，他是对人类学习进行深入研究的现代先驱。我们相信只有不断地明晰、传播更加合理的、更加健全的教育质量观，只有在正确价值引导下的学校发展、学生发展、教师发展，只有在日渐健全的法治社会、法治国家理念下的教育治理，我们才能走上更健康的道路。在此让我们以陶先生的大爱思想，以关怀为核心，以关注干群关系、师生关系、同侪关系这样一个关系性存在的视野，从关心学生的生存，教师的生存、生命、生活质量开始，多一点关爱思维和同理心，少一点管制和惩罚思维，以行动从管理、评价、组织文化、专业共同体建设方面着手，努力改善教师的工作环境，改善教师的生命状态，去探索道德文明建设、教师道德文明建设、中国现代化道德文明建设的新路。

我们来到福建，福建陶研会有一位年轻人(周志平)，以他为首团结了一批年轻人，认真学陶先生的思想，联系教育工作的生活体验，每天把他们的学习体会向陶研界发布，微信的题目为《用微光照亮新的前程》，我们要向这些年轻人学习。让我们团结起来，让微光变成发出炽热闪光的火炬，让同行者的队伍不断壮大。陶先生永远是我们伟大的旗帜，是我们思想的灵魂。

（选自朱小蔓：《提升教育质量：关爱教师，创造更加人文的
教育环境》，在 2016 年中国陶行知研究会年会上的讲话，
2016 年 5 月 5 日）

16 日，应邀出席在首都师范大学举办的"《品德与生活（社会）》学科教师培训课程标准研制"新一轮阶段性专家咨询与研讨会，就义务教育课程目的和立意如何体现在标准研制各部分内容中给出具体的指导建议。

2016 年 5 月 16 日，朱小蔓与"《品德与生活（社会）》
学科教师培训课程标准研制"项目组成员合影

18 日至 19 日，出席在华中师范大学举行的陶行知与中外文化教育国际学术研讨会，朱小蔓致辞并与章开沅先生、周洪宇教授一起为陶行知国际研究中心揭牌。

同月

根据中国陶行知研究会"阆中朴素而幸福的乡村教育"全国现场推

介会上的讲话，在《生活教育》2016 年第 9 期发表《阆中朴素教育就是陶行知生活教育在今天的一个样板》。

同月

在《南京师大学报（社会科学版）》2016 年第 3 期发表《"布衣知识分子"的教育人生——刁培萼先生学术思想和精神遗产》，文中认为："刁培萼教授是一位卓有成就、富有个性的教育学专家。眼下学术圈中的许多现实，人们的疑惑与批评、坚守与挣扎、憧憬与怀想时常撞击我的心，推动我为这位素朴无华、个性执着的老师写一点回忆和感念。它不仅是表达两年来淤积于心的哀思，更是灵魂的作业。作为国内第一本《马克思主义教育哲学》《教育文化学》和《农村教育学》的著作者，他在这三个教育学分支的开创之功，对南京师范大学教育学科乃至全国教育学术界均具有学科奠基的重大学术价值。他坚持将教育实验融贯于教育哲学研究。他的平凡一生'质本洁来还洁去'。"

6 月

28 日至 29 日，出席于北京中学举行的"经济全球化时代的'道德人'培养——教师情感表达与师生关系构建"项目全国教学研讨会，从教师情感表达的重要性和提高教师情感表达的路径两个方面进行了专题讲座。

同月

胞弟朱小棣与任兴华老师合作编著的《游学看美国》由山东教育出版社出版，朱小蔓为该书作序。

胞弟去美国留学生活已近乎三十载，毕业于麻省理工学院，又在哈佛大学工作过整整十五年之久，并作为两个孩子的家长亲历了美国基础教育的全过程。如今他的大儿子已从哈佛大学本科毕业，就读于布朗大学医学院，二儿子刚刚进入波士顿学院念本科。他对中美教育的异同比较，以及作为双语作家在海内外出版过多部书籍的丰富经验，愈加添增了这本游学手记的趣味性、可读性。

（选自朱小蔓：《游学看美国》序，2016 年 6 月）

2016 年 6 月，朱小蔓出席在北京中学举行的经济全球化时代的"道德人"培养研讨会

2016 年 6 月，胞弟朱小棣与任兴华合作编著的《游学看美国》出版，朱小蔓为该书作序

同月

指导刘胡权博士完成学位论文《论教师专业发展的情感基础——基于优秀教师个人生活史的考察》，并通过答辩；指导刘巧利完成博士学位论文《乡村生活和农民道德学习——中村个案研究》，并通过答辩。答辩委员会委员程方平、朱旭东、檀传宝、储朝晖、施克灿。

脑海里的许多画面和回荡在耳边的教导，难以言表。我 2002 年 7 月从北京师范大学硕士毕业到中央教科所工作，同时朱老师从南京师范大学到中央教科所任所长、党委书记。从那时起，便得到老师的教诲、熏陶，从"青年读书会"，到郝克明、范梅南等大家的讲座交流，"农民工子女教育""现代学校制度""素质教育""教育公平"等问题调研，无不令二十四五岁的我感佩，初生牛犊不怕虎，我也常发表自己的看法，也多次得到朱老师的鼓励。

我一直有攻读博士学位的愿望，也有跟随朱老师正式学习的想法。但由于自己的个性和观念，也或许是不够自信，觉得朱老师是单位的最高领导，读朱老师的博士，有攀附之嫌。直到朱老师到联合国教科文农村中心和北京师范大学任职，我便果断报考、入学。在同学们的读书会、研讨会等一些活动中，朱老师总爱笑着说，"我们俩是同时进所的同事"。

论文选题，是和朱老师一拍即合的。我一直有想要研究村庄中的道德如何发生如何变迁的想法，朱老师非常支持，认为我有教育史研究的学术基础，又一直在做共和国教育史，又有农村德育的情结，同时，这也是社会转型时期乡村振兴的一个重要问题。选题确定后，朱老师就非常严肃地说，这是需要硬功夫、下笨功夫的研究，需要去选"质性研究"的课，需要下到田野中，需要反复思考。"我也多看看资料，咱们努力做好！"老师给了我《自然主义研究》等研究方法的书和李泽厚、梁漱溟等先生的著作。

终于，2016年，我准备提交毕业论文。晚上11点20分，终于结束了关于论文摘要的讨论，又是一个多小时的通话！第二天上午11点，我又收到了导师的短信："巧利，论文又粗略地通读一遍，心头涌动一股热流，你花了几年时间终于把中村农民道德生活画面描画出来了。你的心愿终于实现了，为你高兴，赶紧提交吧。我对你的论文贡献甚少，十分汗颜，但我作为学习者和见证者也有快慰。"我不知道，一位导师要怎样做才算有贡献呢？从选题、开题、每次田野调研的提纲、调研后的讨论到开始撰写，哪一步没有老师的心血呢？老师以带病之躯，在繁重的任务下，仍时时督促我、鼓励我，特别是2015年冬季开始，每每听到她的咳嗽，都令我不安、自责、心疼！有师如此，人生一大幸。

（选自刘巧利：《回忆老师朱小蔓学术指导》，2021年4月25日）

同月

主编《中国生命教育发展蓝皮书2015》由东北师范大学出版社出版，这是中国第一部以生命教育为主题的蓝皮书，记录北京、吉林、浙江、江苏、江西、香港特别行政区及台湾地区的生命教育事业和部分生命教育研究机构，总结2015年之前我国生命教育事业的状况。

同月

与王秉豪等共同主编的《生命教育的知、情、意、行》，由台湾扬智文化出版。

2016 年 6 月，朱小蔓主编《中国生命教育发展蓝皮书》由东北师范大学出版社出版

2016 年 6 月，共同主编的《生命教育的知、情、意、行》由台湾扬智文化出版

7月

5 日至 9 日，参加于北京师范大学举行的情感性班集体建设暑期高级研修班，对骨干教师进行教师情感表达培训。

13 日，参加在山东青岛举行的以"培养陶行知式教育家"为目标的"行知式校长高级研修班"及以"培训陶研骨干，培养陶研高端人才"为目标的第十六届"陶研骨干研修班"，为来自 18 个省、市、自治区的 460 余名学员做题为《教师"情感-人文素质"与师生关系建构》的学术讲座。

同月

任总主编的《道德与法治》七年级上、下两册由人民教育出版社出版，当年 9 月投入使用。该教材于 2021 年 9 月获首届全国优秀教材特等奖。

2016 年 7 月，朱小蔓任总主编的《道德与法治》七年级上、下两册由人民教育出版社出版，该教材于 2021 年获首届全国优秀教材特等奖

同月

在《生活教育》2016 年第 13 期发表《提升教育质量：关爱教师，创造更加人文的教育环境》。

9 月

19 日，出席在北京召开的由朱永新、冯建军、袁卫星主编的《新生命教育》新书发布会，参与讨论并发表见解。

29 日，参加由北京教育科学研究院组织的教育部委托项目"中小学德育工作指南"项目研讨会，对项目开展进行指导。

同月

在《现代教学》2016 年第 18 期发表《情感关注：班集体建设的重要基础》。该文认为，班集体建设应该以班级生活为基础，关注学生在校日常情绪情感状态。创建情感文明是班集体建设的一项重要使命。班主任的情感人文素养直接影响班集体教育质量。

10 月

10 日，参加在北京师范大学举办的"经济全球化时代的'道德人'培养——教师情感表达与师生关系构建"项目短期学习活动，并讲话。

18 日，出席在华中师范大学举办的"陶行知与中外文化教育国际学术研讨会"，并做大会报告，为湖北省陶行知研究会"陶行知国际研究中心"揭牌。

11 月

4 日，参观并调研南京拉萨路小学，与学校教师座谈并发言，观看学校组织的学程周活动。

朱奶奶来的那天，是我们的学程周。我没带演出服，只好借了一个青蛙头套来应付，在最后的合影阶段，我腼腆地站在一边，希望不

2016 年 11 月 4 日，朱小蔓在南京拉萨路小学与陈继恩小朋友合影

要有人注意到我，可旁边的一个年迈的老师，看起来六七十岁，面貌慈祥，她看见在旁边腼腆的我，便把我拉过去合影，还热情地搂着我，当时我的脸红彤彤的像一个苹果。后来老师告诉我这是一位著名的教育家，我觉得自己太幸运了！

（选自拉萨路小学学生陈继恩：《回忆朱奶奶》，2020 年 9 月）

7 日至 9 日，赴阆中市参加中国陶行知研究会"阆中朴素而幸福的乡村教育"全国现场推介会，发表讲话并赴阆中市下辖多个农村学校进行考察。

11 日至 14 日，参加于浙江金华举行的中国陶行知研究会苏霍姆林斯基研究专业委员会第二届年会暨全国"情感教育与班集体建设"学术研训会，发表题为《班级情感教育的功能、使命与班主任的情感人文素养》的主题演讲。会后，参观和调研金华武义实验小学，接受该校师生由一百个不同字体的"情"字组成的《百情图》，爱不释手。

21 日至 25 日，参加在江苏南通举行的"经济全球化时代的'道德人'培养——教师情感表达与师生关系构建"项目短期学习活动，为全国参训者做题为《教师情感表达与师生关系构建》的主题报告。

2016 年 11 月 23 日，朱小蔓在南通为"教师情感表达与师生关系构建"项目短期学习活动做主题报告

同月

作为第二作者与钟芳芳合作在《中国教育学刊》2016 年第 11 期发表《教师关切情感的逻辑及其实践路径——兼论当代师生关系危机》，提出关切的本质是在"充满他人"之中反观自己走向彼此成长的"共同体"。当代师生的"关系危机"折射的是教师关切情感的异化，主要表现在关切关系主体人的缺失，师生伦理的绑架，功利交换的往来及媒体时代对真实人际关系的消弭。

12 月

9 日，中国陶行知研究会生命教育专业委员会第四届生命教育学术年会在香港教育大学召开。与学生王平合作提交大会主旨发言报告《在职场中生长教师的生命自觉：兼及陶行知"以教人者教己"的思想与实践》，由于身体原因在南通住院休养未能到会，由王平代为在大会上发言。

同月

作为第二作者与钟芳芳合作在《教师教育研究》2016 年第 6 期发表《论当代教师道德生活的困境与自主成长：基于情感自觉的视角》，文章基于情感自觉的视角，从情感-生命、情感基础、情感素养三个方面对教师道德生活的情感维度进行深入解读，探寻以教师支持性情感系统的培育为特征的促进教师道德生活的自主成长的路径。

同年

被诊断为肺癌复发，服易瑞沙，药效显著，服药两天后咳嗽停止，生活和工作逐渐恢复正常。

2017 年　70 岁

1 月

作为第一作者与王平合作在《全球教育展望》2017 年第 1 期发表《情感教育视阈下的"情感-交往"型课堂：一种着眼于全局的新人文主义探索》，提出情感教育在关心人的精神状态并通达全副生命发展，建构人类伦理以及面对狭隘、封闭的教育积弊方面具有重要价值，是反思教育并进行人文主义教育和教学实践的理论依据和实践经验。以情感教育思想为指导的"情感-交往"型课堂是融合情感教育、课程育人、情感德育为一体的，关心有生命质量的课堂教学。它注重课堂教学中教师、学生等个体间情感关系的顺畅、生命联系的牢固以及整个课堂教学环境的积极健康，最终指向包括个体情感在内的整体人格的健全发展。

同月

在《生活教育》2017 年第 1 期发表《陶研组织的生命力——在"陶行知与中外文化教育"国际学术研讨会上的讲话》。

2 月

应邀赴江苏第二师范学院做题为《情感性德育及其运用——回应挑战的一种人文主义探索》的学术报告。

同月

作为第二作者与钟芳芳合作在《教育理论与实践》2017 年第 4 期发表《重构爱的联结：乡村教师对留守儿童家庭的情感教育支持》。

同月

作为第一作者与王坤合作在《教育研究与评论》2017 年第 1 期发表《情感人文素质提升：情感教育与生命教育的实践诉求》，提出我们追求的教育是保护生命、激发生命活力和创造力，尊重生命、包容生命差异的。教师作为有一定专业素养的知识劳动人群，应当自觉地依从生命的时序及规律进行教学和教育活动。这需要教师在职前职后有专门的教育，除了对生命认识的知能方面，更重要的是对生命理解的情感人文素质方面。

3 月

在《班主任》2017 年第 3 期发表《班集体教育漫谈：情感关怀的视角》，提出班级生活要为学生提供支持性的情感环境；班级情感文化是班集体建设的基础。

4 月

27 日至 28 日，出席在北京中学举办的"追随伟大人民教育家陶行知，做新时期'四有'好教师论坛暨 2017 年工作年会"，并致辞。

5 月

18 日，在北京参加由教育部人文社科重点研究基地南京师范大学道德教育研究所、南京师范大学立德树人协同创新中心主办的《中国儿童道德发展报告 2017》暨专家咨询会，并发言。

同月

作为第一作者与王平合作在《南京师大学报（社会科学版）》2017 年
第 3 期发表《在职场中生长教师的生命自觉——兼及陶行知"以教人者
教己"的思想与实践》，提出人的生命多测度的整体、协调发展需要从
事生命教育的教师尊重生命，理解生命，鼓励、促进并成就生命。

6 月

作为第二作者与钟芳芳合作在《教育理论与实践》2017 年第 16 期
发表《论当代教师道德生活的困境与自主创造》，提出教师的本质是与
学生过道德生活并共同创造可能的道德生活。基于此，在观念层面以
人文主义方式重新发现教师道德生活的情感维度，转向教师情感生命
内部发力，着力于教师情感自觉对道德生活的建构是将教师道德生活
向道德"初心"逼近的一种尝试。在实践层面，自主创造才是教师突破
道德生活困境的真正出路。这不仅需要教师在实践中不断自觉地真诚
设问实施道德生活的自主努力，还需要教师自己关注那些助力于高尚
道德生活的情感素养的培育。

10 月

26 日至 28 日，中国陶行知研究会生命教育专业委员会第五届生
命教育学术年会在清华附小召开，主题为"生命教育与情感教育"。朱
小蔓带病参加会议，并做题为《缠缠绕绕相表里，寻寻觅觅至如今——
情感教育与生命教育之探寻》的主题报告，运用生命叙事的方式，讲述
自己 20 世纪 80 年代中后期选择了情感教育作为终身学术事业的历程，
做出"情绪情感与生命现象相互缠绕、互为表里"的重要论断。

2017年10月27日，朱小蔓在中国陶行知研究会生命教育专业委员会第五届学术年会上做主题报告

11 月

9日至12日，在四川成都市武侯区召开中国陶行知研究会苏霍姆林斯基研究专业委员会第三届年会暨全国"情感性班集体建设"学术研讨会，因身体原因未能到场参会，做视频发言。

16日至17日，出席在江苏南通举行的中国情境教育儿童学习范式国际研讨会暨李吉林儿童情境学习专著(英文版)首发式，并发表讲话。

21日，作为课题论证专家组组长，在北京参加江苏省南通田家炳中学陈永兵校长主持的全国教育科学"十三五"规划 2017 年度教育部重点课题"普通中学情感德育实践形态的探索"的开题活动。

29日，入选《中国教育报》评选的"中国当代教育名家"。

2018 年　71 岁

1 月

作为第二作者与王慧合作在《教育科学研究》2018 年第 1 期发表《论当下教师情感表达的三个主要误区》，提出教师情感表达存在三个误区：教师情感表达的方式随意化、内容片面化、价值观偏私化。

同月

根据"中国情境教育儿童学习范式国际研讨会暨李吉林儿童情境学习专著(英文版)首发式"上的讲话，在《人民教育》2018 年第 2 期发表《与儿童心心相印的教师永远不会被技术所替代》。

2 月

在《生活教育》2018 年第 2 期发表《方老是一面旗帜》，高度评价方明对中国教育事业发展做出的重要贡献及编辑出版《方明文集》的意义。

3 月

31 日，为孙孔懿研究员的新著《苏霍姆林斯基评传》所写的评论在《教育史研究》2018 年第 4 辑发表，题名为《一位"精神巨人"的大型"精神评传"》。

同月

作为第一作者与王平合作在《中国教育学刊》2018年第3期发表《从情感教育视角看教师如何育人——对落实〈中小学德育工作指南〉的思考》，提出从情感教育的视角看，教师对自己所教学科知识的价值观挖掘、建立各门学科知识与学生生活以及已有经验之间的联系等相应的学科素养，教师的教学观、在教学活动中对学生的情感关注与回应，以及教师对学科和教学的热爱等，都蕴藏着丰富的德育契机与资源。教师的师生观、对师生关系的理解以及师生之间真实的交往等都渗透着德育的机会，是教师在学校教育更大范围内育人的重要途径。

4月

16日，出席南通田家炳中学初一年级"诚信伴你我成长·诚信与我们同行"诚信宣誓仪式，并为全体师生传递诚信火炬。

2018年4月16日，朱小蔓出席南通田家炳中学"诚信伴你我成长·诚信与我们同行"诚信宣誓仪式

24 日，赴南通田家炳中学进行调研，观摩"情感-交往型"课，与正在田家炳中学跟岗学习的浙江省温州市苍南县的 9 位校长进行面对面交流，分享她的情感教育历程和体会。

2018 年 4 月 24 日，朱小蔓与陈永兵校长一同在南通田家炳中学听课调研

同月

作为第一作者与王坤合作在《中国教育学刊》2018 年第 4 期发表《初中〈道德与法治〉教材使用对教师的期待与引领》，文章认为：新教材使用期待教师准确理解和把握"道德与法治"是一门综合性课程，在活用教材"教"的过程中重视构建开放的学习平台，打造愉悦讨论与平等对话的时空，并依托教材开发更多的学习资源，从而使教学过程成为师生共同学习、共度时光、共同成长之旅。为此，教师需在日常生活中勤于观察、反思并提炼问题，关注、关心国家的政治经济生活与社会发展，坚持教研思考与写作，在人际交往中扩充善心、提升逻辑思考与人文理解能力，以学习者和行动者的姿态增进思想政治素养与人文情怀，强化专业成长。

同月

作为第二作者与钟晓琳合作在《中国教育学刊》2018 年第 4 期发表《主流价值通达学生主体生命：初中〈道德与法治〉教材的设计理路》，提出国家统编初中《道德与法治》教材设计，从个体道德与价值观学习的视角，探索社会主义核心价值观、优秀传统文化及伦理道德规范如何能够通达初中学生的主体生命，与之生命成长的内在需求发生关联。

5 月

作为第一作者与王坤合作在《课程·教材·教法》2018 年第 5 期发表《"情感-交往"型课堂：课程育人的一种人文主义探索路径》。

6 月

指导王坤完成博士论文《教师职场的情感交往研究——增进教师情感文明的一种探索》，并通过论文答辩。朱小蔓因病未能参加答辩，答辩委员会主席胡艳，委员陈如平、宁虹、李琼、施克灿。

朱小蔓与弟子王坤合影

教师整全发展的前提与基础是情感的觉醒，只当如此，与之相伴的习性完善、认知进阶与人格改进才更有后劲。与此同时，教师情感觉醒是教师学会观照自我，在多元、复杂的学校教育生活中有效重建自我理解，妥善地跨界实践，总能活出新的自我并过出幸福生活的关键力量。因此，教师的情感教育能力以及以此为表征的情感人文素质对整体改进学校教育、增进社会福祉至关重要。

20世纪80年代中期，朱小蔓先生敏锐地发现并指出，应从情感培育出发改进学校教育、提升育人品质的重要性。时至今日，以朱小蔓先生引领并为代表的中国当代情感教育研究的专家学者们，以坚韧不拔的意志品质、高洁的人格修养和精益求精的理论修炼，对教育理论与实践发展做出了丰硕且重大的贡献，为人与学校的情感文明进步积累了宝贵的实践经验与思想财富。近四十年的中国当代情感教育研究展现出"甘入苦海、百折不挠"的英雄气概，以及以情感人文主义为思想底色兼具对人的终极关怀为价值信念的理论风骨。

朱小蔓先生的学识与生命一体，是一位有情有义、思想深邃、精神高洁的教育家。书稿创作于先生生命艰难时期，也是先生生命的最后几年，但身处如此困境，先生依然凝结巨大精力悉心指导，助力文稿完善。我深知这是先生"教师知识分子"形象的日常写照，先生一直都是这样，为真理而学、为大义而思、为教育而活。我永远不会忘记，在先生没有语言、没有表情、不能进食的生命后期，我对先生说："老师，我们不怕，积极治疗，肯定会好的，到时我们学生还要听您讲课，好吗？"先生重重地点了下头，那时，随着我流出的眼泪，我们静静相望。这是先生生前给我上的最后一课，我爱先生，我想余生会用心传承好先生志业。

（选自王坤：《教师职场的情感交往研究》后记，2022年3月）

9 月

作为第一作者与王坤合作在《中小学教育》2018 年第 9 期发表《涵情育德 以德育人——"经济全球化时代的'道德人'培养——教师情感表达与师生关系构建"项目的思想与实践》，提出"经济全球化时代的'道德人'培养——教师情感表达与师生关系构建"项目致力于通过在真实学校教育生活中的积极合作与探索，提炼足以改善教师情感能力、提升教师情感人文素质、构建良好师生关系的行动理论，扎根学校教育实践进一步完善理论、丰富方法，力图帮助教师自主走上持续改变、知识学习、统整情感教育、涵情育德、以德育人的幸福教育之路。

同月

主编的丛书《教师情感表达与师生关系构建操作手册》（幼儿园版、小学版、初中版）由北京师范大学出版社出版。

10 月

19 日至 21 日，主编的"经济全球化时代的'道德人'培养——教师情感表达与师生关系构建"项目丛书《教师情感表达与师生关系构建操作手册》新书发布会在南京举行。由于身体原因，未能到会参加，录制视频在大会播放。有来自全国高校、中小学以及幼儿园共计两百多位专家学者、校长、教师参会。国家教育咨询委员会委员、教育部原副部长、江苏省原副省长王湛，江苏省教育厅副厅长朱卫国，南京师范大学校长陈国祥，北京师范大学教育学部部长朱旭东，田家炳基金会主席田庆先、总干事戴大为，以及江苏省教育科学规划办、北京师范大学、南京师范大学等教育机构领导出席发布会，共同庆祝项目所取得的成果，日本佐藤学教授专程到会祝贺。

25 日至 28 日，在河南郑州举办"纪念苏霍姆林斯基诞辰 100 周年大会暨中国陶行知研究会苏霍姆林斯基研究专业委员会第四届学术年会"活动，因身体原因未能到场参会，做视频发言。她的视频录音响起的那一刻，满场掌声雷动。这是朱小蔓最后一次参加中国陶行知研究会活动。

2018 年 10 月 25—28 日，朱小蔓在河南郑州举办的"纪念苏霍姆林斯基诞辰 100 周年大会暨第四届学术年会"做视频发言

　　大力倡导行知大爱、奉献精神，坚决反对逐利倾向。这一点朱小蔓先生为我们树立了榜样：我们曾多次提议，召开朱小蔓情感教育学术研讨会，她坚决不同意；她常常带病参加学术活动和基层调研，我们建议她配一个秘书随行，她称"中陶会不养人"！要把有限的资金用于陶研，支持基层学校。后来我们又建议她爱人吴先生作为助手、生活秘书随行时报销差旅费，她仍不同意。朱先生的学术素养和无私奉献精神，深深地影响感染着每位学陶人。

（选自吕德雄：《中国陶行知研究会第六届理事会工作报告》，

2021 年 4 月 25 日）

12 月

15 日，抱病参加在南京举行的"哲学与时代精神：庆祝东南大学哲学学科复建 40 周年研讨会"，与樊和平等老同学一道见证导师育殊奖学金捐赠签约仪式与萧焜焘教授作品发布仪式。

2018 年 12 月 15 日，朱小蔓在育殊奖学金捐赠签约仪式合影，左三为王育殊教授夫人徐凤女士，右二为樊和平教授

同年

咳嗽复发，不思饮食，体重下降，易瑞沙药效丧失，开始服用奥西替尼；其间，间质性肺炎体感染性病变，疑为奥西替尼副作用，住院治疗后间质性肺炎吸收，胸部淋巴结明显减少。后又住院检查和治疗，接受化疗两个疗程，决定不继续做第三、四个疗程的化疗，得到医生允许后返家休养。

2019 年　72 岁

1 月

作为第一作者与王平合作在《江海学刊》2019 年第 1 期发表《陶行知的生命教育思想与实践》，指出陶行知先生奋斗一生，皆为关注人的生命。他求教育改变落后的生活，也求生活改变陈旧的教育，都只为改善国人的生命质量和民族与共和国之命运。他将真实的生命、活的生命、平衡的生命、健全的生命和独立自主的生命看作生命发展和教育的出发点与最终指向。

3 月

6 日，在《中国教师报》第 12 版发表《让教师生长出更多的职业幸福感》。

同月

作为第二作者与张华军在《教育科学研究》2019 年第 3 期合作发表《"看见"学生：情感人文取向的课堂教学研究》，提出情感人文取向的课堂教学研究发现，当教师创设课堂教学场域，在教学中将注意力的重点从传递已知知识转向对学生内在矛盾的激发、识别和恰当回应时，教师和学生的个体生命都在教与学的发生过程中得到丰富和拓展，教学成为"看见"学生、见证和支持学生生命成长的过程。

同月

入选由长江教育研究院、教育智库与教育治理研究评价中心组织评选的"改革开放40年教育人物40名"名单。该评选活动自2018年12月初启动，经历征集（自荐、他荐）、初评和专家终评等阶段，最终评选出入围名单。

朱小蔓，女，生于1947年，北京师范大学教育学部教授、博士生导师，中国陶行知研究会会长，俄罗斯教育科学院外籍院士，兼任联合国教科文组织农村教育研究与培训中心主任等职，曾任中央教育科学研究所所长兼党委书记、南京师范大学副校长等职务。主要研究情感教育、道德教育、教师教育及教育哲学等。

朱小蔓是我国情感教育研究的开拓者与实践者，在实践中结合哲学架构与科学意识，用现代科学知识综合考察教育问题，彰显教育中的"情感"维度，在全国广大地区产生了深刻的影响。

不仅如此，她还多次应邀出国做有关情感教育、道德教育、教师教育的学术报告，举办情感教育国际研讨会，在境外同样产生了重要影响。

其著作多次获得国际级和省部级奖项，曾获评江苏省中青年有突出贡献专家等称号，入选首届"当代教育名家"名单。

推荐语：我国情感教育研究的开拓者与实践者，彰显教育中的"情感"维度，在情感教育、道德教育等领域提出了诸多理论并付诸实践，在海内外产生了重要影响。

（选自一读EDU：《改革开放40年"教育人物40名"入选名单》，

2019年3月21日）

5 月

12 日，南京师范大学小学教育本科专业创建 20 周年，朱小蔓出席致辞并指导专业建设。对当年为何要开办小学教育本科专业、南京师范大学开办小学教育本科专业的特殊意义等进行详细的讲述。她动情地回忆南京师范大学小学教育本科专业的历史、来历，当年南京师范大学相关系科老师们积极参与专业建设的热情，以及与晓庄师范联合招收我国第一批小学教育本科学生的情景，并结合自己的研究、经历等，就小学教育设置本科专业的必要性与合理性、人才培养模式和专业定位、课程建设等问题提出自己的看法和期待。

2019 年 5 月 12 日，朱小蔓抱病参加南京师范大学小学教育本科专业创建 20 周年会议

同月

作为第二作者与王坤合作在《中国教育学刊》2019 年第 5 期发表《情感文明：教师育人素养的关键价值尺度》，提出人在交互活动中的认知交往与情感交往彰显文明的内涵并建构文明的意义。情感是个体与环境内在文明结构中的活性因子，情感的文明化作为一种教育性愿景，呼唤有情感人文素质的教师热心于沉浸在整全的职场生活和微观

的人际交往中学习关怀与理解，从中反思自我、自主改变，统整情感教育、价值观教育与认知教育的育人效用，积极构建良好的育人微环境。

7月

9日，在南京家中接待南通田家炳中学情感教育项目团队成员一行五人来访。项目团队成员汇报情感教育项目进展情况，充分肯定项目组所开展的卓有成效的工作，并对相关具体工作进行指导。

2019年7月9日，朱小蔓在南京家中听取南通田家炳中学情感教育项目开展情况的汇报。右二为朱小蔓丈夫吴志明。

9月

9日，在江苏省人民医院住院，戴联荣与南京师范大学出版社同事前来看望，朱小蔓在病床上对《情感教育论纲》(第3版)的修改调整方案做最后的审定。

同月

《情感教育论纲》（第 3 版）由南京师范大学出版社出版。自 1993 年初版以来,《情感教育论纲》分别译成俄文、英文、日文,在俄罗斯和欧洲其他十几个国家、澳大利亚、日本等国家和地区传播,成为一本具有世界影响的当代中国教育理论著作。

12 月

27 日,出席在南京召开的"朱小蔓情感教育思想座谈会"。多年来一直追随朱小蔓从事情感教育研究和实践

2019 年 9 月,专著《情感教育论纲》（第 3 版）由南京师范大学出版社出版

的 30 余名专家学者和一线校长参加座谈会,与会者经过热烈和细致的探讨,围绕"朱小蔓情感教育思想"主题,就朱小蔓情感教育思想的传承与发展、理论内涵、时代价值与实践影响达成重要理论共识。最后,朱小蔓对大家的发言做了回应。她说,听到这么多不同年龄段学者的发言,感觉欣慰,同时感到后生可畏。她认为自己的情感教育研究还有许多需要发展的地方,做情感教育研究三十几年,至今还在摸索。中国教育界远未普及情感教育思想,未来的情感教育研究要向实践工作者学习,才能生长出最茂盛、最好看、最有说服力的理论。相信研究者只要甘坐冷板凳,多吃苦,中国的情感教育就一定会有更大的发展。这是朱小蔓人生最后一次到现场做学术发言。

2019年12月27日，朱小蔓情感教育思想座谈会现场照片

同月

作为第二作者与王平合作在《中国德育》2019年第24期发表《生活中的生命：陶行知生命教育思想》。

同年

因上腔静脉炎导致声音嘶哑，头面浮肿，接受放疗。后检查发现肺部肿块变大同时有椎骨、头部顶骨转移，拒绝再次接受化疗。10月，经女儿多方征求南京、北京及海外专家意见，重新启用三代靶向药奥西替尼，用药量酌情减少。用药后，每月CT复查均显示胸部肿块明显缩小，但咳嗽依然加剧，乏力，腰部疼痛，体感愈加不适。

2020

一代名家　精神永存

2020 年　73 岁

1 月

3 日，在南京以视频方式参加由首都师范大学儿童生命与道德教育研究中心组织的研究生《情感教育论纲》(第 3 版)读书报告会，虚弱地躺在沙发上与在场师生互动，这是朱小蔓人生最后一次参加师生学术交流活动。

2020 年 1 月 3 日，朱小蔓人生最后一次参加师生学术活动

21 日，在南京家中接待南通田家炳中学校长陈永兵等一行来访，对该校即将出版的《情感文明学校的课堂优化方案："情感-交往"型课堂行动手册》书稿进行指导。

2 月

受疫情影响，医院停止办理住院手续，只能在家休养，自觉双眼模糊，看不清物体，同时伴有恐慌、焦虑等症状。

2020 年 1 月 21 日，朱小蔓在南京家中对南通田家炳中学即将出版的《情感文明学校的课堂优化方案："情感-交往"型课堂行动手册》书稿进行指导

4 月

中旬入院检查，眼部等检查均正常。

5 月

语言、行动、情绪、吞咽能力逐渐退化直至丧失，CT 复查显示，癌细胞已转移脑部。

7 月

肺部感染，病情加剧，血氧饱和度逐渐走低。

8 月

5 日起持续发烧，直至 8 月 10 日 15：00，因心脏衰竭，在昏迷中离世，享年 73 岁。

12 日上午 8 时，告别仪式在南京举行，全国各地冒着疫情和酷暑自发赶来吊唁的社会各界人士近 500 人。告别仪式由北京师范大学教育学部部长朱旭东教授主持，教育部原副部长、江苏省原副省长王湛，中共江苏省委统战部副部长瞿超，中国教育科学研究院副院长于发友教授，江苏省原教委副主任周德藩先生，江苏省教育厅原副厅长丁晓昌教授，南京师范大学党委书记胡敏强教授、副校长缪建东教授、副校长孙友连教授，江苏省高级人民法院原院长、南京师范大学原党委书记公丕祥教授、南京师范大学原党委书记宋永忠教授、原副校长吴康宁教授，中国陶行知研究会常务副会长吕德雄教授等领导以及唐万宏教授、王小鹏教授出席告别仪式。教育部、中国教育科学研究院、俄罗斯教育科学院、北京师范大学、北京大学、清华大学、南京师范大学等国家相关部委、境内外高等院校、科研机构与研究协会、出版机构、基金会敬送花圈、挽联，全国人大原副委员长、原国务委员、教育部原部长陈至立，教育部原部长袁贵仁，教育部原副部长、联合国教科文组织执行局原主席章新胜，以及德高望重的顾明远先生、鲁洁先生、林崇德先生等个人敬送花圈、挽联。告别仪式进行了线上直播。截至 16 日早晨，网上有近 400 人留言悼念，点看追悼会直播视频近 5 万人次。

教育部原副部长、江苏省原副省长、国家教材委员会委员王湛同志说："朱小蔓同志是一位优秀的教育家，她学养深厚、道德纯粹，对教育事业无比忠诚、对工作执着奉献的精神令人尊敬、让人感动。朱小蔓同志长期致力于教育科学研究，卓有建树。她是我国情感教育研究的开拓者，在道德教育研究领域她也走在国内前列。她注重理论研究与实践相结合，热忱关心并积极支持基层学校教育教学改革。她和一批中、小学携手，把她的教育理念与学校教育改革结合在一起，指导支持学校的改革实验。"

后　记

2021 年母亲节，我在北京想念妈妈。

那是 5 月的一天，我骑着共享单车，穿过奥林匹克公园门前广场，沿着曾经步行的宽敞马路，一路向西。多年前，只要我来北京出差，爸妈必陪我走这条道，或是散步，或是带着邀（我的儿子）去科技馆游玩。记得有一年我们全家三口还一起去奥林匹克公园附近的电影院看了场电影，那是我记忆中为数不多的一次全家观影。爸妈开心极了，电影散场后返家，路过跳广场舞的人群，妈妈还兴致勃勃加入其中，跟着音乐起舞，这个时候爸爸总是带着微笑默默在一旁看着，那一幕仿佛就在昨天。那些年，来往北京无数次，从未有出差的感觉，因为几乎每次都是住家里。回家听到的第一个声音来自妈妈开门时小跑而来的高八度："哎呀！姗姗来咯！"走的时候，坐上出租车，看车窗外爸妈跟我挥手告别。每一次来北京，都是一成不变的两个画面。

5 月的北京，微风里飘着柳絮，我戴着口罩，沿着既定的路线往前骑，原来这段路程不短，即便骑车也要十五六分钟的时间。在一个十字路口等红灯的时候，我忽然听见妈妈在身后喊："慢点，这里的车速太快！拽着你爸！"我猛地回头，路人稀少，只有阳光下我的影子，哪里来的妈妈啊！这是我在失去妈妈后常有的幻觉。在医院给爸爸拿药时，我忽然在人群里看到一个妈妈模样的人站在导医台前询问，一样的烫发，一样的脸型，一样的碎花衣衫，我差点叫出声，可眼泪比喊声快一步地流淌下来。在南京刚装修完成的新屋子里，我看见妈妈坐在窗边的卡座上，坐在岛台前的吧椅上，坐在客厅大大的沙发上，我分明看见她笑眯眯地感慨："这里太好了，我要多活几年，从现在起享受生活！"

转眼妈妈离开我们已经有一年多的时间，每天大脑只要空闲下来，妈妈的样子就会在我脑海中闪现，断断续续、短短长长。我总是忍不住陷入无法自拔的情绪中，检视我陪伴妈妈走完她人生最后时光中的每一次情感表达、每一个艰难选择，以及与妈妈相守的每一刻。

时光倒流至 2019 年岁末，就在新冠疫情暴发前不久，妈妈在弟子们的协助下，在南京成功召开了"朱小蔓情感教育研讨会"。那天由爸爸陪同，妈妈全程参加了会议并发言，还与到会者合影留念。照片中妈妈穿着我为她买的真丝夹袄，脸颊微微浮肿，因为很久不做头发，妈妈的经典发型没有了，一头齐耳直发略显老态，可红润的面庞、敏捷的思维、恰当的谈吐还是让原本为她捏了一把汗的学生们心安了。记得那天我去酒店给她送东西，出来迎接我的老师特意告诉我："朱老师很好，屋里很暖和，吴老师一直在身边，您就放心吧。"

2020 年 1 月 20 日，新闻中传来新冠疫情暴发的消息，我给妈妈打了电话，那个时候她依然关心国家大事，通过新闻了解到形势严峻，还反过来提醒我注意防护。随着疫情的逐渐紧张，妈妈每日的常态被打破了，原先隔三岔五有学生或朋友来家中拜访小坐，可在 2020 年的上半年因为疫情访客断绝，一向热闹的家日渐冷清。妈妈很失落，她是一个那么爱倾听、爱对话的人，疫情让她突然没有了交流的对象。那段时间通过摄像头总看见晚间她一个人坐在不开灯的客厅，孤独又惆怅。

自 2018 年 4 月，妈妈回南京养病安居以来，她有一半的时间是在医院度过的，放疗与化疗的双重折磨令她苦不堪言，但妈妈一路闯关、一路斗志昂扬，即便身体再虚弱，只要听说检查出来一切都好，眼睛里立刻有了光，瞬间充满了精气神，咧着嘴对我们笑。她总说："你们要鼓励我啊，先活到 80 岁！"可是，突如其来的疫情改变了一切。妈妈开始变得絮叨了，每天无数次地给我打电话，语言中充满着沮丧、焦虑、恐惧。那段时间我甚至怀疑她心理出现了问题，直到 2020 年 4 月脑部 CT 和影像报告显示癌细胞已脑转移，我才恍然醒悟，我们都错怪了妈妈，她比冷冰冰的机器更了解自己，竟然先一步预感到不祥。

也就是从那之后，妈妈的病情就像被按下了快进键，短短两个月间病情急转直下，癌细胞迅速将她身上所有美好的东西一点点抽离：曾经那么有感染力的表达、那么亲切可掬的笑容、那么明亮且洞察细微的眼神，还有如年轻人一般脚下生风的行走……她醒着的时候越来越少，吃的东西越来越有限，最后连吞下一口水都十分费劲。6 月中旬后，妈妈的生命进入倒计时。那段日子，尽管还在疫情期，全国各地的学生与挚友，克服万难来南京看望她，大家心照不宣，在妈妈床头说着轻松调侃的话，可是出了房间，每个人的脸上表情凝重，强忍着泪水。大家都知道，这一面见完兴许就再没有机会见到了。

2020 年 8 月 10 日下午 3 点整，在爸爸、我还有黄斌的守护下，妈妈停止了心跳，永远地离开了我们。她走得并不痛苦，昏迷中没有留下一句话，也没有睁开眼，唯见一滴泪珠挂在她的眼角。妈妈用这样的方式与这个恋恋不舍的世界道别。那一刻，我是多么不愿松开妈妈的手，我似乎感受到有一股力量正在把她从我身边带走，我想那应该是天堂在召唤，就让妈妈追随自己的父辈，做回父母身边的小天使，去往极乐世界吧，这是我们对妈妈最美好的祈愿。

妈妈的一生不算长，但足够精彩，她丰富的人生阅历与轨迹是她形成自己独特精神生活与学术贡献的最基本面，非常有必要以文字的方式将其记录下来。在她离世后不到一年时间里，我们家人在北京师范大学教育学部的支持下，在朱门弟子的齐心合作下，在各方单位、各方好友的通力协助下，完成了三十余万字的《朱小蔓学术年谱》。作为妈妈唯一的孩子，我也是第一次沿着时间的轨迹，如此完整细致地走进妈妈的人生过往。在此，我要特别感谢北京师范大学教育学部朱旭东部长、施克灿书记、李琼教授、宋萑教授与北京师范大学出版社郭兴举老师、冯谦益老师给我们一家人提供了这样一个庄重且珍贵的纪念方式！感谢王湛部长亲力亲为特地为《朱小蔓文集》作序！感谢中国教育科学研究院领导、中国陶行知研究会朱永新会长、吕德雄会长的帮助与支持！感谢朱曦、刘正伟、刘次林、刘慧、刘贵华、戴联荣、丁锦宏、王生、吴安春、刘巧利、李敏、马多秀、侯晶晶、李亚娟、王坤、王平、王慧、钟晓琳、王善峰、郭静、杨桂青、杜岩岩等朱门弟子，他们出谋划策、奔走努力，为本书与《朱小蔓文集》其他各卷书稿的资料查找、文字编撰与出版做了许多具体工作！感谢妈妈的挚友潘慧芳、翁山、马自雄，感谢妈妈的老同学与老同事樊和平、王大乐、汪滔、魏菁芸、黄士明、吴凤、邵晓梅、李绍定、邓林荃、丁业梅等，各位叔叔、阿姨在妈妈生前身后给予我们家人以极大的精神支持，并为《年谱》编写提供了许多珍贵的历史照片与资料，在此一并致谢！感谢远在美国的阿舅朱小棣，他不辞辛劳，对《年谱》与《朱小蔓文集》其他各卷书稿进行逐句、逐字的审校。我先生黄斌为编撰《年谱》付出了许多心血，他不仅参与策划，还多方查找资料并归类整理、编辑成文，《朱小蔓文集》其他各卷编撰与出版的统筹协调事宜也都由他一力承担。他所做的一切既出于对妈妈的亲情与思念，也出于对妈妈学术思想和高尚人格的敬仰。

最后我想感谢的是，妈妈！我曾经不止一次地问过妈妈什么时候回南京，她总说："等我老得走不动路，看病没人陪的时候，我就彻底回南京去。"这话听起来有些悲凉，但于我而言，却始终是一个幸福的承诺。小时候我是爸妈眼里不谙世事的小公主，长大后被庇护在他们撑起的大伞下。生命绵延，挚爱永续。亲爱的妈妈，我等您再来我的梦里，在开满鲜花的温暖时节，让我贴贴您的脸，紧紧攥着您的手，再不分开！

吴　姗

2021 年 12 月 20 日

图书在版编目（CIP）数据

朱小蔓学术年谱/黄斌，吴姗编. —北京：北京师范大学出版社，
2023.8（2024.10 重印）

ISBN 978-7-303-28958-5

Ⅰ.①朱… Ⅱ.①黄… ②吴… Ⅲ.①朱小蔓—学术研究—年谱
Ⅳ.①K825.46

中国国家版本馆 CIP 数据核字（2023）第 092317 号

图书意见反馈 gaozhifk@bnupg.com 010-58805079
营销中心电话 010-58802755 010-58800035
编辑部电话 010-58806160

出版发行：北京师范大学出版社 www.bnupg.com
　　　　　北京市西城区新街口外大街 12-3 号
　　　　　邮政编码：100088
印　　刷：北京虎彩文化传播有限公司
经　　销：全国新华书店
开　　本：787 mm×1092 mm 1/16
印　　张：25
字　　数：323 千字
版　　次：2023 年 8 月第 1 版
印　　次：2024 年 10 月第 2 次印刷
定　　价：150.00 元

策划编辑：冯谦益　　　　　　　责任编辑：贾理智　　冯谦益
美术编辑：焦　丽　　　　　　　装帧设计：焦　丽
责任校对：段立超　　　　　　　责任印制：马　洁